Juan Moreno, geboren 1972 in Huércal-Overa (Spanien), arbeitete zunächst für den WDR, dann für die «Süddeutsche Zeitung». Seitdem ist er vor allem für den «Spiegel» in aller Welt unterwegs. Moreno hat mehrere Bücher geschrieben, u. a. «Teufelsköche» (2011), «Uli Hoeneß» (2014) und zuletzt «Tausend Zeilen Lüge» (2019) über den Fall Relotius, einen der größten Medienskandale der Nachkriegsgeschichte. Das Buch wurde zum Nr.-1-Bestseller, Juan Moreno als «Journalist des Jahres 2019» ausgezeichnet.

Als der Reporter Juan Moreno von einer seiner Auslandsreisen zurückkommt, sieht er nervös die Drogenspürhunde am Zoll – er ist sich sicher, nach Kokain geradezu zu stinken. Er hat bei kolumbianischen Rebellen im Dschungel auf Kokainplatten geschlafen, anders ging es nicht – aber wie erklärt man das einem deutschen Zollbeamten?
Juan Morenos Geschichten von unterwegs sind eine großartige Lektüre, überraschend, dramatisch, packend. Moreno fährt viertausend Kilometer quer durch Europa mit einem Kleinbus voller Arbeitsmigranten, spricht mit Killern der Farc-Guerilla über Auftragsmord und mit Mike Tyson über Schmerz und Ruhm. Mit kubanischen Fischern fährt er aufs Meer, und er überlebt die gefährlichste Flüchtlingsroute der Welt, den Darién Gap. Als er eine Auszeit braucht, geht er ein Jahr lang auf Weltreise. Aber das Abenteuer wartet auf den, der es versteht, auch anderswo: ob zu Hause, bei den frommen Pilgern auf dem Jakobsweg oder in der Heimat Spanien. Dies alles erzählt Moreno in dem typischen Sound, der ihm seit Jahren eine große Leserschaft sichert: mit Witz und Tiefgang, stilistisch elegant und scharf beobachtet.

Juan Moreno

Glück ist kein Ort

Geschichten von unterwegs

Rowohlt Taschenbuch Verlag

3. Auflage Dezember 2023
Veröffentlicht im Rowohlt Taschenbuch Verlag,
Hamburg, September 2023
Copyright © 2021 by Rowohlt · Berlin Verlag GmbH, Berlin
Covergestaltung zero-media.net, München,
nach einem Entwurf von Frank Ortmann
Coverabbildung Mirco Taliercio
Satz aus der Bennet Text
bei Pinkuin Satz und Datentechnik, Berlin
Druck und Bindung GGP Media GmbH, Pößneck
ISBN 978-3-499-00710-1

Meinen Frauen: June, Ani, Helen, Marlena, Tina, Francisca

Inhalt

Vorwort

«Heute hat man den Eindruck, dass der Interviewer nicht hört, was gesagt wird. Es ist ihm gleich, weil er glaubt, das Aufnahmegerät würde alles hören. Er irrt sich. Denn er hört die Schläge des Herzens nicht, das Wertvollste an einem Gespräch.»

GABRIEL GARCÍA MÁRQUEZ

Es heißt ja, die Menschen würden immer mehr reisen. Das glaube ich nicht. Ich würde sagen, das Gegenteil stimmt. Die Menschen fahren mehr weg, steigen häufiger ins Flugzeug, aber zum Reisen haben sie keine Zeit mehr. Deshalb wurde bekanntlich der Tourismus erfunden, die große Irritationsbeseitigungs-Industrie für den modernen Menschen.

Ich kann nachvollziehen, dass man in den Urlaub fährt und als oberstes Ziel Überraschungsminimierung ausruft. Ich mache solche Urlaube auch. Daran ist nichts verkehrt. Aber Reisen sind etwas anderes. Die Bedingung ist, wie angesprochen, dass man Zeit hat. Zeit schafft Nähe, und Nähe schafft Einblick. Manchmal auch Schrecken, wenn man mehr erfährt, als einem lieb ist. Aber wenn man sich fragt, wie manch tolle Dokumentation es schafft, dass Menschen sich öffnen, obwohl eine Kamera läuft – das Geheimnis ist immer Zeit. Erkenntnis ist eine Funktion der Zeit, erste Regel. Die andere Regel ist, dass der Antrieb für eine Reise stets Interesse sein sollte. Ich möchte wissen, wie ein anderes Leben ist. Damit geht es los, mit dieser Frage, der Rest ergibt sich. Hinfahren, fragen, zuhören, lernen, darum reise ich.

Darüber hinaus habe ich meine Beweggründe nie wirklich hinterfragt. Ich kann nicht sagen, warum ich sonst reise. «All die Reisen, wovor fliehst du?», hat mal eine Ex-Freundin gefragt. Tue ich das? Der große Cees Nooteboom glaubt, dass man reist, «um mit der fremden Bevölkerung» eins zu werden. Reisen sei die «Hebamme neuer Gedanken», sagt Alain de Botton. Ich kann nur sagen, dass mich Reisen glücklich macht. Es erfüllt mich. Von einem Urlaub kann ich enttäuscht sein, von einer Reise nicht. Es ist nicht mal so, dass ich mich zu Beginn immer auf eine Reise freue. Manchmal nervt mich der Gedanke, schon wieder loszufliegen und zu wissen, dass ich mich die nächsten Wochen von grausigem Zeug werde ernähren müssen, aber wenn ich einmal unterwegs bin, werde ich nie, wirklich nie enttäuscht. Selbst wenn es Reisen gibt, einige davon in diesem Buch, die ich nicht wiederholen würde, weil ich mittlerweile alt genug bin, um zu erkennen, dass sie lebensgefährlich sind.

Mit anderen Worten, auf die Frage, was dieses Buch ist, lautet meine Antwort: Es ist eine Sammlung meiner glücklichsten Momente.

Fischen wie Hemingway (Kuba)

Wie sich zeigen wird, ist Carlos, der keinen Nachnamen hat und vermutlich auch nicht Carlos heißt, genau der richtige Mann, wenn man etwas Unmögliches auf Kuba braucht. Genau das ist bei mir der Fall. Etwas Banales, das völlig unmöglich ist. Aber vielleicht der Reihe nach.

Carlos sitzt vor dem besseren der beiden Fischrestaurants Cojímars, einem kleinen Küstendorf, unweit von Havanna. Es ist ein schwüler Karibikmorgen. Der Wind kommt von Norden. Das Meer, auf das wir beide blicken, wirkt unruhig. Carlos nippt an seinem zweiten Cristal, seinem bevorzugten Frühstücksbier. Ihm gegenüber sitzt Rosita, die kräftig gebaute, ausgesprochen sympathische örtliche Puffmutter. Rosita strahlt, als sie mich sieht. Ich, Europäer, mittleres Alter, nicht in Begleitung einer Frau, sehe wie Kundschaft aus. Aber Rosita ist Profi, sie spricht mich nicht sofort an.

Carlos und Rosita, das muss man verstehen, sind Freunde und Konkurrenten. Beide warten auf Kunden, auf Einnahmen, also auf westliche Touristen, die etwas suchen, was nicht in den Hotelprospekten steht: junge Frauen, junge Männer, Marihuana, Koks, solche Dinge. Gerade ist keine gute Zeit. Nebensaison. Vor mir waren nur ein paar Radtouristen hier. Enge Trikots in Leuchtwestenfarben, dazu Helme und Räder, die wie Mondfahrzeuge aussehen. Carlos versteht diese Spinner nicht. Fliegen um die Welt, um den

Urlaub schwitzend auf dem Fahrrad zu verbringen. Essen keinen Hummer, trinken keinen Rum, nehmen kein Taxi, machen keine Liebe. Leute, die kein Geld ausgeben. Als gäbe es davon auf Kuba nicht schon genug.

Ich kann anfangs nicht einschätzen, ob Carlos der Richtige ist. Dafür muss man eines wissen: Jedes Dorf auf Kuba, jede Straße in Havanna hat einen Carlos. Auf Kuba ist wie in jedem sozialistischen Land, das etwas auf sich hält, sehr vieles verboten: freie Wahlen, der Besitz zweier Handys, Streiks, der Privatimport von Zündkerzen und Druckerpatronen, die eigene Meinung und noch vieles mehr. Aber unmöglich, wirklich unmöglich ist deutlich weniger. Ganz gleich, was man in diesem Land braucht – wenn man es in Dollar bezahlen kann, findet sich meist jemand, der es besorgt. Ich bin mit der Zeit zu der Überzeugung gekommen, dass der Kapitalismus nirgendwo so gut funktioniert wie in sozialistischen Ländern. Und Leute wie Carlos, die es überall auf Kuba gibt, sind diejenigen, die all diese verbotenen Dinge besorgen können. Makler des Unmöglichen. Ich habe höchsten Respekt vor ihren Fähigkeiten.

Mein Carlos ist ein kleiner, drahtiger Mann mit blauer Schirmmütze und einer etwas zu engen Badehose. Er sieht aus wie ein Stenz, der seine besten Jahre hinter sich hat. Als er bemerkt, dass ich mich der Restaurantterrasse nähere, scheint er Witterung aufzunehmen. Die Jagd beginnt. Es ist einer der Reize Kubas. Du kannst als Europäer noch so plan- und initiativlos durch den Urlaub wanken, irgendwann kommt ein Kubaner und erfüllt Wünsche, von denen du nicht wusstest, dass du sie hast.

Carlos fängt unverfänglich an. Er fragt mich, woher ich komme, und freut sich, dass ich Spanisch spreche. Die zweite wichtige Frage, die er stellen muss: «Und, zum ersten

Mal hier?» Ganz gleich, was, das erste Mal ist immer teurer. Noch so ein Gesetz. Bevor ich geantwortet habe, winkt er Rosita heran.

Carlos und Rosita sind routinierter im Smalltalk als jedes diplomatische Korps. Als klar ist, dass ich zwar Tourist, aber nicht völlig ahnungslos bin, kommen sie zum Punkt.

«Ich habe Freundinnen. Wie viele brauchst du?», fragt Carlos. «Zwei, drei, jung, alt, dick, dünn?» Und weil Carlos Dienstleister ist, fügt er hinzu, dass er seine Wohnung für «die Party» anbieten könne, dazu etwas Rum und Koks, und falls man Hilfe brauche «mit so vielen Damen», auch sonst gern zur Hand gehe. Filmen sei übrigens gar kein Problem. Dann habe man etwas für zu Hause.

Ich bin noch nicht dazu gekommen, ihm zu sagen, dass ich etwas ganz anderes suche. Carlos redet immer weiter.

«Viagra», auch das kein Problem.

Wahnsinnig hilfsbereit, dieser Carlos, denke ich.

Die lächelnde Rosita, hundertdreißig Kilo kubanische Lebensfreude, würde die ihr eigene Dralligkeit anbieten und ebenfalls mitmachen, sagt sie.

«Ich will fischen», sage ich.

Rosita verdreht die Augen, sie sagt nichts, aber es ist klar, was sie denkt: Schon wieder so ein Hemingway-Idiot.

Das wichtigste Buch Kubas ist meiner Meinung nach nicht «Das Kommunistische Manifest». Das wichtigste Buch ist «Der alte Mann und das Meer». Hemingways grandioser Roman über den alten, hageren Fischer Santiago. Vierundachtzig Tage in Folge kehrt Santiago, der alte Mann, ohne Fang zurück. Dann schließlich, am fünfundachtzigsten Tag, fängt er einen riesigen Marlin im Golfstrom. 5,50 Meter lang. Doch auf dem Weg zurück zum Hafen und nach drei Tagen heroischen Kampfes verliert Santiago seinen Schwertfisch an die Haie.

Das Buch ist eines der schönsten Denkmäler, die je einem Verlierer gewidmet wurden. Bei der Veröffentlichung 1952 im «Life»-Magazin wurden in zwei Tagen fünf Millionen Exemplare verkauft. 1953 gewann Hemingway den Pulitzer-Preis für die Geschichte, ein Jahr darauf den Literaturnobelpreis. Sein bestes Werk, würde ich sagen. Es hat ihn unsterblich gemacht. Vor allem auf Kuba.

Hemingway lebte gut zwanzig Jahre auf der Insel, mit Unterbrechungen von 1938 bis 1961. Fidel Castro ließ Münzen mit Motiven aus dem Roman drucken. Hemingways alte Villa ist heute ein Museum. Es gibt nicht einen Touristen, der nach Havanna reist und nicht weiß, dass der Hochseefischer, Großwildjäger und Frauenheld seine Mojitos in der «Bodeguita del Medio» trank und die Daiquiris in der «Floridita». Die berühmteste Sauftour der Literaturgeschichte. Abend für Abend von Touristenarmeen, die sich durch Habana Vieja schieben, wiederholt.

Was nicht ganz so viele wissen, ist, was Hemingway vor dem allabendlichen Besäufnis in der «Bodeguita» und der «Floridita» so machte: fischen. Fast immer mit seinem Freund Gregorio Fuentes, einem Fischer aus Cojímar. Dieser ruhige, bescheidene Mann diente als Vorlage für «den alten Mann» in Hemingways Roman. Gregorio ist erst vor ein paar Jahren gestorben. Er saß in der «Terraza», dem anderen, mittlerweile sehr touristischen Restaurant Cojímars, und erzählte jedem die unglaubliche Geschichte seiner Freundschaft mit dem Nobelpreisträger. Carlos ist mit Gregorios Enkel befreundet. Er wohnt ein paar Häuser weiter. Nicht weit vom Hafen, der am Ende eines zugemüllten Strandes liegt.

Carlos schaut mich mitleidig an. Er hatte mit einer größeren Herausforderung gerechnet. Ein Angelausflug, das ist so leicht zu organisieren, es ist geradezu beleidigend trivial. Aber gut, auch da wird er eine Provision verdienen, wenn er mich an einen der staatlich zugelassenen Anbieter von Bootsausflügen verweist. Carlos bittet den Kellner um mehr Bier.

Er ahnt noch nicht, dass ich alles andere als ein einfacher Kunde bin. «Ich will hier fischen. In Cojímar, mit kubanischen Fischern. Nicht auf einem Touristenboot mit dicken Amerikanern, die fünfhundert Dollar am Tag zahlen. Ich will mit Kubanern fischen.»

Immer wieder kommen Leute ins winzige, verstaubte Cojímar, das praktisch nur aus einer breiten Straße besteht, die zum Meer führt, und wollen fischen. So wie Hemingway. So, wie sie es in «Der alte Mann und das Meer» gelesen haben.

Carlos schaut mich an. Rosita steht auf. Sie hat genug gehört. Wie immer dieses Gespräch endet, gevögelt wird offensichtlich nicht, also ist das alles für sie Zeitverschwendung.

«Das ist schwierig», sagt Carlos und schaut aufs Meer, wo einige Fischerboote zu sehen sind.

«Schwierig oder unmöglich?», frage ich.

Unmöglich, das Wort mag Carlos nicht. Er nimmt sein Handy und ruft einige Leute an. Carlos spricht eine seltsame Mischung aus kubanischem Spanisch, Miami-Englisch und mexikanischem Slang. Er ist erst seit gut einem Jahr wieder zurück. Mit achtzehn hat er Kuba verlassen, eine Weile in Florida gelebt und in der «dortigen kubanischen Logistikbranche» gearbeitet, was nicht bedeutet, dass er Lkw fuhr. Vielmehr erklärt es, warum er problemlos «Partyzubehör in Pulverform» organisieren kann. Die letzten Jahre war er in Mexiko. Acapulco, um genau zu sein. Er hat dort eine Wohnung, kann aber derzeit nicht zurück, aus Gründen, die nichts zur Sache tun, wie er findet. Nur so viel: Er wurde von einem amerikanischen Geländewagen über den Haufen gefahren, als er mit seinem Mofa vor der Ampel stand. Reiner Zufall, schwört Carlos. Er habe nichts gemacht. Nur auf Grün gewartet. Er hat dann überstürzt das Land verlassen. Verrückt, dieses Mexiko.

Carlos legt das Handy weg. «Es geht nicht», sagt er schließlich.

Jeder in Cojímar weiß, warum das nicht geht. Man kann hier als Tourist nicht zum Fischen aufs Meer rausfahren. Es gibt zwei Gründe dafür. Der erste: Es ist verboten. Normalerweise nehmen Kubaner Verbote ungefähr so ernst wie die Fünfjahrespläne der Inselregierung. Also gar nicht. Wenn es aber um Touristen auf kubanischen Booten geht, ist das anders. Als Nicht-Kubaner darf ich nur mit staatlichen Anbietern aufs Meer fahren. Ich könnte in Miramar, dem Nobelviertel Havannas, in der Marina Hemingway, dem weitläufigen wie ziemlich leeren Yachthafen, eine Crew samt Boot mieten. Fünfhundert Dollar pro Tag, Mojitos und Sonnenbrand inklusive. Das ist, was mir Carlos vorschlagen wollte. Diese Möglichkeit hätte ich auch in den Touristenfallen Varadero und Cayo Coco. Organisierte Fischreisen auf Kuba gibt es viele. Es gibt sehr gute Anbieter, phantastische Fischgründe, und wenn man im Dezember kommt, ist nicht mal ausgeschlossen, einen Marlin zu fangen. Wie der alte Mann im Roman.

Der zweite Grund ist entscheidend: Die kubanische Regierung kontrolliert das Verbot. Sehr, sehr genau, sonst nicht wirklich ihre Art. In diesem Fall aber verständlich. Vereinfacht könnte man sagen, dass Kuba und Boote nicht sonderlich gut zusammengehen. Gewissermaßen historisch. Jahr für Jahr haben in der Vergangenheit Zehntausende Kubaner die Insel verlassen. Die meisten Richtung USA. Ziemlich genau 97 Meilen von Cojímar entfernt liegt Florida. Generationen von Kubanern haben mit allem, was auch nur ansatzweiße schwimmt, die Flucht versucht. Flöße, Schwimmreifen, mit Bauschaum isolierte Kühlschränke, 59er Chevys mit Schiffsschrauben. Die Behörden haben über Jahre versucht, die Flucht zu stoppen. Eine offene Wunde für Kubas Regierung. Kubaner waren bereit, ihr Leben aufs Spiel zu setzen, um die Insel zu verlassen. Anders ausgedrückt: Es ist einfach eine verdammt schlechte Idee, auf Kuba nach einem illegalen Bootstransport zu fragen. Regierungsbeamte verstehen in diesem Punkt keinen Spaß.

Rosita, die sich wieder zu uns gesetzt hat, nimmt noch mal Anlauf, sie will noch nicht aufgeben. «Ich habe wunderschöne Freundinnen», säuselt sie und legt mir sanft die Hand auf den Oberschenkel. Carlos, der ins Reden kommt, hat das Gefühl, dass man jemandem, der so einen Unfug verlangt, vielleicht sogar ein Apartment verkaufen könnte.

«Meine Wohnung mit Meerblick für fünfzehntausend Dollar. Heute unterschrieben, morgen gehört sie dir.»

Er vergisst zu erwähnen, dass kubanische Gesetze es Ausländern faktisch unmöglich machen, Immobilien zu kaufen.

«Ich will fischen. In Cojímar. Mit Fischern aus Cojímar.» Dann sage ich den Satz, der die Dinge immer leichter macht. «Geld ist kein Problem.»

Carlos stellt das Bier weg. Der Satz liegt in der Luft. «Morgen, hier um zehn Uhr», sagt er irgendwann.

Er wird am Ende zwei Treffen benötigen. Beim ersten Mal, am nächsten Tag, wird er überrascht sein, dass ich wirklich zum besagten Termin komme. Sein Apartment bietet er mir trotzdem noch mal an. Für zehntausend Euro. Nachdem ich erneut ablehne und wiederhole, dass ich nur am Fischen mit einem Fischer aus Cojímar interessiert bin, schickt er mich weg. Auch das zweite Treffen kurz darauf ist nur Carlos' Versuch, mich umzustimmen. Ich biete ihm ein paar hundert Euro an. Sehr viel Geld auf Kuba, aber billiger als der Trip mit dem offiziellen Anbieter.

Einen weiteren Tag später ruft mich Carlos an. Er hat das richtige Telefonat geführt. Ich soll wieder nach Cojímar fahren und dort jemanden unweit der Restaurantterrasse treffen.

«Hallo, ich bin Pedro, ich bin Fischer in Cojímar», sagt ein Mann mit graumelierten Haaren und einem freundlichen Lächeln. Pedro ist fünfzig Jahre alt, Carlos hat ihn lange überreden müssen. Für rund zweihundert Dollar und eine Flasche Whiskey hat er zugesagt. Davon bezahlt Pedro den Schiffsdiesel, seinen Partner José, mit dem er jeden Morgen rausfährt, und den Hafenchef, der «offiziell» von dem Ausflug nie gehört hat.

Carlos hat einen Traktor mit einem Anhänger organisiert, der sonst für den Viehtransport genutzt wird. Ich bin nicht alleine gekommen, sondern habe meinen besten Freund mitgebracht, Mirco, ein Fotograf. Wir müssen uns ducken und werden damit in das Hafengelände gefahren. Das Areal ist nicht sehr groß, etwa so wie ein Fußballplatz. Am Eingangsgebäude prangt ein großes Gemälde. Darauf Kubas berühmteste Maskottchen: Fidel Castro und Ernest Hemingway.

Pedro führt uns über das Hafengelände. Die Anlage muss schon zu Hemingways Zeiten so ausgesehen haben. Die ausgebauten Schiffsmotoren sind uralt, von den kleinen Holzhäuschen blättert die Farbe, die Stege am Ufer, offenbar von purem Optimismus zusammengehalten, sind aus verrotteten Planken. Die Boote liegen aufgereiht an einem kleinen Kanal, der zur Hafenbucht führt.

Pedros Boot ist erstaunlich groß. Dreißig, fünfunddreißig Fuß. Er bittet uns an Bord und versteckt uns unter Deck, damit der Hafenmeister, der ja weiß, dass wir da sind, wenigstens schwören kann, nie einen Touristen auf dem Boot gesehen zu haben. Langsam fährt das Boot aus der Bucht. Auf dem Meer kommt Pedro nach unten und sagt: «Bitte sag mir nicht, dass du nach Florida willst.»

Es ist ein Scherz, aber erst gestern sei ein Häftling in Havanna aus dem Gefängnis ausgebrochen. Die Polizei war am Morgen am Hafen, weil sie fürchtete, dass er einen Fischer entführen könnte, um sich nach Florida abzusetzen.

«Früher durchaus passiert», sagt Carlos.

Pedro ist einer dieser Männer, die an Land immer ein bisschen ruhiger sind als auf dem Meer. Er ist gern Fischer. Für nichts auf der Welt würde er die Insel verlassen. Nicht mal für Amerika. «Ich bin glücklich», sagt er und nimmt einen kräftigen Schluck Whiskey.

Mittlerweile hat sich auch bei einigen Kubanern herumgesprochen, dass Amerikas Glücksversprechen Schranken kennt. Was will man mit einem SUV und kiloweise Fertigpizzas, wenn man sich das Herzmittel für die kranke Tochter nicht leisten kann? Was ist Luxus? Kabellose Kopfhörer oder eine Physiotherapie nach einer Verletzung, auf die jeder Kubaner zumindest ein Anrecht hat?

Pedro kennt viele, die gegangen sind. Er wollte das nie, seinen Traum konnte er auch hier verwirklichen. Da er kein Geld für ein Boot hatte, fuhr er fast zwanzig Jahre lang jeden Morgen mit einem kleinen Netz und einer Angel auf einem großen Schwimmreifen aufs Meer hinaus. Man muss nur ein paar Kilometer von Havanna Richtung Westen fahren. Dort sieht man diese Männer immer noch. Ein paar hundert Meter vor der Küste. Dutzende Fischer ohne Boot. Männer, die auf einem Lkw-Reifen sitzen und eine Angel ins Wasser halten. Sie sehen aus der Ferne wie Vögel aus, die im Meer treiben.

Anfangs reichte es gerade mal fürs Überleben, sagt Pedro. Kubaner essen lieber Fleisch als Fisch. Als aber die Sowjetunion zusammenbrach und die sozialistische Bruderhilfe für Kuba auslief, kollabierte auch die kubanische Wirtschaft. Das war schlecht für die Insel, aber für Pedro die Chance seines Lebens. «Es waren die besten Jahre.» Pedro verkaufte massenweise Fisch. Die Lebensmittel wurden knapp auf Kuba, Fleisch wurde rationiert. Pedro konnte seinen Fisch deutlich teurer verkaufen als früher. Hinzu kam, dass immer mehr Privatrestaurants für Touristen öffneten. Spanier, Italiener, Franzosen aßen gern Fisch, und die Köche der neuen Restaurants bezahlten für gute Qualität in Devisen. «Irgendwann sah ich ein Boot, das in Frage kam», sagt Pedro. Er hatte genug Geld zusammen und kaufte es. Er angelte nicht mehr, er fischte. Wieder zehn Jahre später konnte er sich das große Boot leisten, in dem ich jetzt sitze. Es ist uralt, müsste gestrichen werden. Es leckt ein wenig, und der Motor läuft unrund. Er steckte mal in einem japanischen Laster. Aber Pedro hat ihn schon so oft auseinandergenommen, dass er ihn auch in einem Sturm reparieren könnte.

Pedro ist ein lustiger, geselliger Kerl, und weil eine Sturmfront im Norden es nicht erlaubt, wirklich weit rauszufahren, fragt er per Funk einen Kollegen, ob er nicht etwas von seinem Fang «rüberwerfen» könnte. So könnte ich wenigstens behaupten, etwas gefangen zu haben.

Ich mache Fotos. Es gibt ein Bild von mir auf Pedros Boot, hinter mir Cojímar. Ein Kuba-Motiv, das nicht viele haben.

Es ist ein schöner Tag, den wir gemeinsam verbringen. Die Whiskey-Flasche ist schnell geleert, Pedro holt noch irgendwas Kubanisches raus, das ich in Deutschland zum Desinfizieren von Wunden nutzen würde. Wir trinken weiter, Pedro erzählt von der Marlin-Saison. Eigentlich machen wir nichts Besonderes. Männer auf einem Boot, die reden. Ich fange an, mich über Carlos' bunte Badehose lustig zu machen. Er habe auf der Terrasse wie ein Triebtäter ausgesehen, Pedro lacht, Carlos erwidert, dass er, anders als ich, wenigstens nicht wie ein Mädchen trinken würde. Pedro erzählt von den Spinnern, die in alten, mit Styropor isolierten Badewannen versucht hätten, nach Florida zu gelangen, dann erzählt er von den Fischen, die er aus dem Wasser zieht, sie werden immer größer, je länger er redet. Es sind keine tiefgreifenden Gespräche, wir reden einfach über die Welt, sind albern. Ich spüre die Wirkung des Alkohols.

Ich habe Hemingways Faszination fürs Fischen nie geteilt. Angeblich verliebte er sich in Vigo, in Nordspanien, in die Thunfischjagd. Er sah einen riesigen Fisch am Haken und wollte wissen, wie man so ein Monster aus dem Wasser zieht. Mehrere Meter lang, mehrere Zentner schwer. Als er erfuhr, dass ein einzelner Mann so ein Tier aus dem Wasser ziehen kann, war es um Hemingway geschehen, denn natürlich war es nicht die Besinnlichkeit des Angelns, die ihn reizte. Ihm gefiel der Kampf zwischen Mensch und Tier. Das zähe Ringen, wenn man einen großen Brocken am Haken hat und nicht weiß, wer am Ende aufgeben wird: Fisch, Angler oder Leine. Im «Toronto Star Weekly» schrieb er: «Es ist rückenzerstörende, sehnenspannende Männerarbeit, selbst mit einer Rute, die wie ein Hacke-Griff aussieht. Aber wenn du nach einem sechsstündigen Kampf einen großen Thunfisch landest, nach einem Kampf ‹Mann gegen Fisch›, deine Muskeln von der unaufhörlichen Belastung schwach geworden, und du bringst ihn schließlich neben das Boot, grünblau und silber im ruhigen Ozean, wirst du gereinigt sein und in der Lage sein, unverfroren in die Gegenwart der alten Götter einzutreten, und sie werden dich willkommen heißen.»

Ich glaube, dass Hemingway ein Mann war, der einfach nicht wusste, wohin mit dem ganzen Testosteron. Er liebte den Stierkampf in Spanien, die Ballerei in Afrika, den Krieg in Europa. Er konnte nicht einfach nur angeln, er musste sich genau die Disziplin suchen, das Hochseeangeln, in der Angeln zum Zweikampf wird. Mann gegen Tier.

Mir ist das alles fremd. Die Fische haben mir nichts getan. Aber ich liebe Hemingways Bücher, gerade «Der alte Mann und das Meer», und mir gefällt die Idee, dass vor vielen Jahren Hemingway genau an dieser Stelle, wo ich jetzt bin, mit seinem Freund Gregorio Fuentes aufs Meer fuhr. Gregorio, ein gebürtiger Spanier, war Analphabet, er hat das Buch nie gelesen, aber es war auch nicht nötig. Hemingway und er verbrachten viele Tage auf See, redeten, tranken und fühlten sich frei. So wie ich mit Pedro, José, Carlos und Mirco gerade. Ein Journalist und ein Fotograf aus Deutschland, zwei Fischer und Carlos, von dem ich überhaupt nicht genau wissen will, womit er sein Geld verdient. Uns verbindet nichts. Es spielt keine Rolle. Auch sie werden nie einen Text von mir lesen, und es könnte nicht unwichtiger sein. Wir schauen aufs Meer und fühlen uns frei. Ich für meinen Teil bin ziemlich betrunken.

Pedro posiert jetzt mit den Fischen. Mirco macht Fotos. Carlos, der Makler des Unmöglichen, hat für seine Verhältnisse kaum gesprochen. Er hatte lange auf Pedro geschaut, als der von seinem Traum erzählte, davon, wie er sich langsam hochgearbeitet hat.

Carlos ist in Cojímar aufgewachsen und wollte immer nur weg. Nach Amerika. Auch er hatte einen Traum. Mittlerweile ist er wieder da und schlägt sich mit halbseidenen Geschäften durch. Die beiden Leben könnten kaum unterschiedlicher sein.

«Mein Vater war Fischer», sagt er schließlich, «er hat immer gesagt, dass es der beste Beruf der Welt sei. Ich habe ihm nie geglaubt.»

Der gefährlichste Ort der Welt
(Panama – Darién Gap – Kolumbien)

Comandante Ramirez vom «Batallón Central» hockt in einem grünen, bunkerartigen Steinbau am Ende einer zerschundenen Straße und scheint nicht zu wissen, ob er mich ausreden lassen soll – oder gleich wegsperrt. Seit einigen Minuten blättert er in meinem Pass und schlägt ab und zu nach Mücken am Hals.

«Setzen», sagt Ramirez.

Ich nehme Platz auf einer Holzbank und versuche, entspannt zu wirken. Ramirez befehligt den Stützpunkt von Panamas Grenzpolizei Senafront in Yaviza. Er soll mir einen Passierschein geben, mit dem ich Richtung kolumbianischer Grenze reisen darf. Solche Passierscheine gibt es eigentlich nicht.

Ramirez beugt sich noch tiefer über meinen Pass. Er scheint jede Zeile lesen zu wollen.

Es ist kurz nach vier am Nachmittag. Draußen ist es heiß, weit über dreißig Grad, und schwül. Es ist keine lästige Sommerschwüle, wie man sie in Europa nach einem Platzregen im Juli kennt. Es ist Regenwaldschwüle. Sie nimmt einem den Atem.

Seit einer Stunde bin ich in Yaviza, einer kleinen, verlorenen Grenzstadt, drei Autostunden südlich von Panama City. Sie besteht aus vier, fünf Straßenzügen, einigen Dutzend Wellblechhütten und einer betonierten Bootsanlegestelle am Rio Chucunaque, an der Bananen und Holz gelöscht werden. Yaviza ist für eine einzige Sache bekannt. Hier endet der nördliche Teil der «Panamericana», der 25 750 Kilometer langen Landverbindung zwischen dem Norden und dem Süden des Kontinents, zwischen Alaska und Feuerland. Nordamerikaner nennen sie den «Pan-American-Highway», auch wenn von einem Highway in Yaviza keine Rede sein kann. Hier ist die Panamericana eine müde Schlaglochpiste, die unvermittelt vor einer Hängebrücke am Chucunaque endet.

«Also, was genau wollen Sie hier?», fragt Comandante Ramirez.

Ich stehe auf und mache ein paar Schritte auf seinen Schreibtisch zu. Wenn ich ihm sage, was ich vorhabe, ist die Reise vorbei.

«Comandante, hier ist die schriftliche Einladung der Kuna-Indianer in Paya und Púcuro, den zwei Dorfgemeinschaften flussaufwärts. Ich möchte dort einige Tage verbringen, sie kennenlernen und etwas über ihre Kultur erfahren. Ich bin Journalist.»

Ramirez schaut auf meinen Pass, während ich rede.

«Und das ist alles, ja?»

Das ist nicht alles. Nicht einmal ansatzweise.

Ich möchte den Darién Gap auf dem Landweg durchqueren. Zu Fuß von Panama nach Kolumbien. Von Yaviza sind das sechzig, vielleicht siebzig Kilometer Luftlinie. Klingt ganz einfach. Dennoch bin ich meines Wissens in den letzten drei Jahrzehnten der erste europäische Journalist, der das versucht. Zwei kolumbianische Kriegsfotografen, denen ich das erzählt habe, nennen mein Vorhaben einen «Todeswunsch».

Südlich von Yaviza erstreckt sich ein riesiger, fast unberührter Regenwald, ein grünes, hügeliges Elysium zwischen Atlantik und Pazifik aus Bergketten, Lagunen und Schluchten, der berühmte Darién Gap. Mit Gap, dem englischen Wort für Lücke, ist allerdings nicht nur die Unterbrechung der panamerikanischen Straße gemeint. Gap meint, dass es überhaupt kein Weiter gibt. Nicht für Autos, nicht für Boote, für niemanden.

«Sie wissen, wo Sie hier sind?», fragt Ramirez.

Natürlich weiß ich das.

Der Darién Gap ist ein als Paradies getarntes Kriegsgebiet. Eine wilde, magische Gegend, die 1980 zum Naturpark erklärt wurde und weitgehend intakt ist. 2440 Pflanzenarten, 170 Säugetierarten, 500 Vogelarten, 100 Reptilienarten, ein Viertel dieser Tiere und Pflanzen existieren nur hier, wo die Flora und Fauna Süd- und Mittelamerikas zusammentreffen. Es gibt Jaguare, Ozelote, Pumas, Boas, Tapire, Papageien, Iguanas. Ein Garten Eden, in dem man jederzeit einen Tarzan-Film drehen könnte.

Gleichzeitig ist der Darién einer der gefährlichsten Orte des Planeten. In den letzten dreißig Jahren hat sich dieser Regenwald in ein grünes Schlachtfeld verwandelt. Es gibt praktisch keine Staatsmacht. Was das Gesetz ist, machen linke Guerilleros aus Kolumbien, rechte Paramilitärs und gewöhnliche Drogenkartelle unter sich aus. Als sei das nicht Chaos genug, ist der Darién auch ein bekannter Rückzugsort für Mörder, Vergewaltiger, Räuber, Schmuggler, Betrüger, für alle, die einen Ort brauchen, an den sich kein Polizist, kein Soldat traut.

Über sie alle legt sich der Darién wie eine Schutzglocke, denn an die Stelle des Staates ist hier schon lange das Recht einer geladenen A K-47 getreten.

Ramirez schaut mich an.

«Als Tourist durch den Darién zu spazieren, das geht für uns als Selbstmordversuch durch», sagt er ernst.

Er ist nicht der Erste, der mir das sagt. Er klappt meinen Pass zu und stempelt die Einladung der Kuna-Indianer ab. Der Kommandant ist sichtlich verärgert, dass er mir die Weiterreise nicht verbieten darf. Aber ich habe einen Zettel, auf dem steht, dass mich der Häuptling der Kuna-Indianer in sein Dorf einlädt. Und das liegt mitten im Darién Gap.

«Wenn die Sie eingeladen haben, können Sie fahren. Keine Ahnung, ob Sie wissen, was Sie tun, aber wenn ich Ihnen einen Rat geben darf: Schauen Sie sich Ihre Indios woanders an.»

Der Morgen ist die schönste Zeit in Yaviza. Die ersten Männer verlassen kurz nach sechs mit ihren langen, schmalen Booten das Flussufer. Die Luft ist abgekühlt, Nebelschwaden ziehen über den Chucunaque, der hier mit dem Rio Yaviza zusammenfließt und einen breiten, sandfarbenen Strom bildet. Es gibt keine Autos von hier an, der Transport läuft über das Wasser.

Die Armee Panamas hat auf den Zufahrtsstraßen nach Yaviza Checkpoints errichtet. Die Kolumbianer auf der anderen Seite der Grenze handhaben das ähnlich. Wer Richtung Darién Gap unterwegs ist, wird auf Militär treffen und braucht einen guten Grund, um nicht abgewiesen zu werden. Die Einzigen, die sich mehr oder weniger frei bewegen dürfen, sind die Kuna. Die Ureinwohner dieser Gegend. Über einen Fotografen in Bogotá bin ich an die Einladung des Dorfältesten gekommen. Und vor meiner Ankunft in Panama war ich in Bogotá in zwei Gefängnissen und habe mit Vertretern der linken Farc-Guerilla und der rechten Paramilitärs gesprochen. Alte Kontakte eines anderen befreundeten Fotografen. Der linke Guerillero und der rechte Narcoterrorist, beide hatten abgeraten, den Darién zu betreten. Sie versprachen dennoch, die Leute vor Ort zu informieren.

Púcuro, mein erstes Ziel, liegt acht Stunden von Yaviza. Ich fahre auf einer Piragua, einem schmalen Einbaum mit Außenbordmotor. Der Regenwald wird deutlich dichter. Ich sehe die ersten Cuipos, mächtige Bäume, um die vierzig Meter hoch, die den Dschungel überragen. Dazwischen Königspalmen, Gummi- und Balsabäume und Sterculien, auch Panama-Baum genannt. Etwa alle halbe Stunde kommen wir an kleineren Orten vorbei: El Real, Pinogana, Vista Alegre, Yapeì. Im Darién leben verschiedene indigene Völker, Embera, Wounann und Kuna, dazu noch «Colonos», die Nachfahren afrikanischer Sklaven. Die winzigen Siedlungen bestehen aus schiefen Holzbauten und einem Posten der Grenzpolizei Senafront. Ich muss jedes Mal das Boot verlassen und mich beim Checkpoint melden, wo ein aufgeregter Soldat jedes Mal Ramirez anfunkt und fragt, ob der komische Europäer wirklich weiterfahren darf.

Mein Bootsführer findet das übertrieben. Meine Anwesenheit sei doch längst an alle wichtigen Stellen weitergegeben worden.

«Die Grenzpolizei weiß, dass ich komme», sage ich.

«Nein, nicht Senafront, ich meine die wichtigen Stellen.»

Er meint den «Frente 57», so heißt die Einheit der kolumbianischen Guerilla, die im Darién operiert. Den Chef nennen sie «El Pana», weil er aus Panama stammt. Er war mal Polizist und hat gute Kontakte zu den Drogenkartellen von Sinaloa und «Los Zetas» in Mexiko. Beide Gruppen haben im Darién Verbindungsleute, die den Kokaintransport überwachen. Die Region ist ideal, um Kokain auf Lasteseln Richtung Norden zu schmuggeln. Der Darién ist ein riesiges unbewachtes Einfallstor, um Stoff von Südamerika Richtung USA zu bringen. Vor einigen Monaten wurden nicht weit von hier hundertzwanzig Indios festgenommen, die, von Guerilleros begleitet, 1,4 Tonnen Kokain durch den Urwald schleppten. Jeder Schmuggler bekam umgerechnet dreihundertachtzig Euro. In den USA war die Ladung dreihundert Millionen Euro wert.

Man muss nicht lange im Darién Gap sein, um zu verstehen, dass der wirkliche Herrscher über das Gebiet die Farc sind, die marxistische Guerilla, die seit 1964 gegen den kolumbianischen Staat kämpft und das Grenzgebiet als Rückzugsgebiet nutzt. Die Farc behaupten noch immer, das Volk befreien zu wollen. Die meisten Kolumbianer, die ich kenne, glauben, dass sie nur noch eine Bande Mörder sind, die ins Gefängnis gehört. Als Narcoterroristen werden sie von den USA bezeichnet. Die Farc sind der größte Drogenproduzent Kolumbiens, sie kontrollieren Anbau und Produktion des Kokains und kooperieren mit den Ubareños, die früher mal rechte Paramilitärs waren und heute wenigstens den Anstand besitzen, sich als das zu bezeichnen, was sie sind: Drogendealer.

Es ist später Nachmittag. Den Rio Púcuro, den wir stromaufwärts fahren, hätte ein Set-Designer aus Hollywood nicht besser entwerfen können. Zehn, fünfzehn Meter ist der Fluss breit, dicht bewachsene Böschung an den Ufern. Die Kronen der mit Lianen behangenen Bäume beugen sich zum Wasser hin, so tief, dass man das Gefühl hat, durch einen Bogengang zu fahren. Im Hintergrund hallt das irre Schreikonzert der Brüllaffen. In den Ästen sitzen scharlachrote Aras. Blaue Morphofalter, die alle in perfekter Synchronisation hintereinander herfliegen, begleiten meine Piragua.

Ich muss an Comandante Ramirez denken, den Türsteher des Darién Gap. Für ihn ist das alles nur Wald, der Kriminelle versteckt. Aber auch Ramirez weiß, dass die Mörder und Diebe dieses Paradies gerettet haben. Weder die Holzfäller und Goldgräber noch die Großgrundbesitzer mit ihren Viehherden trauen sich in diesen Dschungel. Alle umliegenden Provinzen, in Panama wie in Kolumbien, wurden zerstört. Dort ist vom Regenwald nur noch eine niedergewalzte Graslandschaft übrig, auf der Vieh weidet. Es ist die Gewissheit, dass man den Darién Gap ohne Einladung nicht lebend verlässt, die den Wald gerettet hat.

Am Abend, kurz nach Einbruch der Dunkelheit, komme ich in Púcuro an. Ein kleiner, unscheinbar aussehender Mann in schwarzen Regenstiefeln sitzt am Ufer. Er scheint auf mich gewartet zu haben. Er heißt Luís Tobar und ist der Cazique, der oberste Repräsentant Púcuros. Er hat ein weißes Hemd angezogen und sagt mir in einem freundlichen und leicht feierlichen Ton, dass die Frauen des Dorfes gekocht haben.

Luís führt mich auf einen schmalen Zementstreifen. Der Streifen sei neu, sagt er, und in Púcuro seien sie einigermaßen stolz darauf. Wenigstens versinke man in der Regenzeit nicht mehr knietief im Matsch, wenn man zum Fluss wolle. Strom und Wasser gebe es aber nicht, werde es nie geben, dafür liege man einfach zu weit weg.

Luís hat einen aufrechten, eleganten Gang. In seiner Hand hält er einen Stock. Diesen darf nur er, der Cazique, besitzen. Er ist aus Casoal, einer dunklen Holzart, die es laut Luís nicht mehr gibt. Die Oberfläche ist blank geschliffen. Sie soll die Geradlinigkeit symbolisieren, die von einem Cazique verlangt wird.

Der gut zweihundert Meter lange Zementweg sei ein Symbol, habe der Gesandte der Regierung gesagt. Dass man das Dorf nicht vergessen habe. «Natürlich haben die uns vergessen, wir sind die vergessenen Kuna», sagt Luís Tobar. «Du bist der erste Journalist, der uns besucht.»

Wer schon einmal in Panama war, hat zumindest von den Kuna gehört. Sie sind die größte indigene Bevölkerungsgruppe des Landes. Die meisten Touristen lernen sie als bunt gekleidete Indios kennen, die auf vorgelagerten Atlantikinseln leben. San Blas heißt der Archipel, ein karibisches Paradies aus über dreihundertsiebzig Inseln.

Die Molas, bestickte Stoffe, die sich Kuna-Frauen auf die Vorder- und Rückseite der Bluse nähen, sind als Souvenir mittlerweile so beliebt wie der Panama-Hut. Es gibt kaum einen Reiseführer, auf dem nicht eine schöne Kuna mit Nasenring von der Titelseite lächelt. Allerdings leben die Kuna erst seit hundertfünfzig Jahren auf diesen Inseln. Ihren Ursprung haben die Olotule, die «Goldmenschen», wie sie sich selbst nennen, im Darién. Von dort sind sie erst von den Spaniern und später von Nachfahren afrikanischer Sklaven vertrieben worden. Heute leben in Panama rund sechzigtausend Kuna. Es waren mal über eine halbe Million. Im Darién sind es keine tausend mehr.

Luís und ich gehen einen kleinen Hügel hinauf, von wo ich das Dorf sehen kann. Púcuro ist auf einer Lichtung gebaut, die auf zwei Seiten vom Fluss umspült wird. Fünfhundert Menschen leben hier, in rund fünfzig Holzhäusern. Reis und Bananen werden in kleinen Parzellen rund um das Dorf angebaut. Fleisch gibt es genug im Urwald.

Wir gehen in eines der Häuser, wo eine Familie um eine kleine Feuerstelle hockt und mir einen Teller in die Hand drückt. Es ist Ñeque, ein Nagetier, ein kleiner Verwandter des Stachelschweins. Luís sitzt mir gegenüber und schaut zu, wie ich ins Fleisch beiße. Er ist Anfang sechzig, hat feine, dunkle Züge und die Neigung, leise zu sprechen, weil man ihm dann aufmerksamer zuhört.

Ich hatte gelesen, dass 2003 in Púcuro und der Nachbargemeinde Paya fünf Kuna von rechten Paramilitärs getötet wurden. Sie wurden der Kooperation mit der linken Guerilla verdächtigt. Die Mörder sind nie gefasst worden. Ich frage Luís, wie man als Ureinwohner in einer solchen Hölle überlebt.

«Man lernt in dieser Gegend früh, Dinge nicht zu sehen und über die Dinge, die man nicht gesehen hat, zu schweigen.»

Er ist seit vielen Jahren der Anführer des Ortes. Der weise Mann Púcuros. Er hat den Männern verboten, im Dorf Alkohol zu trinken, hat der Provinzverwaltung einen windschiefen Schulbau abgetrotzt und dafür gesorgt, dass alle drei Monate ein Ärzteteam eingeflogen wird.

Das Dorf verspricht sich viel von meinem Besuch. Die Kuna im Darién möchten ein eigenes Reservat haben, in dem sie sich selbst verwalten können. Seit neunzehn Jahren verhandelt Luís mit den Behörden. Bisher ohne Erfolg. Die Regierung erkennt ihn zwar als Repräsentanten der Kuna in der Region an, macht aber keine Zugeständnisse. Luís wünscht sich, dass ich «über die vergessenen Menschen im Darién» berichte. Über den Skandal, dass die Kuna auf dem Gebiet ihrer Vorfahren praktisch keine Rechte haben. «Alles, was du hier siehst, der Fluss, der Wald, das Dorf, es gehört uns nicht.» Dass sie als Ureinwohner zwischen Horden von Mördern und Drogendealern leben und sich niemand darum schert. «Erzähle der Welt, dass es uns gibt.»

Ich überlege, ob ich ihm sagen soll, was ich über die US-amerikanische Firma OTS Latin America LLC weiß. Dieses

Unternehmen hat vor drei Jahren Bodenproben ausgewertet und die Erdölvorkommen im Darién-Gebiet auf neunhundert Millionen Barrel geschätzt. Die Einnahmen für die Regierung wurden mit zwanzig Milliarden Dollar veranschlagt. Mit anderen Worten, die Kuna werden das Land nie bekommen. Dafür erhöhen sich gerade die Chancen, dass die seit Jahrzehnten geplante Straße durch den Darién Gap gebaut und die Lücke der Panamericana geschlossen wird. Die meistdiskutierte Route würde von Yaviza über Púcuro bis nach Guapá auf der kolumbianischen Seite führen.

Luís möchte die Straße nicht. Sie würde all jene anlocken, die bisher den Darién gemieden haben: Viehzüchter, Holzkonzerne, Landwirte. Der Darién gilt neben dem Amazonas als die zweite Lunge des Kontinents. Es ist aber eine kleine Lunge. 21 000 Quadratkilometer. Einer massiven Rodung würde sie nicht lange standhalten.

«Vor einigen Monaten war jemand von der Uno da», sagt Luís. Der Mann habe sich das Dorf angeschaut und lange zugehört. «Er sagt, dass unser Kampf Erfolg haben könnte. Er will sich in der Hauptstadt für Púcuro einsetzen.»

Die Frauen, die das Essen gekocht haben, nicken fröhlich. Die Uno hat sich jetzt der Sache angenommen. Die Vereinten Nationen. Es klingt nach Durchbruch. Nach großem Sieg. Es ist der Moment, in dem ich beschließe, Luís nichts von der amerikanischen Firma zu erzählen, nichts von den neunhundert Millionen Barrel Öl unter seinen Füßen, nichts von dem, was fünfhundert Urwaldindianer zu erwarten haben, wenn zwanzig Milliarden Dollar im Spiel sind.

Am nächsten Morgen breche ich zusammen mit zwei Männern auf. Der ältere, ein hagerer Typ mit einer Affenzahnkette um den Hals, stellt sich als «Schildkrötenbrust» vor. Milton Etxeberri, wie er wirklich heißt, ist vor Jahren mal auf einen Hobo geklettert, einen Stachelbaum, um Iguanas, grüne Leguane, zu jagen. Noch Wochen später hat man ihm Dornen aus dem Körper gezogen. Er kennt die Gegend wie kaum ein anderer.

Mein anderer Begleiter ist ein junger Kerl, der nicht viel redet. Vielleicht hat er keine Lust auf sechs Stunden Dschungelmarsch, vielleicht liegt es auch an der Bommelmütze aus Wolle, die er wie viele hier auch bei fünfunddreißig Grad und hundert Prozent Luftfeuchtigkeit trägt. Wir setzen mit einem Einbaum über den Fluss und suchen im Dickicht den Pfad Richtung Süden. Der Boden ist mit Laub und rötlichem Matsch bedeckt. Auf beiden rutscht man leicht aus. Es hat zum Glück wenig geregnet in den letzten Tagen. Von Mai bis November, in der Regenzeit, versinkt man hier an manchen Stellen bis zur Hüfte im Schlamm.

Unser Ziel ist Paya, das letzte Dorf vor der Grenze. Von da ist es nur noch ein halber Tag bis Kolumbien. Ich habe bisher niemandem gesagt, was ich vorhabe. Für die Kuna mache ich diese Reise, um über sie zu berichten. Sie würden nicht verstehen, dass man einfach nur durch den Urwald marschieren will. Einfach so, weil es gefährlich ist und sich kaum einer traut. In ihrer Welt geht es immer darum, Gefahr zu vermeiden. Nicht, sie zu suchen. Darum hält sich auch ihr Mitleid mit dem «wahnsinnigen Schweden» in Grenzen, über den gestern im Dorf einige redeten.

Ich kannte die Geschichte bereits. Der Name des Schweden war Jan Philip Braunisch. Er versuchte im Frühjahr 2013, allein durch den Darién zu kommen. Braunisch wurde sechsundzwanzig Jahre alt. Sein Bild hängt an allen südlichen Stützpunkten von Senafront. Am 10. Mai verließ er Bogotá und kam fünf Tage später in Riosucio an, unweit der Grenze zum Darién. Dort wurde er zuletzt gesehen. In sein Reisetagebuch im Internet schrieb Braunisch, dass er einen Weg gefunden habe, durch den Dschungel nach Panama zu kommen. Seiner Frau teilte Senafront mit, dass man eine zerstückelte, aber unvollständige Leiche gefunden habe, die «europäisch» aussehe. Meine beiden Begleiter gehen davon aus, dass ihn jemand für die paar Dollar in seiner Tasche umgebracht hat.

Es ist vermutlich genau dieser Wahnsinn aus Kokain, Krieg und Dschungelromantik, der den Darién zur Legende gemacht hat. In einer Zeit, in der Entdecker ausgestorben sind und die Werbung den Menschen einhämmert, dass es keine Grenzen gibt, sondern nur noch Möglichkeiten, in dieser Zeit strahlt der Darién wie eine der letzten Verheißungen. Das Außenministerium Österreichs nennt seine Durchquerung «eines der letzten großen Abenteuer». Der Satz steht unter den Reisewarnungen für Panama. Er klingt wie ein Lockruf.

Es werden sich immer genügend Menschen finden, die es versuchen. Leute wie mich oder wie Robert Pelton, Autor des Buches «The World's Most Dangerous Places». Pelton ist Berufsabenteurer. Er war in Mogadischu, Grosny, Bagdad, Port-au-Prince, Kabul und hat für CNN berichtet. Den Darién Gap nennt er «den Everest», den er nie besiegt hat. Pelton hat es 2003 probiert. Zehn Tage war er in Gefangenschaft von Paramilitärs, verlor zehn Kilo, kam durch blankes Glück frei und versuchte es nie wieder.

Mein Begleiter Milton, der vermutlich ahnt, was ich vorhabe, weil ich auffällig viele Fragen über Kolumbien stelle, sagt etwas unvermittelt: «Also, die Somalier brauchen eine Woche, um den Darién zu durchqueren.»

Ich bleibe stehen.

«Was denn für Somalier?»

«Sie kommen ein-, zweimal die Woche aus Kolumbien in Paya an. Mal sind es drei, mal fünf, manchmal auch zwanzig. Somalier, Chinesen, Kubaner, alles Mögliche. Wollen alle in die USA.»

Wir halten an einer kleinen Flussbiegung. Der Fluss heißt Tapaliza, und bevor wir ihn überqueren, möchte Milton sich ausruhen. Er setzt sich auf einen Baumstumpf und nimmt nach drei Stunden den ersten Schluck aus seiner Wasserflasche. Ich habe zu dem Zeitpunkt schon über vier Liter getrunken.

«Seit gut einem Jahr kommen sie», sagt er, «Hunderte arme Hunde, Illegale. Sie sagen, sie wollen bis Nordamerika. Zu Fuß.»

Milton erzählt mir, dass die Farc-Guerilla und die Kartelle die verschiedenen Transportwege durch den Darién aufgeteilt haben. Die Route auf der Pazifikseite wird für Kokain genutzt. Wer da durchgeht, ist so gut wie tot. Wahrscheinlich hat Braunisch diesen Weg gewählt. Der Weg durch den Darién auf der Atlantikseite, der Weg, den wir gerade gehen, ist zum großen Teil für illegale Einwanderer reserviert, die von Südamerika nach Nordamerika gelangen wollen. Eine Schmugglerroute für Menschen. Die Reise beginnt in Turbo, an der kolumbianischen Küste, und endet im Dorf Paya auf der Seite Panamas. Für fünfhundert Dollar bekommt man einen Führer und das Versprechen, bei der Überquerung wahrscheinlich nicht erschossen zu werden.

«Und in Paya rennen wirklich Typen aus Mogadischu herum? Mitten im mittelamerikanischen Urwald?», frage ich.

«Warte, bis wir ankommen.»

Paya liegt auf einer gerodeten Anhöhe am Fuße einer kleinen Bergkette, die Panama von Kolumbien trennt. Im Nordwesten der Tacarcuna, der heilige Berg der Kuna. Er ist 1875 Meter hoch und versteckt seine Spitze meist unter tiefhängenden Wolken. Die dreihundert Kuna, die hier in Holzhütten leben, müssen mit dem auskommen, was die kleinen Bananen- und Yucca-Felder abwerfen. Ich darf meine Hängematte im Haus des Dorfältesten aufhängen. Kurz darauf, zwischen einer der Hütten, sehe ich den ersten Somalier. Ein Eskimo auf einem Basar könnte nicht fremder wirken.

Abdullah Emran, ein gläubiger Muslim, ist ein schlanker Mann mit wachen Augen und feinen ostafrikanischen Zügen. Er versucht gerade, einer Kuna eine Packung Kekse abzukaufen. Da er kein Spanisch spricht, übersetze ich für ihn. Emran spricht exzellentes Englisch.

Er ist in einem Flüchtlingscamp in Kenias Hauptstadt Nairobi aufgewachsen. In seiner Heimat tobt seit Jahren ein Bürgerkrieg, den schon lange niemand mehr versteht. Somalia hat seit 1991 keine Regierung und ist sogar nach afrikanischen Maßstäben ein Irrenhaus. Abdullah ist bereits als Kind geflüchtet. Von seiner Odyssee, die ihn hierhergeführt hat, will er nur erzählen, wenn ich ihm dafür meinen Reiseführer Panama schenke. Auf den letzten Seiten ist ein kleines spanisch-englisches Wörterbuch. Abdullah möchte Spanisch lernen. Er sagt, dass er die Sprache noch brauchen wird. Vor allem für Mexiko.

Sein Ziel ist Minnesota, der 32. Bundesstaat der USA, tiefster Mittlerer Westen, an der Grenze zu Kanada, ziemlich grün, ziemlich kalt und ziemlich weit weg. «Mein Bruder ist schon da», sagt Abdullah. Von ihm hat er den Tipp, von Südamerika nach Nordamerika zu laufen. Ein Visum bekommt ein somalischer Flüchtling für fast kein Land der Welt, auch nicht für Mexiko, Guatemala, Honduras, Costa Rica oder Nicaragua.

Nur Brasilien ist derzeit großzügig. Das Land boomt wirtschaftlich und braucht billige Arbeitskräfte. Somalier, aber auch Chinesen, Nigerianer, Nepalesen und viele andere erhalten ein Visum. Einige sogar eine befristete Arbeitserlaubnis. Abdullah hat in Manaus an der «Arena Amazonia» mitgebaut, dem WM-Stadion im brasilianischen Regenwald, das 214 Millionen Euro gekostet hat. Als sein Vertrag auslief, ist er mit dem Bus nach Kolumbien gefahren, wo er mit einem Schlepper verabredet war. Auch Abdullah hat fünfhundert Dollar bezahlt.

«Wir halten über Facebook Kontakt. Alle Somalier tun das. Wer einen Schlepper kennt, gibt das weiter. Wer schlechte Erfahrungen macht, warnt die nachfolgenden.»

Abdullah Emran hat keinen Schimmer, wo er gerade ist. Auf Facebook hat er gelesen, dass ihn die Polizei in die Hauptstadt bringen wird, wo er zwanzig Tage im Gefängnis verbringen muss. Dann kommt er frei, weil Panama nicht die Rückführung nach Mogadischu bezahlen möchte. Die Behörden in Panama wissen, dass die Afrikaner ohnehin nur auf der Durchreise sind.

Als ich Abdullah sage, dass ich morgen in die umgekehrte Richtung aufbrechen werde, durch den Urwald, von Panama nach Kolumbien, verschluckt er sich fast an einem Keks. Er glaubt mir kein Wort.

«Du bist doch schon hier. Was für ein Unfug! Warum sollte das jemand machen?»

Die Frage ist berechtigt. Warum sollte das jemand machen? Um sagen zu können, dass er von Mittel- nach Südamerika auf dem Landweg gelangt ist? Alles nur ein großes Abenteuer also, auf einem großen Abenteuerspielplatz namens

Darién Gap? Ich dachte, dass nur eine Handvoll Menschen diesen Übergang geschafft haben. Die Wahrheit ist, dass jede Woche Dutzende den Darién Gap überwinden. Männer, Frauen, Kinder, sogar Babys sind in Paya schon angekommen. Und sie tun sich das nicht an, weil sie etwas Aufregung suchen, sondern weil sie nicht anders können.

Ich verabschiede mich von Abdullah Emran und frage ihn, wie der Weg hierher war.

«Mein Freund, glaub mir, es ist die Hölle.»

Als ich am Morgen losgehe, regnet es. Schildkrötenbrust, mit dem ich mich angefreundet habe und der weiß, was ich vorhabe, wird mir den Weg zeigen. Da er keine Waffe hat und man seiner Meinung nach nicht unbewaffnet Richtung Kolumbien läuft, hat er Rocky gefragt, den siebzehn Jahre alten Jäger des Dorfes, ob er uns begleitet. Rocky geht mit seinen beiden Hunden vorneweg. Er ist hager und viel zu schnell für mich. Ich laufe hinter ihm her und verstehe nicht, warum er nicht schwitzt. Ich habe mich in den letzten Tagen an einiges gewöhnt. An die Mücken, an den unruhigen Schlaf in einer Hängematte, an das Geschrei der Affen. Aber nicht an die Schwüle. Das werde ich nie. Man schwitzt einfach überall. Am Kopf, an den Armen, an den Beinen.

Der Pfad windet sich immer wieder kleinere Hügel hoch. Sie sind nicht sehr steil, es sind nur viel zu viele. Beim dritten oder vierten Anstieg habe ich das Gefühl, in einer Dampfsauna zu stehen. Wobei die Abstiege nicht viel besser sind. Ich rutsche oft aus und lerne bei der Gelegenheit, dass überraschend viele Urwaldpflanzen Stacheln haben. Es dauert eine Weile, bis ich bemerke, dass dieser Weg anders ist als alle anderen, die ich im Darién zuvor gelaufen bin. Er ist recht breit, kaum überwuchert, dafür ausgetreten und vermüllt. In den Sträuchern und Büschen liegen Plastik-flaschen, Dosen, Papiertücher, Tüten, dazwischen Jacken, Hemden, Hosen und ganze Koffer.

«Die armen Hunde werden müde und werfen am Ende alles weg», sagt Schildkrötenbrust, der mittlerweile das dritte Hemd vom Boden aufgehoben hat und auch das überzieht. Ich bleibe an einem blauen Rollkoffer stehen und hebe einen Ausweis aus Bangladesch auf. Das Bild zeigt einen Jungen, der höchstens vierzehn ist. Ein paar Meter entfernt liegt eine grüne Arbeitserlaubnis aus Brasilien. Kurz darauf, an einem Fluss, entdecke ich ein Bild von Abdullah Emran, mit dem ich gestern in Paya geredet habe. Der Weg ist gepflastert mit Ausweisen, Dokumenten und Briefen. Als illegaler Einwanderer will man nichts bei sich haben, das irgendjemandem verrät, wohin man im Zweifel abgeschoben werden muss.

Nach sechs Stunden, in denen ich schon lange den Überblick verloren habe, wie oft ich bergauf und wieder bergab gegangen bin, stehe ich plötzlich vor einem knallroten Auto. Direkt am Weg, vollkommen zugewuchert und von Rost zerfressen. Von den Schaumstoffpolstern der Sitze ist nicht mehr viel da. Der Motor fehlt, das Lenkrad und die Scheiben auch. Rockys Hunde klettern auf die Motorhaube.

Dieses Auto war mal sehr berühmt. Es gibt einen Werbeclip aus den sechziger Jahren, in dem es zu sehen ist. 1961 hielt es der Autobauer General Motors in den USA für eine gute Idee, drei rote Chevrolet Corvair, gewöhnliche Stufenheck-limousinen, von Alaska nach Feuerland zu schicken – und zwar durch den Darién Gap. Die Aktion sollte die Robustheit amerikanischer Autos beweisen.

Sie bewies, dass die Manager in Detroit keinen Schimmer hatten, was ein Urwald ist. Einer der Testfahrer musste mit Malaria ausgeflogen werden. Die Chevys zertrümmerten sich so ziemlich alle Bauteile; ob dieselben Autos in Feuerland ankamen, die in Alaska starteten, wurde nie ganz geklärt. Eines schaffte es offensichtlich nicht.

Der Einzige, der bisher durch den Darién mit einem Auto gefahren ist, also nicht auf Flößen, sondern wirklich auf dem Landweg, war der Amerikaner Loren Upton. Es gelang ihm 1985 mit einem Jeep. Er hatte Luftunterstützung durch das Militär, Dutzende Helfer und brauchte für rund zweihundert Kilometer 741 Tage. Also zwei Jahre. Seine Frau hat ein vierzigseitiges Handbuch mit Tipps herausgegeben, falls man die Strecke nachfahren möchte.

Am frühen Nachmittag sind wir endlich in «Palo de las Letras», einer Anhöhe, an der sich der Regenwald etwas lichtet. Der Ort gilt als offizieller Übergang zwischen Mittel- und Südamerika, mitten im Darién Gap. Es gibt an dieser Stelle einen Grenzstein, einen schulterhohen Steinmonolith, auf dessen Nordseite Panama und gegenüberliegend Kolumbien eingraviert ist. Ich mache ein paar Fotos und gehe rasch auf die kolumbianische Seite. Rocky und Milton bleiben zurück. Ich denke, dass sie mir Vorsprung lassen wollen, weil sie deutlich schneller als ich sind. Aber das ist nicht der Grund.

Etwa hundert Meter den Hang hinunter sehe ich einen umgefallenen Baumstamm. Davor liegt etwas Großes. Anfangs halte ich es für ein Tier. Ich mache einige Schritte und spüre, wie mir plötzlich kalt wird. Ich schwitze, und mir ist eiskalt. Beides gleichzeitig.

Vor mir liegt der Körper eines Mannes. Der Bauch des Toten ist enorm gewölbt. Die Haut zum Bersten gespannt. Als hätte jemand den Körper mit Luft vollgepumpt. Seine Hose fehlt, und da, wo das Glied sein sollte, klafft eine große dunkelrote Fleischwunde, um die Fliegen zirkeln. Der Kopf ist nur noch ein Schädel, der Hals bis zur Hälfte abgenagt.

Offenbar haben Tiere einen Teil des Mannes gefressen. Dass sie sich dem Rest noch nicht genähert haben, liegt vielleicht am Zischen, Luft strömt aus seinem massigen Körper. Der Mann war groß, 1,90 vielleicht.

Rocky schlendert den Hang hinunter und beißt in eine Banane: «Der liegt seit zehn Tagen hier», sagt er. «Kubaner. Haben jedenfalls die Männer gesagt, die mit ihm unterwegs waren.»

Nach den Somaliern sind die Kubaner die größte Gruppe, die diese Route nutzen. Ecuador ist eines der wenigen Länder, das ihnen ein Visum gibt. Dann fahren sie nach Kolumbien und versuchen, über den Darién nach Panama zu kommen. Auch sie wollen in die USA. Ein US-Gesetz sagt, dass jeder Kubaner, der es schafft, seinen Fuß auf US-amerikanischen Boden zu setzen, eine Aufenthaltserlaubnis bekommt. Wer auf dem Meer von der Küstenwache aufgefischt wird, wird zurückgeschickt, wer Land erreicht, hat es geschafft. Das Gesetz soll zeigen, dass die USA allen Kubanern eine Chance geben. Das Land der Möglichkeiten. In Wahrheit ist es zynisch. Eine Aufforderung, sein Leben zu riskieren. Obama wird es bald abschaffen.

«Herzinfarkt, haben die Freunde gesagt. Die Hitze hat ihn geschafft. Zu dick», sagt Rocky, während er weiter seine Banane isst. Es ist nicht der erste tote Immigrant, den er sieht.

Ich frage ihn, ob der Senafront-Posten in Paya wisse, dass dieser Mann hier liegt.

Klar, sagt Rocky, die seien heilfroh gewesen, dass er hundert Meter hinter der Grenze gestorben sei. Ist Kolumbiens Problem.

Rocky wirft die Bananenschale weg und fragt, ob wir weitergehen.

Ich weiß nicht, was ich ihm antworten soll. Das Ganze begann als Abenteuer, jetzt liegt ein verwesender Körper vor meinen Füßen. Meine Reise kommt mir nicht mehr nur absurd vor, weil ja Hunderte Monat für Monat den Darién durchqueren, sie fühlt sich schlichtweg falsch an. Der Darién ist kein Spielplatz. Kein Ort für eine Dschungelwanderung. Worin besteht die Besonderheit meiner Leistung? Dass mich nicht Verzweiflung treibt, sondern Neugier und Ehrgeiz? Dass ich als Europäer kein Visum brauche, um nach Panama zu kommen? Dass man meinen Namen vermutlich kennen wird, wenn ich den Darién durchquere? Leute wie Abdullah Emran kennt man nicht. Kein Abenteuermagazin wird ein Interview mit ihm führen wollen, kein Ausrüster eine weitere «Expedition» finanzieren. Leute wie Emran oder dieser Kubaner hier sind keine Helden. Ganz gleich, welches «letzte große Abenteuer» sie bestehen. Schildkrötenbrust hat recht: Es sind einfach nur arme Hunde. Und dass ich hier rumlaufe und Alexander von Humboldt spiele, ist so, als würde ich mit einem seeuntüchtigen Flüchtlingsschiff von Libyen nach Lampedusa aufbrechen, nur «der Aufregung» wegen.

Ich frage Rocky, was der schnellste Weg aus dem Darién ist.

«Wenn wir uns beeilen und du ein Schnellboot im Dorf nimmst, kannst du es in zwei Tagen zurück nach Yaviza schaffen.»

Ich drehe mich um und laufe wortlos zurück nach Panama.

Der letzte Europäer
(Rumänien – Portugal)

Der Held dieser Geschichte sieht älter aus, als er ist, vierunddreißig, er hat kräftige Oberarme, ein sanftes Gemüt, und er weiß, was viele Leute hören, wenn einer «Rumänien» sagt. Es gibt in Europa Länder mit einem schlechten Ruf, es gibt welche mit einem sehr schlechten Ruf, und dann gibt es da noch Rumänien. Ein Land, klar, in dem der Leiter der Antikorruptionsbehörde wegen des Verdachts auf Korruption zurücktreten muss. In dem der Ministerpräsident als Geldwäscher beschuldigt wird. Letzter Platz beim Zahnpastaverbrauch in der EU. Weit vorn beim Alkoholkonsum. Solche Sachen, unser Mann kennt sie alle, weil er herumkommt in Europa. Im Politiksprech könnte man sagen: Er ist ständig auf Achse für die Vertiefung der Europäischen Union.

1992 hatte Rumänien noch gut dreiundzwanzig Millionen Einwohner, heute sind es vier Millionen weniger. Die Ausgereisten profitieren davon, dass es in Europa eine nicht erklärte Arbeitsteilung gibt, die ungefähr so geht: Überall, wo keine gebildeten Kräfte, sondern eher Ungebildete, Kräftige gebraucht werden, rufen die Arbeitgeber nach Rumänen. Auch die Deutschen.

Ohne Rumänen stünden Schlachthofbetreiber brusttief in ihren Schweinehälften. Den schönen deutschen Bau- und Ausbauboom könnten Immobilienentwickler vergessen ohne Rumänen. Den geliebten Spargel ernten sie auch und die

Kartoffeln noch dazu. Aus ihrer Sicht ist alles besser, als in Rumänien zu bleiben. Und deshalb ist Abhauen von zu Hause so ziemlich das Rumänischste, was man machen kann. Und das ist gar nicht schwer.

Man steigt in einen dieser Minibusse und klappert gen Westen. Die Busse gibt es zu Hunderten, in jeder rumänischen Stadt. Deutschland, einfache Fahrt, siebzig Euro. Holland achtzig Euro, Belgien achtzig Euro, Frankreich, Italien, Portugal hundertzwanzig Euro. Eine riesige rumänische Kleinbusarmada fährt seit Jahren durch Europa. Und hier kommt der Held dieser Geschichte ins Spiel, ein Held der Freizügigkeit, ein Held der Marktwirtschaft, irgendwie, auf seine Weise: ein Held Europas. Er soll Viktor Talic heißen, sein Klarname stünde hier nicht gut, er geriete in Gefahr, verfolgt zu werden, wie das Helden oft geschieht.

Viktor Talic macht Portugal. Er fährt nicht nur den Bus, er ist auch Spediteur, Geldtransporter, Bote, Hehler, Fernmelder. Mit acht Landsleuten an Bord seines Mercedes-Sprinters bewegt er Menschen und Waren von A: Rumänien, nach B: Portugal, wohin es viele Rumänen verschlagen hat. Einige seiner Kunden versuchen zum ersten Mal ihr Glück im Ausland; andere gehen Spargel stechen, arbeiten auf Baustellen, in Tiefkühlkostfabriken oder gehen sonst wie auf Montage; wieder andere waren nur kurz in der Heimat, weil sie Papierkram in Bukarest erledigen mussten, sie hauen nicht ab, sondern fahren nach Hause, wenn sie nach Portugal fahren.

Talics Laderaum ist voll mit Paketen, immer. Er transportiert Geschenke an die Verwandten in der Fremde. Selbstgeschlachtetes, Selbstgenähtes, vor allem Selbstgebranntes. Alles, ganz gleich, ob Paket oder Mensch, wird an die Haustür gebracht. Ganz egal, wo in Portugal. Es gibt keine Quittungen, keine Belege, aber auch nie Probleme. Auch nicht, wenn jemand Talic einen Halbjahresverdienst gibt, um ihn der Familie zu bringen.

Viktor Talic steht Mitte Mai im Stadtzentrum von Satu Mare, seiner Heimatstadt im Nordwesten Rumäniens. Er ist mit seinem Bus gekommen, die Kunden sind alle pünktlich, alle geduscht, alle etwas melancholisch, und alle haben mehr als den verabredeten einen Koffer dabei. Sieben Träume vom Westen.

Ein junges Ehepaar und ein altes, eine schwere Frau, die während der fünfzigstündigen Fahrt kein einziges Wort sagen wird, dazu ein hagerer, dünner Typ, wie er in Hollywood gern in der Rolle des terroristischen Schläfers eingesetzt wird, und ein hübsches Mädchen in einer weiß glänzenden, paillettenbesetzten Aufmachung, die eigentlich ein Trainingsanzug ist.

Von allen Fahrern in Satu Mare verkauft Talic die härteste Tour. Von hier nach Portugal sind es – auf seinem Weg – knapp viertausend Kilometer. Talic fährt eine ausgeklügelte, über Jahre optimierte Route, seit zehn Jahren ist er im Geschäft. Italien, obwohl es kürzer wäre, wird gemieden, weil die Carabinieri in der Vergangenheit rumänische Autos bei kleinsten Unstimmigkeiten konfiszierten. Die Fahrer bekamen einen Zettel mit der Information, dass ihr Auto erst mal weg sei und sie auf eine Gerichtsverhandlung warten müssten. Aber warten? Auf ein Gericht in Italien? Lieber fährt Talic fünfhundert Kilometer mehr.

Endstation ist immer Portimão an der südwestlichen Spitze Europas, Talics Mutter ist dort mittlerweile hingezogen. Westlicher geht es in Europa kaum. Die Fahrt dauert fünfzig Stunden, und das erste rumänische Wort, das man lernen wird, ist «cinci», das heißt fünf. Genau so viele Minuten macht Viktor Talic Pause nach dem Tanken. Das zweite Wort ist «cincisprezece», das heißt fünfzehn, so lange dauern die Essenspausen. Schlafzeit? Ist nur einmal geplant. Drei Stunden irgendwo in Nordspanien. Übermorgen. Den Rest der Zeit ist er wach.

«Verrückt, was?», sagt Talic.

Fünfzig Stunden am Stück, viertausend Kilometer durch Europa. In einem alten grünen Mercedes-Sprinter, der 1,2 Millionen Kilometer auf der Uhr hat. Innen bretthare, abgewetzte Sitze, hinten ein zweiachsiger Anhänger, auch voll beladen. Dazu, als Extraballast, rumänischer Disco-Pop in bestialischer Lautstärke, in Endlosschleife, damit Talic nicht einschläft, ehe Nordspanien erreicht ist. In Frankreich keine Autobahn. Zu teuer. Durch das größte Flächenland der EU deshalb auf Landstraßen. Und dann, nach zehn Stunden Pause in Portugal, die Rückreise. Macht achttausend Kilometer Fahrt, hundert Stunden am Steuer. Verrückt? Lebensmüde? Business?

Viktor Talic ist ein angenehmer Mann, den Millionen Kilometer hinter dem Lenkrad gelassen gemacht haben. Er versteht die Kritik an seinem Lebensstil und erzählt, dass er nicht immer Busfahrer war. Ein ganz annehmbarer Schüler sei er gewesen, gut in Mathe. Aber eines Tages fiel seinem Vater beim Sägen eines Baums eine Eichenkrone auf den Hinterkopf und schlug ihm beide Augäpfel aus dem Schädel, er stürzte nach vorn, die rote Druschba – die sowjetische Motorsäge – lief noch, und sie schnitt sein Herz in Stücke.

Talic war damals vierzehn Jahre alt. Eine Woche nachdem sein Vater im Wald gestorben war, verließ er die Schule, nahm die Druschba, die für ein Kind viel zu schwer ist, und ernährte mit ihr vier Jahre lang die Familie. Dann ging er nach Portugal und arbeitete auf dem Bau.

Talic erzählt das in warmen Worten. Er ist kein Aufschneider, und seine Mutter wird fünfzig Stunden später am Südwestzipfel Europas jede Zeile seiner Geschichte mit Tränen in den Augen bestätigen. Wer als Kind jahrelang mit der Motorsäge eine Familie ernährt hat, findet Viertausendkilometertouren durch Europa nicht mehr verrückt. Eher ein angenehmer Job.

Talic startet den Bus. Der überladene Mercedes quietscht und ruckelt, aber er fährt. «Das Wasser, hinten im Laderaum, das meinte ich», sagt Talic, «das finde ich nicht normal.» Hinten, unter Dutzenden Paketen, liegen fünfzig Flaschen rumänisches Mineralwasser. Irgendein Typ in Lissabon bestellt sie jeden Monat. Der Mann trinke kein portugiesisches Wasser, sagt Talic, er lasse sich das rumänische kommen. «Jedes Kilo, das ich transportiere, kostet zwei Euro. Das ist ziemlich teures Wasser.»

Bald ist Ungarn erreicht. An der Grenze geht nichts. Dutzende Mercedes-Sprinter stehen hintereinander, die meisten mit Anhängern, rumänisches Im- und Exportgeschäft. Es ist ein warmer Tag, die ungarischen Zollbeamten schwitzen in ihren blauen Uniformen und führen vor, wie unendlich langsam man in einem Pass blättern kann.

Viktor Talics Chef, der Besitzer des Mercedes-Transporters, steht mit einem VW Passat direkt vor dem Bus in der Schlange, er kommt immer bis zur Grenze mit, weil er die Zöllner am besten kennt. Talic und er, sie hatten gestritten bei der Abfahrt, der Chef schimpfte wegen des ewigen Übergepäcks. «Drei verfickte Koffer jeder», hatte er gekeift, «was glauben die denn – dass sie beschissene Businessklasse fliegen?»

Statt für das Übergewicht Geld zu verlangen, drückte Talic

jedem Fahrgast zwei Stangen Zigaretten in die Hand, so viel, wie jeder innerhalb der EU zollfrei mitführen darf, sie schmuggeln jetzt sozusagen legal Zigaretten. In Rumänien kostet eine Packung rund zwei Euro, in der Ukraine, wo der Chef sie gekauft hat, etwas mehr als ein Euro. Irgendwo in Südfrankreich wird Talic sie einem Mann an einer Autobahnraststätte übergeben. Die sechzehn legalen Stangen von sich und seinen Kunden und die gut zwanzig illegalen, die irgendwo im Laderaum versteckt sind. In Frankreich kostet eine Packung Zigaretten zwischen sechs und sieben Euro. Ein schöner Beifang.

Als Talic am ungarischen Schlagbaum nicht weiterkommt, steigt sein Chef vorn aus und begrüßt einen der Zollbeamten. Man umarmt sich. Man kennt sich. Ein kleiner Schwatz, ein schneller Blick in den Pass, in dem etwas liegt, was der Zöllner nimmt mit geübten Fingern, zwei Minuten später darf Talic aus der Schlange ausscheren, und beim Vorbeifahren wünscht der Ungar in Uniform dem Rumänen im Mercedes gut gelaunt eine gute Fahrt.

Wie viel war das? «Etwas mehr, als wir dem hier geben müssen», sagt Talic. Gut ein Kilometer nach der Grenze wartet der nächste Wegelagerer. Diesmal ist es ein dicker Verkehrspolizist in einer roten Warnweste. Er steht am Straßenrand und streckt die Hand aus. Jeder Kleinbus, der mit Rumänen beladen passieren will, muss stoppen. Die Fahrer kurbeln die Scheibe runter und drücken dem Kerl in Polizeiuniform Geld in die Hand. Geredet wird nicht, man versteht sich wortlos. Es ist eine Art Eintrittsgeld, das nur Rumänen zahlen.

Und wenn man nicht zahlt? «Pakete offen und auf der Straße», sagt Talic. «Innenverkleidung ab, Motorraum durchsucht. Drei Stunden, mindestens.» Talic dreht sich nach hinten. «Wer von euch hat Palinka dabei?» Palinka heißt der selbst gebrannte Obstler. Jeder weiß, dass es verboten ist, ihn mitzuführen. Alle heben den Arm. «Also dann sind zehntausend Forint in Ordnung.» Zehntausend Forint, umgerechnet knapp dreißig Euro, hat der Polizist eingesteckt.

Talic beugt sich nach vorn und dreht die Musik auf. Er hat einen USB-Stick mit hundert Stunden rumänischem Folklorepop ans Radio angeschlossen. Für westliche Ohren sind das hundert Stunden immer derselbe Song. Talic scheint ihn zu mögen, die anderen schauen zufrieden in die ereignislose ungarische Puszta. Es ist eine ruhige Fahrt.

Zwar hält ein ungarisches Polizeiauto den Wagen kurz vor Budapest erneut an und verlangt zweihundert Euro, aber Talic will sich deswegen nicht aufregen. Eigentlich mag er Ungarn. Er weiß, dass die meisten hier die Rumänen nicht ausstehen können, aber wenigstens geben sie es zu.

So geht es hinüber nach Österreich.

Das ältere Ehepaar ist eingenickt, das jüngere hält Händchen, der hagere Typ versucht, mit dem hübschen Mädchen ganz in Weiß ins Gespräch zu kommen. Talic macht Kilometer. Die Beats aus dem Radio mischen sich unter den Fahrtwind, der durch das offene Fenster strömt, längst hat die Rückenmuskulatur ihren Widerstand gegen die viel zu harten Sitze aufgegeben. Auf dem Armaturenbrett liegen Talics Handys, acht Stück: zwei rumänische, ein deutsches, ein französisches, ein spanisches, drei portugiesische. Möchte ein Kunde irgendwo in Portugal ein Paket aufgeben, ruft er Talic an. Das geht auch, wenn er schon unterwegs ist. Dann fährt er einen kleinen Umweg. Kurz sind die Gespräche nie. Rumänen plaudern gern, womöglich noch lieber als die Italiener. Eigentlich bimmelt es im Auto ständig.

Talic ist für viele Rumänen das einzige Stück Heimat, das

sie in der Fremde haben. Ja, es gibt jetzt Facebook, Whats-app, Handyflatrates, aber die stillen das Heimweh nicht, sie feuern es an. Zu Talics Kundschaft zählen Saisonarbeiter, die fünfzehn Stunden täglich auf irgendeinem Feld im Alentejo schuften, sieben Tage die Woche. Die geben bei ihm nur deswegen ein Paket auf, damit sie sich mit ihm wenigstens kurz einmal über seine frischen Eindrücke aus der Heimat unterhalten können.

«Warum fahren eigentlich alle immer am Freitag los?», fragt das hübsche Mädchen vor sich hin. Es ist seine dritte Reise. Es hat schon mal in Deutschland gearbeitet, im Süden, in einer Konservenfabrik. Es kann genau vier Wörter auf Deutsch sagen: Gurke, Rote Bete und Gewerbeschein.

Die junge Frau hat damals 8,50 Euro die Stunde am Band verdient und galt offiziell als selbständig. Allerdings musste sie vom Lohn vierhundert Euro Miete für ein winziges Zimmer in einem Wohncontainer neben der Fabrik zahlen. Das Zehn-Quadratmeter-Zimmer musste sie sich mit einer anderen Rumänin teilen. Sie hat gelernt, dass 8,50 Euro Mindestlohn nicht heißt, dass man 8,50 Euro verdient.

Die komplette rumänische Kleinbusarmada richtet sich nach Deutschland aus, besser gesagt, nach seinen Polizisten. Anders als die Ungarn kann man die Deutschen nicht bestechen. Klar, es gibt Bußgelder, fünfzig Euro, selten mehr. Das Problem sind die korrekten Beamten. Nur in Deutschland macht sich die Polizei die Mühe, einen Transporter mit Rumänen von der Autobahn runterzuleiten, um zu überprüfen, ob Wagen und Anhänger überladen sind. In kaum einem Land will ein Polizist die Aids-Handschuhe im rumänischen Verbandskasten sehen.

Talic glaubt nicht, dass die Deutschen besonders böse sind. Oder schikanieren wollen. Sie sind nur, sagt er, korrekt.

Korrekt und nervtötend. Franzosen, Spanier und Portugiesen sind froh, wenn sie mit den Rumänen nichts zu tun und keine Arbeit mit ihnen haben. Für sie ist jeder Kleinbus ein Berg Papierkram, weil natürlich immer irgendetwas nicht stimmt. Zu viele Zigaretten, zu wenig Reifenprofil, schwarzer Schnaps, kein TÜV. Deutsche, glaubt Talic, sind anders. Die mögen Papierkram. Sie suchen ihn.

Darum der Freitag, die Rechnung ist einfach: Für die neunhundert Kilometer von der ungarischen Grenze nach Passau braucht man rund zehn Stunden. Fährt man am frühen Freitagnachmittag in Rumänien los, erreicht man Deutschland nach Einbruch der Dunkelheit. Das rumänische Kennzeichen ist nachts deutlich schwerer zu erkennen, die deutschen Beamten sind reihenweise im Wochenende, die schöne deutsche Autobahn ist leer, die Wahrscheinlichkeit, nicht angehalten zu werden, groß. Und Samstagmorgen, vor Sonnenaufgang, sind die Rumänen durch. Wenn alles gut läuft, hat kein Mensch bemerkt, dass sie Deutschland in der Nacht durchquert haben.

Talic findet es richtig, was die Deutschen machen, auch wenn er selbst alle ihre Regeln bricht; sein Minitransporter wird an den Samstagen bei Sonnenaufgang aufgrund Talics Übermüdung und trotz kreischender Popmusik zu einem rollenden Todeskommando. Die Deutschen hätten recht, sagt er, im Prinzip. Aber er müsse gegen ihre Gesetze verstoßen, damit sich das alles halbwegs lohne.

Ihr Land, ihre Regeln, sagt Talic über die Deutschen, nichts falsch daran, nur muss er dagegenhalten: «mein Leben und mein Risiko». Er sieht es sportlich. Er möchte, dass seine Töchter in Rumänien gut aufwachsen, dass sie später einmal auf die Universität gehen können und in einem schönen Haus wohnen. Wenn er sich an die deutschen Regeln hielte, ginge das nicht. Also tut er, was er tun muss. Und Deutschland tut, was es tun muss. Und Europa ebenso. Eigentlich ganz einfach.

Man wird, so gesehen, nur wenige Menschen treffen, die überzeugtere Europäer sind als Viktor Talic. Die Europäische Union ist für ihn kein Monster, das in Brüssel wohnt, sondern ein Meer der Möglichkeiten. Es werde einem nichts geschenkt, sagt er, natürlich nicht, aber wenn man sich anstrenge, werde man belohnt. Einige, die mit ihm losgefahren sind, kommen ein paar Jahre später vielleicht mit einem großen Auto zurück und ziehen in ein Haus, das sie sich in Rumänien nie hätten verdienen können. Sie haben dann vielleicht Rückenschmerzen und kaputte Bandscheiben und zerschundene Hände, aber das Auto, das Haus nimmt ihnen keiner mehr. Wer sagt also, dass der europäische Traum nicht funktioniert?

Viktor Talic versteht nicht, was in Europa gerade passiert, gar nicht. Die Diskussionen über Sparen oder nicht, über Staatsschulden, lägen alle neben der Sache, findet er. Europa heißt für ihn: Man kann arbeiten und gar nicht so schlecht davon leben. Also, wo ist das Problem?

Natürlich, es gibt Unterschiede, aber die haben ja nichts mit Ungerechtigkeit zu tun. Deutschland zum Beispiel, ein großartiges Land, ein schwarzrotgoldener Traum. In Deutschland, sagt Talic, müsse sich ja eigentlich niemand anstrengen. Arbeiten reiche, und das sei der Hauptunterschied zwischen Rumänien und Deutschland. In Rumänien reiche arbeiten nicht, auch nicht hart arbeiten. Der Mindestlohn könne einen nicht über Wasser halten, selbst Ärzte erhielten nicht mehr als ein paar hundert Euro im Monat. Und woher würden die meisten ausländischen Ärzte in Deutschland kommen? Aus Rumänien, logisch. Es sei ja nicht so, dass dort alles viel billiger wäre, Lebensmittel oder Mieten.

Wie bringt man dann eine Familie mit nur einem Gehalt durch?

«Gar nicht», sagt Talic.

Unter den Rädern liegt jetzt Frankreich.

Das Funkgerät springt an. Ein Fernfahrer bietet Talic eine Tankfüllung Diesel an. Früher hat er das häufiger gemacht. Lastwagenfahrer verdienen sich etwas dazu, indem sie Diesel auf dem Weg an Rumänen verkaufen. Aber mittlerweile wird das von den Speditionen genauer kontrolliert. Und außerdem hat Talic gerade billig in der Nähe von Montluçon in der Auvergne getankt. Statt zu duschen, ist er in der kurzen Mittagspause in die Drogerieabteilung eines Supermarktes gegangen und hat sich Parfüm auf die Oberarme gesprüht. Leider haben das einige andere Mitfahrer auch gemacht. Der Bus riecht wie eine Douglas-Filiale im Hochsommer.

In Frankreich hatte Talic noch nie Probleme. Sobald er den Polizisten glaubhaft versichert, dass er nur auf der Durchreise sei und in ein paar Stunden in Spanien sein werde, lässt man ihn fahren. Nur einmal hätte er fast Schwierigkeiten bekommen. «Das war das mit den Schweinen.»

Es hat sich herumgesprochen, dass Talic alles mitnimmt. Zwei Euro je Kilo, das ist die einzige Regel. Letztes Jahr um diese Zeit erhielt er also einen Anruf von einem Rumänen, der in einem Schlachtbetrieb bei Lissabon arbeitete. Der Chef dort weigerte sich, den rumänischen Arbeitern ihren Lohn zu zahlen. Sie sollten doch vor Gericht gehen, sagte der Chef. Die Rumänen hatten eine andere Idee, sie nahmen sich ihren Lohn in Form von Naturalien. Sie zimmerten eine sehr große Holzkiste zusammen, steckten vierzehn lebende

Schweine hinein und gaben alles Talic, der mit ihnen die Hehlerware auf den Anhänger zurrte. Da allen Beteiligten die viertausend Kilometer von Portugal nach Rumänien für die Schweine dann doch zu weit erschienen, entschlossen sie sich, die Schweine einem Bekannten nach Frankreich zu schicken, nach Paris.

Talic und die Schweine gerieten in eine Polizeikontrolle. Ein Gendarm hielt sie an und fragte nach Veterinärdokumenten. Talic, der ihn verstanden hatte, zeigte ihm den Fahrzeugschein und erklärte ihm, die Lieferung gehe nach Paris. Weiß der Himmel, was in diesem Polizisten vorging, vielleicht mochte er Paris nicht, vielleicht wollte er nicht auf den Amtsveterinär warten. Er ließ Talic mit seinen Schweinen jedenfalls kopfschüttelnd weiterfahren.

«Haben alle überlebt», sagt Talic. Jedenfalls den Transport. «Frag mich nicht, was die damit gemacht haben. Die haben in einem Hochhaus gewohnt, in der Stadt.»

So geht es weiter nach Spanien.

Von der fünfunddreißigsten Stunde an wird die Zeit zu einem dicken Klumpen. Bilbao, Valladolid, Salamanca, die Städte ziehen vorbei. Wenigstens wird wieder Autobahn gefahren. Niemand schaut mehr auf die Uhr, niemanden scheint es noch zu kümmern, ob diese Fahrt jemals endet. Das flache Land im Nordwesten Madrids, das alte Kastilien, besteht aus weitläufiger Steppe, das macht es nicht einfacher. Talic hat exakt drei Stunden in der Nähe von Burgos geschlafen und sah danach müder aus als zuvor. Er sagt, dass es ihm gut gehe, aber immer wieder knattern die rechten Räder über die Fahrbahnmarkierungen, der Lärm der Rillen schreckt alle paar Minuten alle auf.

Talic sagt, dass er sich nur an einen Unfall erinnern könne. Ein Freund von ihm, der mit einem Sprinter nach Frankreich machte, sei in der Nähe von Rastatt von der Spur abgekommen und in einen Lastwagen geknallt. Ein Fahrgast war sofort tot. Zehn Minuten nach dem Unfall landete ein Hubschrauber auf der A5, und heute hat der Freund eine handtellergroße Metallplatte im Kopf und arbeitet in der Nähe von Mailand. Talic sagt, der Mann wäre in jedem anderen Land tot gewesen. Seit dieser Geschichte können deutsche Polizisten so oft nach den Aids-Handschuhen fragen, wie sie wollen. Talic lässt nichts mehr auf sie kommen, nichts mehr auf Deutschland.

Spanien ist der schlimmste Teil der Reise. Die Fahrgäste liegen wie sediert auf ihren Sitzen. Der Stoff für Plaudereien ist spätestens seit Paris verbraucht. Es ist der Moment, in dem man sich fragt, warum man sich das für hundertzwanzig Euro antut. Für etwas mehr als das Doppelte könnte man fliegen. Aber vermutlich muss man zwei bis vier Euro die Stunde verdienen, um diese Frage beantworten zu können.

Und nie war eine Ankunft in Portugal schöner.

Der Irrsinn beginnt. Von nun an bleibt keines der acht Telefone Talics mehr still. Alle wissen, dass er Sonntagmittag in Portugal ankommt. Alle wollen nun absprechen, wann ihr Paket, ihr Verwandter, ihr Freund ankommt. Teilweise telefoniert Talic mit drei Leuten gleichzeitig. Wenn er nicht rangeht, machen sich die Leute Sorgen und rufen noch häufiger an.

Nachdem er das ältere Ehepaar und den hageren Typen in einem Dorf unweit von Lissabon abgesetzt hat, fährt Talic hinein in die portugiesische Hauptstadt. Dort warten, an einem Verkehrskreisel, bereits einige Kunden mit ihren Autos und nehmen Pakete entgegen. Dreißig, vierzig Rumänen belagern Talics Mercedes. Er gibt ein Paket nach dem anderen heraus und nimmt neue entgegen. Für den Außenstehenden sieht alles wie ein einziger großer Streit aus, aber Talic versichert, dass alles völlig in Ordnung sei.

Die Müdigkeit ist weg. Jede Minute klingelt das Telefon. Talic fährt kleine Dörfer an, sammelt Päckchen ein, springt irgendwo nur kurz hinaus und hat einen Umschlag mit Geld dabei, er setzt die verbliebenen Reisenden vor ihrer Haustür ab. Die letzten Stunden vergehen schnell.

Am frühen Sonntagabend ist die Hinreise vorbei: Portimão. Ein Touristenort an der Algarve, dem der portugiesische Bauboom ein paar hässliche Hochhaussiedlungen beschert hat. In einem dieser Häuser wohnt Talics Mutter. Im Stockwerk unter ihr leben die Schwester und der Schwager.

Die Mutter putzt für fünf Euro die Stunde in einem Hotel. Der Neubaublock, in dem sie wohnt, ist noch nicht fertig, aber sie will auf keinen Fall nach Rumänien zurück, so glücklich ist sie hier.

Talic setzt sich zu ihr an den Küchentisch und ist zu müde zum Erzählen. Morgen um acht geht es zurück nach Rumänien. Er sagt, dass ihm noch etwas eingefallen sei. Zu dieser Frage, wie das sei, als Rumäne in Europa. Er habe die Antwort. Rumäne in Europa, das ist keine Nationalität. Rumäne ist ein Beruf.

Die Stunde der Gurus (Indien)

Nordwind weht vom Fluss herüber. Wütend zerrt er an den Außenplanen der Zelte. Die riesigen Fahnen auf den Camps der Asketenorden bäumen sich auf wie Sturmsegel. Es ist kurz nach Mitternacht. Es riecht nach Rauch und Staub. Nebelschwaden mischen sich mit Dunst. Die Holzlaternen dieser Zeltstadt werfen müdes, gelbliches Licht. Es ist, als hätte jemand die Welt mit Curry bestäubt.

Überall liegen Menschen auf dem Boden. Wer in keinem der Zelte Platz gefunden hat, schläft draußen in der Kälte, bei sechs Grad über null. Auf Trampelpfaden, auf einer der Schwimmbrücken am Fluss, unter den wenigen Bäumen, die auf dem Gelände stehen. Fünf mal fünf Kilometer ist das Areal groß, eine Landzunge, zum Ufer hin mit Sandsäcken verstärkt, genau an der Stelle, wo sich die Flüsse Yamuna und Ganges treffen. Allahabad, die Stadt im Nordosten Indiens, ist nicht weit.

Es sind Millionen, die gerade hier schlafen. Zusammengekauert auf etwas Reisstroh, geschützt von Plastikplanen und Wolldecken. Körper bis zum Horizont. Einige krallen sich im Schlaf an ihre Taschen. Unter ihnen erschöpfte Kinder, überfordert von der Menschenmasse, Familienväter, ermattet von der Sorge, den Überblick zu verlieren, geschundene Greise, die noch im Schlaf gegen ihren Reizhusten ankämpfen, selige Bäuerinnen im Sari, denen man das Glück, hier sein zu dürfen, ansehen kann. Ein schlafendes Menschenmeer.

In fünf Stunden wird das alles anders sein. In fünf Stunden ist Sonnenaufgang. Dann sind die 144 Jahre vorbei, die man auf diesen Tag warten musste. Am 10. Februar 2013 steht Jupiter im Zeichen des Stieres und die Sonne im Zeichen des Steinbocks. Mauni Amavasya wird der Tag genannt, der Neumondtag der Asketen. Die schlafenden Menschen werden in den nächsten Stunden aufwachen und sich in Bewegung setzen wie ein hypnotisiertes Ameisenvolk. Sie werden nur eine Richtung kennen, die zum Fluss, und sie werden ein Gedränge erzeugen, das man sich als Europäer nicht mal im Ansatz vorstellen kann.

In fünf Stunden beginnt der wichtigste Badetag der Maha Kumbh Mela. Die mächtigste Prozession der Menschheitsgeschichte. Dreißig Millionen Hindus wollen ins Wasser. Sie haben nur diesen einen Tag dafür. Sie wissen, die nächste Gelegenheit für ein Bad, das dieselbe Kraft hat, Sünden abzuwaschen, kommt erst wieder in 144 Jahren.

Es scheint nicht klar, seit wann es die Kumbh Mela gibt, das riesige Pilgerfest der Hindus. Seit Beginn der Zeit, sagen Gläubige. Seit etwas über tausend Jahren, sagen westliche Historiker. Sie schätzen den Ursprung auf das 9. Jahrhundert nach Christus. Damals kamen an die Mündungsstelle zwischen Ganges und Yamuna Mitglieder des Sannyasin-Ordens zu religiösen Treffen zusammen. Sannyasi bedeutet Weltentsagung. Es waren Wandermönche, die ihre Leben der Suche nach Weisheit gewidmet hatten. Asketen, auch Sadhus, Munis oder Heilige genannt, lebten ohne Besitz von Spenden und hausten zurückgezogen auf Bäumen, Bergzinnen oder in Felsspalten. Aus ihren Treffen entwickelte sich die Kumbh Mela.

Die Sicht des Westens, seine kühle, nüchterne Analyse, hat nichts mit dem zu tun, wie Inder glauben. Der Hinduismus ist eine wundervolle, leicht melodramatische Religion, in der es Millionen Götter gibt. Ein toleranter, offener, bunter Glauben, der weder Kreuzzüge noch Heilige Kriege kennt, auch keine Propheten oder Missionierung. Dafür Götter wie Brahma, der vier Köpfe hat, um in alle Himmelsrichtungen blicken zu können, oder Götter, die auf Tigern reiten, wie Elefanten aussehen oder blau sind, weil der Schwiegervater sie vergiften wollte.

Der Ursprung der Kumbh Mela ist für Hindus eine poetische Geschichte über den ewigen Kampf zwischen Gut und Böse. Eine viel schönere Geschichte als die Analyse der westlichen Historiker. Als die Dämonen und Götter zu Beginn der Zeit den alles umfassenden Milchozean quirlten und damit gemeinsam den Trank der Unsterblichkeit erschufen, floh einer der Götter mit dem Krug, in dem der Trank war. Krug heißt auf Sanskrit Kumbh, und Mela bedeutet so viel wie Zusammenkunft oder Fest. Kumbh Mela, das Fest des Kruges. Für den Weg zum Himmel brauchte der Dieb zwölf Göttertage, also zwölf Menschenjahre. Da die Reise beschwerlich war, setzte er den Krug viermal ab. In den vier indischen Städten Haridwar, Ujjain, Nashik und Allahabad. Dabei fielen jedes Mal einige Tropfen des Unsterblichkeitstranks auf die Erde. Ein großes Glück für die sündenbeladene Menschheit. Denn so würde in Zukunft jeder, der zur richtigen Zeit in einer der vier Städte ein heiliges Bad nahm, von seinen Sünden und vom ewigen Kreislauf der Wiedergeburt befreit werden. Auf diese Gläubigen wartete nach dem Tod das Nirwana, das große, glückverheißende Nichts.

Genau genommen sind heute dreißig Millionen Inder an

die Ufer von Ganges und Yamuna gekommen, weil sie eine Hoffnung eint: nie wieder Leben, nie wieder Sein, nie wieder Indien. Es könnte erklären, warum die Kumbh Mela nicht als das Fest der wohlhabenden Städter aus Mumbai und Delhi gilt, mit ihrem Leben voller Chancen im Wirtschaftswunderland Indien, sondern eher als das Fest der einfachen Landbevölkerung.

Alle drei Jahre wird an einem der vier heiligen Orte eine Mela gefeiert. Die segensreichste von allen jedoch, die sichere Abkürzung ins Nirwana, ist die in Allahabad. Alle zwölf Jahre. Und jedes zwölfte Mal, also alle 144 Jahre, gibt es eine Maha Kumbh Mela. Das größte unter den großen Festen. Das ultimative Glücksversprechen am Ganges. Die Party hat am 14. Januar begonnen und dauert bis zum 10. März – insgesamt kommen hundert Millionen Menschen. Und heute ist der wichtigste Tag von allen. Der große Badetag.

Noch vier Stunden bis Sonnenaufgang. Der Nordwind hat etwas nachgelassen, die ersten Pilger öffnen ihre Augen und schlagen die Decken zurück. In einem der prächtigsten Zelte des Geländes steht Swami Shree Vishwadevarandji Maharaj auf, der ranghöchste geistige Führer des Nirwani-Ordens. Zwei Stunden hat er geschlafen, sagt er. Wie jede Nacht. Mehr brauche er nicht.

Vishwadevarandji ist ein bedeutender Mann. Er wird der Erste sein, der im Ganges baden darf. Der Erste von dreißig Millionen. Vishwadevarandjis enormes Bambuszelt ist mit schweren Teppichen ausgelegt, ein Dutzend seiner in orange Kutten gekleideten Glaubensbrüder stehen um ihn herum. Bis zum Abend hat er hier noch Gläubige empfangen. Tag für Tag wartet ein nie abreißender Strom von Menschen vor seinem Zelt, sie bringen Spenden, meistens Geld, und

erhoffen sich im Gegenzug Weisheit und Segen. Religions-
fragen, Lebenskrisen, Arbeitslosigkeit, Eheprobleme, Haut-
krankheiten, Lungenkrebs – Vishwadevarandji kann man
zu allem befragen. Er hockt auf einem kleinen Hügelkissen
wie ein König, hört das Problem und gibt Rat. Für gläubige
Hindus ist er ein gottähnliches Wesen, schon ihn zu sehen,
bringt einen dem Nirwana näher.

Manchmal heile er auch Krankheiten, sagt Vishwadevarandji, einfach so. Allerdings nicht immer. «Es kommt darauf an», sagt er.

Worauf?

«Dass man glaubt.» Swami Shree Vishwadevarandji Maharaj richtet seine goldbestickte Weste. «In Wahrheit bin ich
nichts Besonderes», sagt er, um dann anzufügen: «Ich habe
noch nie in meinem ganzen Leben gesündigt, noch nie. Und
ja, es stimmt, für die Menschen bin ich ein Gott.»

Ein Gott, der sich dem Wohl der Welt widmet und allem
entsagt hat. Außer vielleicht seiner Luxuslimousine, den
prächtigen Gewändern, dem Schmuck, den Elefanten für
die Prozessionen und den Bodyguards, die sein Camp bewachen.

Ein Gespräch mit Guru Vishwadevarandji ist eine verwir-
rende Mischung aus Kalendersprüchen, Heidepredigt, Eso-
terikseminar und monumentaler Ratlosigkeit. Der freund-
liche Mann mit der sonoren Stimme sagt, er sei für den
Weltfrieden, für internationale Brüderlichkeit, für Toleranz.
Auch für die Liebe im Allgemeinen, die Hoffnung und das
Glück. Er findet, dass jeder Glaube seine guten Seiten habe,
jedes System, ob Kommunismus oder Kapitalismus. Es gebe
Situationen, da sei das Herz wichtig, manchmal aber sei der
Kopf wichtig. Je nachdem.

Es sind Momente, in denen man sich die inquisitorische

Schwarz-Weiß-Indoktrination eines niederbayrischen Land-
pfarrers wünscht. Eine klare Ansage. Wenn du die Hostie
aus dem Tabernakel stiehlst, droht dir das Höllenfeuer.
Ursache – Wirkung. Der Hinduismus kennt das nicht, er
bietet viele Wege.

Man sollte das nicht falsch verstehen, der Hinduismus an
sich kann, wenn man es wünscht, sehr präzise sein und das
gesamte Leben reglementieren. Aber er kann auch offen sein,
vage und unkonkret. Die Hindu-Sekte der Aghori glaubt
etwa an das Brechen von Tabus, um Erlösung zu finden. Sie
essen Exkremente, Leichenfleisch, trinken aus Schädeln
und schlafen mit toten Frauen. Auch das akzeptiert der Hinduismus.

In seiner Offenheit ist er ein sehr zeitgemäßer Glaube. Er
kommt der Weigerung des modernen Zentraleuropäers entgegen, sich festzulegen. Vermutlich erklärt das seinen Erfolg
im Westen, und warum auf der Kumbh Mela so viele Menschen aus Europa, den USA und Lateinamerika herumlaufen
und «Hare Krishna» rufen. Allerdings passt der tolerante
Glaube durchaus auch in seine Heimat. Wo könnte eine
katholische Ex-Premierministerin ihr Amt an einen Sikh
übergeben, der seinen Amtseid vor einem muslimischen
Präsidenten eines mehrheitlich hinduistischen Landes leis-
tet? So was geht nur in Indien, besser gesagt, ging nur in
Indien, denn in den letzten Jahren sind die Spannungen zwischen den verschiedenen Religionsgemeinschaften größer
geworden.

Vishwadevarandji legt sein Smartphone zur Seite. Er muss
sich jetzt auf sein Bad vorbereiten. Er ist Mitte sechzig, trägt
einen mächtigen Spitzbart und einen Turban, der ihn wie
einen Piratengeneral aussehen lässt. Er darf um kurz nach
sechs als Erster ins Wasser, weil er der Maha Mandeleshar

ist, der ranghöchste Guru seines Ordens. Bis dahin sind es noch drei Stunden. Der geistige Führer möchte jetzt etwas Ruhe.

Draußen treffen ein paar Hundertschaften der Polizei auf dem Gelände der Kumbh Mela ein. Noch immer ist es mitten in der Nacht, noch immer ist es kalt. Die Polizisten sichern die Zugänge. Am äußeren Rand des Areals sind auf einem Feld schmale Gassen aus Bambusabsperrungen errichtet worden. Aus der Ferne sehen sie wie ein Irrgarten aus. Hier stehen die Pilger, die erst jetzt eingetroffen sind. Es bildet sich eine kilometerlange Warteschlange. Die Dimensionen sprengen die Vorstellungskraft. Würden sich alle, die heute zur Maha Kumbh Mela kommen, hintereinander in einer Linie aufstellen, würde die Schlange von hier bis nach New York reichen.

Die Polizisten fangen an, mit Knüppeln auf einige der Pilger einzuschlagen. Rund dreißigtausend Sicherheitskräfte hat die Regierung hierherbeordert. Die schlafenden Gläubigen schrecken auf und machen den Weg frei. Dass Polizisten in Indien häufig keine Pistolen tragen, heißt nicht, dass sie unbewaffnet wären. Es ist erstaunlich, wie viel Furcht man mit einem Schlagstock und dem Ruf, rücksichtslos zu sein, erzeugen kann.

Noch zwei Stunden bis Sonnenaufgang. Vor dem Zelt von Guru Vishwadevarandji kommen einige Naga Sadhus zusammen – nackte Asketen, die so etwas wie die Maskottchen der Kumbh Mela sind. Naga Sadhus reiben sich mit Asche ein, tragen lange Rastalocken und sind dafür bekannt, Marihuana zu rauchen und sich spektakuläre asketische Übungen aufzuerlegen. Vier bis fünf Millionen Sadhus leben in

Indien. Sie dürfen umsonst in den Zügen fahren, haben keinerlei Kontakt zu ihrer Familie und gelten juristisch als verstorben, weil sie bei ihrer Initiation ihrer eigenen rituellen Verbrennung beiwohnen. Sie haben sich für ein Leben am Rande der Gesellschaft entschieden. Es ist gut für das Karma eines Dorfes, wenn man einen eigenen Sadhu hat. Die Mela muss man sich wie eine Leistungsschau dieser Sadhus vorstellen. Einige ziehen mit ihrem Penis Geländewagen, andere stehen ewig auf einem Bein, leben nackt im verschneiten Himalaya, kriechen wie Würmer auf dem Boden oder lassen sich lebendig begraben. Die meiste Zeit aber sitzen sie vor ihren Zelten und ziehen am Chillum, einem Holzrohr, gestopft mit Cannabis. Ab und zu nähert sich ein Gläubiger, reicht ihnen Geldscheine und bekommt dafür einen Segen und etwas Asche auf die Stirn getupft.

«Vor fünfzig Jahren war das noch ein kleines Event. Inzwischen ist die Kumbh Mela ein spirituelles Disneyland. Von hundert Sadhus ist einer echt.» Der Mann, der das sagt, heißt in Indien Datt Bharti. Im Breisgau, in Süddeutschland, wo er vor siebenundfünfzig Jahren zur Welt kam, heißt er hingegen Horst Brutsche.

Datt ist ein hagerer Mann mit wilden Locken und schwäbischer Aussprache. Seit zwölf Jahren ist er selbst ein Sadhu, einer der wenigen aus dem Westen. Datts asketische Übung besteht darin, Fahrrad zu fahren. Zweimal ist er von Jestetten in Baden-Württemberg bis nach Indien geradelt. Über die Türkei, den Iran, Afghanistan und Pakistan. Insgesamt 8500 Kilometer über drei Monate. Das Rad hat er sich selbst aus Gebrauchtteilen zusammengeschraubt.

Man könnte ihn leicht für einen Spinner halten, mit seinem roten Punkt auf der Stirn, den Kraushaaren und den ständigen Hustenanfällen vom vielen Kiffen. Aber Datt ist kein Spinner. Kein bisschen. Er ist ein besonnener, analytischer Mann, der wohl nie aufhören wird, sich und der Welt Fragen zu stellen. Vielleicht ist er zwangsläufig beim Hinduismus gelandet, einer Religion, in der sich alles um die Suche dreht.

Datt spricht Hindi, rezitiert Sanskrit und hat sich jahrelang mit den heiligen Schriften beschäftigt, ohne dabei das Indien zu vergessen, das ihn umgibt. «Das Land ist kaputt. Es hat riesige Umweltprobleme. Wenn man mit dem Fahrrad fährt, sieht man, dass die Abholzung immer weitergeht. Auf der anderen Seite ist Indien das ehrlichste Land der Welt. Es wird immer ein Teil von mir sein.»

Seit drei Jahren lebt Datt Bahrti wieder als Horst Brutsche in Deutschland, unweit der Schweizer Grenze. «Im Paradies», wie er sagt. In einer Wohnung, die ihm sein Bruder überlässt, umgeben von Natur und sauberer Luft. Er arbeitet in einer kleinen Fabrik, die Elektrofahrräder herstellt. Datt hatte nach elf Jahren eine «Überdosis Indien». Er erkannte mit den Jahren, dass er, ein europäischer Sadhu, nie wie ein indischer angenommen werden würde. Dass nicht nur die Hautfarbe Menschen trennt, sondern vor allem der Kontostand.

Mit einundzwanzig war er zum ersten Mal in Indien. Jahre später lief er auf einer kleineren Mela zufällig in das Camp eines Mönchsordens. Jemand sagte zu ihm: «Dein Name ist Datt Bharti. Ich bin dein Guru, mach die Feuerstelle sauber.» Er tat es.

Achtzehn Jahre ist das jetzt her, seit zwölf ist er ein Sadhu. Er sagt, es sei das Beste, was ihm jemals widerfahren ist. Ehrensache, dass er zur Maha Kumbh Mela aus Deutschland angereist ist, bis Delhi mit dem Flugzeug, von dort aus mit dem Fahrrad nach Allahabad.

Viele der Sadhus sind anders als Datt. Sie sind ehemalige Bettler, die wissen, dass Hindus ihnen Geld geben, weil das gut fürs Karma ist. Andere sind auf der Flucht vor der Polizei, wieder andere sind geistig verwirrt. Wie alle Sadhus wird auch Datt in ein paar Stunden ins Wasser gehen. Das Bad der mit Asche eingeriebenen Männer ist der Höhepunkt der Mela. Horden von nackten Sadhus rennen in den Ganges, springen, brüllen, eine sehr fotogene Show.

«Ich gehe nur bis zu den Knöcheln rein, nicht weiter. Bin doch nicht verrückt», sagt Datt. In der Zeitung hat er über die Belastung des Ganges mit Kolibakterien gelesen. Die Grenzwerte sind tausendfach überschritten. Er ist nicht der Einzige, der denkt, dass Indien keine Flüsse mehr hat, sondern nur Abwasserkanäle.

Eine Stunde noch, dann ist Sonnenaufgang. Fast niemand liegt mehr auf dem Boden, stattdessen wächst der Strom der Pilger. Er kündigt sich an wie eine heranbrausende Welle. Mittlerweile ertönen auch wieder die Lautsprecherdurchsagen. Gut zwanzig Stunden am Tag gibt eine unermüdliche Stimme die Namen der Pilger durch, die ihre Familien aus den Augen verloren haben. Mehrere tausend täglich. Meist sind es ältere Frauen, die im Gewirr verschluckt wurden und nun an einem der Treffpunkte warten.

Es ist der Grundton der Mela, ihr Musikbett, in das sich alle anderen Töne mischen: das Gebrüll der Sari-Verkäufer, die Predigten der Gurus, der Gesang der Märchenerzähler, die Trillerpfeifen der Polizisten, das Klingeln der Fahrradrikschas. Ein Fest für die Augen, eine Tortur für die Ohren.

«Wir haben es ruhig», sagt Ram Chandra Mishra, ein älterer Herr, der eine Vorliebe für Bommelmützen zu haben scheint. Ram Chandra Mishra ist aus Sitapur, einer Stadt nördlich von Allahabad. Ein gläubiger Hindu, der zusammen mit seiner Frau Lalita einen ganzen Monat auf dem Gelände der Kumbh Mela zeltet. Zwei Millionen andere Pilger tun es ihm gleich, sogenannte Kalpvasis. Mishra ist Rentner. Er war dreißig Jahre bei der indischen Armee als Fernmeldetechniker. Seit fünf Jahren ist er pensioniert. Er hat ein Haus, drei Söhne, eine Tochter, vier Kühe und einen Büffel. Das und die zweiundzwanzigtausend Rupien Pension im Monat, rund dreihundert Euro. Mehr als genug, um davon zu leben.

Menschen wie Mishra sind die Seele der Mela, sie bewahren das Fest davor, tatsächlich ein spirituelles Disneyland zu werden. Nicht die Show der Sadhus, die Liveübertragungen im indischen Fernsehen, die Verkaufsstände für Zahncreme, Haaröl, Telefonkarten und Traktoren, nicht die Touristengruppen in Cargohosen, nicht der angeschlossene Jahrmarkt mit den rostigen Karussells und den Autorennen.

Mishra und seine Frau gehen nicht nur heute, am großen Badetag, ins Wasser, sie machen das den ganzen Monat lang. «Je öfter, desto besser», sagt Lalita. Sie baden dreimal am Tag, essen nur einmal, sprechen mittags Gebete und hören nachmittags die Predigten der Gurus. Die beiden haben geheiratet, als sie zwölf war.

Jeden Morgen stehen Mishra und Lalita um fünf auf und gehen, noch etwas wacklig, zum Ganges-Ufer. Sie stehen im Wasser und spüren den weichen Flusssand unter ihren Füßen. Drei Mal tauchen sie jeweils unter. Hand in Hand. Dann gurgeln sie und trinken einen Schluck Flusswasser. Die pure Bakterienanzahl würde wohl jeden europäischen Körper umhauen. Zuletzt richten sie noch ein paar kurze Gebete in alle vier Himmelsrichtungen und stecken den wartenden Bettlern einige Äpfel und Nüsse zu.

Es ist rührend, mit welcher Würde das Paar seinen Glauben lebt. Mishra betet zu Shiva und Vishnu – genau genommen aus demselben Grund, aus dem Christen zu Jesus beten. Er möchte nicht zuletzt Vergewisserung. Wie viele Menschen will auch Mishra nicht das Nebenprodukt eines kosmischen Zufalls sein. Er möchte nicht jemand sein, der nur ist und nicht sein müsste.

Die Kumbh Mela bietet den Rahmen dafür. Sie ist die Kulisse für Millionen, die sich ihres Glaubens vergewissern, die ihre Hoffnung leben, dass da mehr ist. Man muss nicht religiös oder spirituell sein, um darin Schönheit zu erkennen.

Die Sonne geht auf. Es ist sechs Uhr früh. Vishwadevarandji, der Guru der Nirwani-Akhara, steht am Ufer. 144 Jahre sind vorbei. Einer seiner Diener zieht den goldenen Sonnenschirm weg. Eine Stunde hat der Guru bis hierher gebraucht. Er saß auf einem silbernen Thron, der auf einem Prunkwagen montiert war. Ein blauer Traktor zog ihn langsam durch die Menge. Überall standen Gläubige und jubelten. Einige warfen sich auf den Boden und küssten die Reifenspuren.

Die Naga Sadhus sammeln sich hinter Vishwadevarandji. Mehrere Dutzend, finster blickend, teilweise vor Kälte zitternd. Sie warten auf den ersten Schritt. Vishwadevarandji macht ihn, das Flusswasser hat ihn berührt, es kann losgehen. Es gibt kein Halten mehr. Alle rennen los. Nicht nur die Sadhus, auch die jubelnde Menge. Ältere Frauen, Männer in Anzügen, Kinder, Jugendliche. Jeder, ohne Ausnahme, versucht, einige Kleidungsstücke auszuziehen und ins Wasser zu gelangen. Nicht das Ufer bildet den Flusslauf ab, die Menschenmasse formt ihn nach. Alle fangen an zu drücken, zu ziehen, zu pressen. Die Musiker einer Blaskapelle, die gerade noch die Prozession des Gurus begleitet hat, streifen hastig ihre Uniformen ab.

Die Masse drückt gegen die Absperrungen, die links und rechts der Badestellen montiert sind und eigentlich die heiligen Männer von den Pilgern trennen sollen. Aber das Gedränge ist auf beiden Seiten gleich. Man spürt nur noch Körper, Ellbogen, Knie, Schultern, Hüften. Es ist ein Wunder, dass niemand eine Panikattacke bekommt. Die Glücklichen, die es in den Ganges schaffen, strahlen. Der Fluss wäscht die weiße Asche von der Haut der Naga Sadhus, kleine Nebelschwaden steigen von ihren Schultern hoch. Er ist eiskalt an diesem Morgen. Keinen scheint das jetzt noch zu stören.

Der Strom der Pilger wird den ganzen Tag über nicht nachlassen. In langen Schlangen hoffen sie auf ihre Chance. Wer heute ins Wasser kommt, den erwartet Nirwana. Das Nichts. Ein Viertel wird es Schätzungen zufolge an diesem so wichtigen Tag nicht schaffen. Niemand möchte zu diesem Viertel gehören. Niemand. So nah an der Ewigkeit.

Die nächste Gelegenheit ist in 144 Jahren.

Mein Freund, der Stier (Spanien)

Am Morgen hat Julio Aparicio in seinem Hotelzimmer vor einem tragbaren Heiligenschrein gekniet, den er immer mitnimmt, wenn er irgendwo auf der Welt kämpft. Er hat an diesem Morgen länger davor gekniet als sonst, sagt er.

Julio Aparicio ist seit über zwanzig Jahren Torero. Er hat schon Hunderte Stiere getötet. Es ist nicht so, dass er diese Situation nicht kennt, die Aufregung kurz vor der Corrida. Aber es ist dieses Mal nicht die Anspannung, die er früher erlebt hat. Im Gang stehen und warten, dass es beginnt. Die jubelnde Masse, die Rufe, die Musik. Es riecht nach Pferd, nach Heu, nach Stier, alles durchmischt sich, die Sommerhitze, der Lärm, der Geruch des Anzugs. Eigentlich ist es ja heute nicht anders. Gleich wird jemand das rote Holztor aufschieben, und Aparicio wird den gelblichen Sand der Arena sehen können. Die Kapelle wird aufspielen, der Applaus stärker werden. Früher war es der Moment, in dem die Spannung von ihm abfiel. Aber das, was er gerade fühlt, macht nicht den Anschein, als ob sie je wieder abfallen würde.

Aparicio, der Torero, hat Angst.

Es ist Anfang August, kurz vor sieben am späten Nachmittag, Aparicios Gesicht wirkt starr, die Haare hat er mit Pomade nach hinten gekämmt. Später wird er erzählen, dass diese Stunden die «schlimmsten seit meiner Geburt» sind.

Gerade aber tun alle um ihn herum so, als wäre das ein

ganz normaler Arbeitstag. Und nicht das Comeback eines Toreros, der eigentlich tot sein müsste.

Aparicios neuer Manager, ein junger Kerl im Sommeranzug, schaut abwechselnd auf sein iPhone und seine Rolex. Auch er ist nervös, obwohl es nur Pontevedra ist. Eine nicht sehr große Küstenstadt in Galicien, im Nordwesten Spaniens. Eine zweitklassige Arena, aber für Aparicio gibt es erstklassiges Geld. Es ist sein Comeback. Über zehntausend Euro für einen Nachmittag, heißt es.

Pontevedra ist ideal, weit weg von Madrid. In der Hauptstadt wird von Toreros Vollendung in den Bewegungen erwartet. Wenn man das nicht kann, muss man den Stier so nah an sich ranlassen, dass man jederzeit durchbohrt werden könnte. Wenigstens das. Entweder man tanzt Paso doble mit dem Stier und ist ein Künstler, oder man ist es nicht und provoziert den Tod, so läuft das in Madrid. In der Hauptstadt muss man etwas bieten.

Pontevedra hingegen, das sind dankbare Provinzrabauken, freundliche Aficionados, die nicht Kunst, sondern Blut sehen wollen. Sie johlen, wenn der Torero dem Stier beim Vorbeirauschen auf den Hintern haut. Das hat mit Stierkampf zwar nichts zu tun, sie finden aber, dass es wenigstens lustig aussieht.

Die Männer an Aparicios Seite, seine Helfer, dehnen seit Minuten ihre Beinmuskeln. Aparicio schaut sie an, er kennt sie alle seit Jahren. Rafael, Ángel und David werden nachher dem Stier bunte Zierstäbe mit Widerhaken in die Schulter rammen. Wichtiger ist aber heute der dicke Francisco. Er trägt einen hellen, cremefarbenen Anzug, der aussieht, als wäre er ihm im Lauf der Jahre zu klein geworden. Francisco dehnt sich nicht. Er ist Picador. Er wird später auf einem Pferd sitzen und dem Stier eine Lanze in den Nacken bohren, die entscheidende Schwächung. Ohne den Reiter hätte der Matador keine Chance. Francisco muss das gut machen. Er darf es nicht übertreiben, das mögen die Leute nicht. Der Stier wäre zu geschwächt für einen guten Kampf. Julio Aparicio aber sieht heute nicht so aus, als könne er einen Stierkampf ohne einen starken Picador überleben.

Der Krach wird lauter. Er weht von den Tribünen bis hier nach unten vor das rote Holztor. Musik erklingt.

In der ersten Reihe der Arena, auf einem der besten Plätze der Plaza, sitzt ein älterer Herr, den sie hier alle Don Eduardo nennen. Eduardo Lozano Martín ist der Empresario, der Veranstalter. Ihm gehört die Plaza de Toros in Pontevedra. Er hat die Verträge mit den Toreros gemacht, er wird den Gewinn der Corrida einstreichen. Früher hat er fünfzehn Jahre lang Madrid gemanagt, er war der wichtigste Empresario der Welt. Mittlerweile ist er fünfundsiebzig Jahre alt. Niemand weiß besser, wie man mit Stierkampf Geld verdient. Heute trägt Don Eduardo schon den ganzen Tag das Lächeln eines Mannes im Gesicht, der gerade erlebt, wie sein Plan aufgeht.

Mitte der Woche hat das katalanische Parlament den Stierkampf für alle vier katalanischen Provinzen verboten. Wieder einmal hatte es erhitzte Debatten gegeben zwischen Tierschützern und solchen, die Stierkampf für ein schützenswertes Kulturerbe Spaniens halten. Künstler und Intellektuelle hatten für den Erhalt der Corrida gekämpft. Der Philosoph Fernando Savater schrieb: «Es ist kein Missbrauch, von der Henne Eier zu bekommen, vom Schwein Schinken, vom Pferd Geschwindigkeit und vom Stier Tapferkeit.» Es nutzte nichts, das Verbot war keine gute Nachricht für Don Eduardo.

Sein Plan entstand, nachdem ein Bild um die Welt ging,

das man nur schwer betrachten kann und noch schwerer vergessen. Vermutlich ist es das berühmteste Stierkampfbild aller Zeiten, die Ursache dafür, dass Julio Aparicio heute in Pontevedra steht und Angst hat.

Das Foto ist datiert auf den 21. Mai 2010. Ein angenehmer Frühlingstag in Madrid. In Las Ventas, der Stierkampfarena der Stadt, finden gerade die Feiern zu Ehren des heiligen San Isidro statt. Jeden Tag Corrida, drei Wochen lang. In der Stadt aber reden die meisten nur über Fußball. Morgen spielen die Bayern gegen Inter Mailand im Bernabéu das Champions-League-Finale. Viele hier sind froh, dass Barcelona gegen die Italiener rausgeflogen ist und die Katalanen in Madrid nicht den Cup holen werden. Fußball ist in Spanien wichtiger als Stierkampf. Stierkampf wird nicht als Sport gesehen, eher als kulturelles Spektakel, ein Fest des alten Spanien, das vor allem die Konservativen mögen. Den meisten Platz räumt «ABC», die Zeitung der Rechten in Spanien, den Corridas ein. Sie rezensiert die Kämpfe im Feuilleton, gleich neben den Theaterkritiken.

Julio Aparicio hat für Las Ventas einen schwarzgoldenen Anzug angezogen. Wenn es heute gut läuft, wird es «Verträge regnen», wie man sagt. Die Empresarios aus ganz Spanien sitzen im Publikum und überlegen, wen sie für ihre Plazas buchen. 2010 war bisher kein gutes Jahr für Aparicio. Im März wurde er dreimal gebucht, im April einmal. Jeweils zwei Stiere, gut waren vielleicht zwei seiner acht Kämpfe. Zuletzt wurde er in Nîmes ausgepfiffen. Franzosen, die einen spanischen Torero ausbuhen. Schlimmer kann es nicht kommen, dachte er damals. Heute in Madrid muss er etwas zeigen, hier entscheidet sich die Saison.

Die Nerven waren nie sein Problem gewesen. Aparicio ist

einundvierzig Jahre alt, kein junger Torero mehr. Er gab sein Debüt mit achtzehn in einer kleinen Arena in Gandía, nicht weit von Valencia. Schon sein Vater war Stierkämpfer. Der große Julio Aparicio, ein Idol in den fünfziger Jahren, siebenmal wurde er in Madrid auf Händen aus der Arena getragen. Natürlich heiratete er damals eine Flamencotänzerin. Die Presse liebte diesen Mann.

Julio kam 1969 zur Welt. Julito, wie sie ihn nannten, war nie so gut wie sein Vater. Nie besonders glanzvoll, nie der Draufgänger, der die Nähe zum Stier suchte. Nie einer, der den Stier zum Tanzen brachte. Julito wird ein solider Kämpfer. Wenn sich der Stier berechenbar bewegt, kann er annehmbare Auftritte hinlegen. Aber diese Tage sind selten. Stiere sind nicht immer berechenbar, und Aparicio hält gern Abstand. Leute, die es sehr gut meinen, nennen Aparicio einen Künstlertorero. Weil er so schwankend ist und sehr verloren in die Arena schauen kann. Nein, sein Problem waren nicht die Nerven, sein Problem war sein Talent. Wenn der 21. Mai anders gelaufen wäre, hätte man gesagt, Aparicio, ein Matador, dessen einzige Besonderheit der wirklich berühmte Vater war. Vielleicht wäre das bis zum Ende so geblieben.

Der Stier, der ihm in Madrid zugelost wird, heißt Opíparo. 530 Kilogramm, helles Fell, vom Züchter Juan Pedro Domecq. Anfangs läuft alles gut. Keiner der beiden begeistert, nicht Aparicio, nicht Opíparo. Der Torero riskiert nicht viel, hat den Stier aber im Griff. Aparicio macht mit seinem Tuch ein paar Derechazos, den klassischen Schwenk mit der rechten Hand. Opíparo nimmt sie an. Aparicio wechselt die Hand und hält ihm das Tuch mit der linken hin, in der rechten hat er den Degen. Der Stier nimmt an. Opíparo reagiert. Bei einer der Bewegungen, die Hörner sind gerade am Tuch vorbei, macht Aparicio einen Schritt zurück und stolpert über das hintere Bein von Opíparo. Er hat nicht gesehen, dass der Stier seinen Körper gedreht hat.

Der Torero fällt zu Boden und begeht in diesem Moment einen entscheidenden Fehler. Er versucht aufzustehen. Toreros wird von klein auf immer wieder gesagt, dass sie liegen bleiben sollen, wenn sie in der Arena hinfallen. Wer aufsteht, ist sehr wahrscheinlich tot, wer sich nicht bewegt, hat gute Chancen zu überleben. Stiere jagen einem nicht die Hörner in den Rücken. Jedenfalls meistens nicht. Die Chance des Toreros, der liegen bleibt, ist, dass die Helfer kommen und das Tier weglocken. Gute Toreros kämpfen in der Mitte der Plaza, weil da der Weg zu ihrer Rettung am längsten ist.

Julio Aparicio glaubt vielleicht in diesem Moment, dass er noch etwas Zeit hat, um aufzustehen. So richtig wird er sich an diese Situation nie erinnern können. Er sitzt auf dem Boden, er versucht, nach hinten auszuweichen, noch mal, noch ein bisschen, seinen Kopf hat er etwa auf Kniehöhe, leicht nach vorn gebeugt. Opíparo, der seit rund einer Viertelstunde gequält wurde, dreht sich um und rennt auf Aparicio zu. Er senkt den Kopf, schnauft, nähert sich rasend schnell und rammt Aparicio das rechte Horn direkt unters Kinn. Es tritt im Mund wieder aus. Das Foto sieht aus wie eine Karikatur des Stierkampfs. Ein halbgeöffneter Mund, aus dem eine Hornspitze ragt.

Das Wunder, wie es später genannt wird, besteht darin, dass Opíparo nicht seiner Natur folgt. Er schüttelt nicht den Kopf hin und her. Vermutlich hätte er so Aparicio den Kopf in Stücke gerissen. Der Stier macht nur ein paar Schritte nach vorn. Er zieht Aparicio wie ein Stück Vieh am Haken mit sich. Dann lässt er von ihm ab. In diesem Augenblick kommen Aparicios Leute und lenken Opíparo ab. Es geht so schnell, dass es für die meisten in der Arena nicht zu sehen ist. Sekunden nur. Dennoch fallen zwei Zuschauer, die besonders gute Plätze haben, beim Anblick der Szene in Ohnmacht.

Wenige Minuten später liegt Julio Aparicio in der Krankenstation der Stierkampfarena.

«Es musste schnell gehen. Sie hatten ihm ein Tuch auf den Hals gelegt, als ich es runternahm, spritzte mir das Blut entgegen.» Doctor Máximo García Padrós ist der Chefchirurg der Arena, ein ruhiger, älterer Herr, dessen Vater schon denselben Posten hatte. Er ist zweiundsechzig, und seit vierunddreißig Jahren arbeitet er in Las Ventas. Er hat sich zur Regel gemacht, immer mit eigenen Augen zu sehen, wie der Stier den Torero verletzt. Es ist dann leichter zu entscheiden, was zu tun ist. Darum sitzt der Doktor immer in der ersten Reihe.

Aparicio verliert rasend schnell Blut. García Padrós muss die Blutung stillen. Die gesamte Mundpartie ist zerfetzt. Das Horn ist auf der linken Gesichtsunterseite eingedrungen, hat den Unterkiefer durchschlagen, die Zunge gespalten. Teile des Oberkiefers sind zerstört. Fünf Zähne sitzen locker auf dem Kiefer und ragen waagrecht aus dem Mund. Eine Stunde operiert der Arzt in der Krankenstation. Er macht einen Luftröhrenschnitt und versucht, Aparicio möglichst schnell transportfähig zu bekommen. Vier Ärzte und zwei Anästhesisten sind im Raum.

In Aparicios Mund liegt ein Hornsplitter. Doctor García Padrós legt ihn auf eine Mullbinde und beschließt, das Teil als Glücksbringer zu behalten. Er ist etwas abergläubisch. Wenn das Horn nicht durch den Mund wieder ausgetreten wäre, sondern eine Arterie oder das Gehirn getroffen hätte, wäre sein Patient jetzt tot. Aber er hat nicht viel Zeit, um über das Glück dieses Mannes nachzudenken. Draußen geht die Corrida weiter. Einer seiner Ärzte sagt, dass ein zweiter Torero gerade erfasst wurde. Es war der Torero, der Opíparo getötet hat. Der zweite Stier hat ihn erwischt.

«Es gibt so Tage», sagt Doctor García Padrós.

Als der Krankenwagen die Stierkampfarena verlässt, hat die Online-Redaktion von «El País» das Foto bereits ins Netz gestellt. Das Bild hat der Fotograf Cristóbal Manuel geschickt. Es ist das Foto seines Lebens. Er hatte einfach auf den Auslöser gedrückt, als Aparicio auf den Boden gefallen war. Die Kamera schoss Dutzende Fotos. Er schaute sie sich wenig später auf dem Display an. Bei einem konnte er nicht glauben, was er da sah. Am nächsten Tag war es das Aufmacherbild in Tageszeitungen auf der ganzen Welt. Julio Aparicio war jetzt der berühmteste Torero Spaniens. Viel berühmter, als sein Vater es jemals war.

Er wurde an diesem Tag sechs Stunden operiert. Von einer Komplikation ein paar Tage später erholte er sich erstaunlich schnell. Die Ärzte erteilten ihm Sprechverbot für eine Weile, sagten aber auch, dass er wieder gesund werde. Es werde eine kleine Narbe zurückbleiben, nichts Großes. Jedes Gespräch endete mit dem Satz, dass er unfassbar viel Glück gehabt habe.

«Ich habe mich natürlich sehr darüber gefreut, als ich von der Genesung erfuhr.» Don Eduardo, der Empresario von Pontevedra, hat sich den weißen Hut abgenommen. Man sieht ihm sein Alter nicht an. Er hört das oft. «Du musst dich eben bewegen, sonst kriegt dich der Stier», sagt er. Don Eduardo kennt Julito, seit der ein Kind war. Sein Bruder und der Vater von Julio Aparicio standen in den fünfziger Jahren gemeinsam in der Arena. «Ich rief Aparicio an und fragte ihn, ob er Pontevedra machen wolle. Fünf Minuten später hatte ich die Zusage. Wir sind alte Freunde.» Don Eduardo erkannte sofort das Potenzial dieser Geschichte. Er ist lang genug im Geschäft, er weiß, wie man mit Stieren Geld verdient.

Nachdem Aparicio wieder sprechen konnte, gab er viele Interviews. Aus dem Unfall wurde das große Epos, das der Stierkampf in Spanien so dringend brauchte. Es führte den Stierkampf auf seine einfachsten, archaischen Prinzipien zurück. Das Tier, das überleben will, erntet Respekt, der Torero, der es besiegt, Verehrung. Das Verhältnis zwischen beiden hat eine große Kraft, es hat Picasso und Goya zu Bildern inspiriert, und wenn es einmal aus der Ordnung kommt, bleibt der Respekt vor dem Tier. Verletzung und Tod des Toreros sind ein möglicher Teil des Ganzen, nicht mehr.

Aparicio merkte schnell, dass er die große Geschichte liefern konnte. Mut gegen Wut, dazu die triumphale Wiederkehr zehn Wochen, nachdem ihm ein Horn in den Kiefer gerammt wurde. Alles musste jetzt schnell gehen.

Aparicio warf seinen Manager raus. Der hatte in einem Interview gesagt, dass man sich nicht so schnell von einem solchen Unfall erholen könne. Jedenfalls nicht mental. Der neue Manager sagt: Doch, doch, das geht. In den vergangenen Wochen bestand sein Job darin, Interviews abzusprechen und Verträge zu unterschreiben. Aparicio wird im August in Vitoria, Marbella, El Escorial, Gijón, Torremolinos, Málaga, Antequera, Ciudad Real, Requena und Palencia kämpfen. Bis Mai wurde er sechsmal gebucht. Allein im August werden es elf Auftritte sein. In den letzten Wochen gab es mehrere Homestorys, Aparicio beim Sport, in seiner Finca, Aparicio, der Mensch.

Er fand die richtigen Worte. Er sagte: «Stell dir vor, ein Auto überfährt dich. Das ist dasselbe. Nur, dass das Auto dich in Ruhe lässt, nachdem es dich überfahren hat.»

Hat er ein anderes Verhältnis zu den Stieren seit dem Unfall?

«Der Stier und ich, wir sind eine Gemeinschaft. Der Stier gibt dir den Triumph, er ist dein Freund. Er kann dich auch erwischen, er ist ein Tier, er will sich verteidigen. Aber ich sehe ihn als Freund.»

Es lief. Don Eduardos Plan schien aufzugehen.

Nur eine Frage hatten alle bei all dem Trubel vergessen: Was passiert, wenn Julio Aparicio zum ersten Mal nach Madrid auf einen Stier trifft?

Es ist heiß in Pontevedra. Die Sonne hat den ganzen Tag geschienen. Sein erster Stier heißt Cortesano, 510 Kilogramm schwer. Aparicio nimmt das große Tuch, macht ein paar Schwenks, alle möglichst weit weg vom Körper. Dann ruft er Francisco, den dicken Picador. Francisco steht bereit. Seinem Pferd hat er die Augen verbunden. Er klemmt sich die Lanze unter den Arm und wartet auf Cortesano. Es ist kein besonders wildes Tier. Dennoch richtet Francisco das Geschöpf so zu, dass die Arena pfeift. Immer wieder rammt Francisco die Lanze in die Schulter und den Nacken, so lange, bis sich Cortesano wegdreht und kaum noch Kraft hat.

Aparicio, der das jetzt offensichtlich schnell hinter sich bringen will, atmet fast heftiger als der Stier. Es folgen ein paar einfache Schwenks, die dankbare Kapelle beginnt, einen Paso doble zu spielen. Das ist kein Triumph, den man in dieser Arena sieht. Man sieht einen Mann, der hier raus-will. Aber es ist noch nicht zu Ende.

Sein zweiter Stier heißt Bombardero. Aparicio geht auch diesmal kein Risiko ein, ein paar Schwenks und dann schnell zum Picador.

Er hat es jetzt fast überstanden. Aparicio hat den Degen

in der Hand. Er muss nur noch diese Klinge in das völlig erschöpfte Tier stoßen, und es ist vorbei. Der Matador nimmt Position ein, nimmt Anlauf, trifft den Nacken, viel zu flach – und fällt hin. Aparicio liegt, wieder, auf dem Boden einer Arena. Sein Blick ist irre, Panik scheint ihn für einen kurzen Moment zu ergreifen. Wieder versucht er aufzustehen, wieder macht er denselben Fehler. Bombardero wedelt mit dem Kopf. Er kann einfach nicht mehr. Er bewegt sich zur Seite, bleibt stehen. Und Aparicio steht auf.

Er hat es geschafft. Er lebt. Die freundlichen Menschen in Pontevedra klatschen. Es ist nicht der Applaus eines Publikums, das einem Triumphator huldigt. Es ist der Applaus, den Erleichterung auslöst, Freude darüber, dass dieser Tag für Julio Aparicio vorbei ist.

«Es gibt hier durchaus einige im Publikum, die nur gekommen sind, weil sie sehen wollten, ob es Aparicio vielleicht noch mal erwischt», sagt Don Eduardo. Ein guter Sitzplatz für dieses Schauspiel hat 110 Euro gekostet. Don Eduardo sagt, es sei wie bei der Formel 1. Er selbst schaue die Rennen auch nur wegen der Unfälle an. Der Rest sei langweilig.

Für Julio Aparicio ist die gute Nachricht des Tages, dass er noch am Leben ist. Er wird noch einige Monate in der Arena stehen, er wird so viel Geld verdienen wie nie. Alle wollen den Mann sehen, dem der Stier das Horn in den Mund gerammt hat. Der neue Manager zieht einen Auftrag nach dem anderen an Land, aber jedem ist klar, dass es nur eine Frage der Zeit ist, bis Julio Aparicio wieder erfasst wird. «Das Hirn gab ihm wohl die Anweisung, fliehe, wenn du kannst», schreibt der Kritiker von «El País».

Frühling 2012, keine zwei Jahre, nachdem Aparicios Bild um die Welt gegangen ist. Aparicio ist in «Las Ventas», in der berühmten Madrider Arena, der anspruchsvollsten von allen. Aparicio ist ein Wrack. Es ist, als habe er alles vergessen. Das Publikum pfeift ihn aus, beschimpft ihn als Feigling, der nicht würdig ist, eine Arena zu betreten. Sie sind nicht gekommen, um einen ängstlichen Mann zu sehen, Angst vor dem Stier haben sie selber. Es geht um Mut, um Grazie beim Töten. Am Ende der Corrida, als Aparicio irgendwie auch den zweiten Stier getötet hat, bittet er einen seiner Helfer, den kleinen Zopf abzuschneiden, den er trägt. Alle Toreros haben diesen Zopf, er ist nicht sehr lang. Es ist das Zeichen, dass sie Toreros sind. Wer sich den kleinen Zopf abschneidet, muss nie wieder in der Arena stehen. Julio Aparicio macht das an diesem Tag. Er ist erlöst.

Das rollende Kammerspiel (Transsib)

Der russische Schaffner, betrunken wie drei Kosaken, stolpert durch seinen Zug und bleibt vor meinem Abteil stehen. Er hebt, nicht ohne Mühe, die linke Hand. Der Zeigefinger weist auf eine Flasche Wodka, die Reisende der zweiten Klasse auf den schmalen Tisch in der Abteilmitte gestellt haben. Auf schwankenden Beinen und mit glasigen Augen erklärt der Schaffner, dass in den Zügen der stolzen Transsibirischen Eisenbahn kein Wodka getrunken werden dürfe, leider. Das sei einer dieser Einfälle der Zentrale in Moskau. Von denen habe es zuletzt viele gegeben: Rauchverbot in den Zügen, VIP-Lounges in den Bahnhöfen, durchgestylte Speisewagen, Babuschkas, die plötzlich Lizenzen brauchen, um geräucherten Fisch an den Bahnsteigen zu verkaufen, und jetzt, wer hätte das erwartet, Wodkaverbot im Zug. Russland geht mit der Zeit, sagt der Schaffner. Und die Transsibirische Eisenbahn auch.

Wenigstens dürfe man noch Bier trinken. Auch Wein und Martini Bianco, der im Speisewagen in Literflaschen verkauft wird. «Der Wodka aber muss weg. Keine Diskussion.»

Die gibt es an diesem kalten Januarabend in Abteil 2, Wagen 5, des Zugs No. 100 von Moskau nach Wladiwostok auch nicht, denn leidenschaftslos fügt der Schaffner einen Ausweg hinzu: «Ihr könnt auch einfach die Abteiltür schließen und trinken, was immer zum Henker ihr wollt.»

Dreht sich um und schwankt davon.

Es dauert eine Weile, bis ich die ganze Schönheit dieser Szene aufgesogen habe. Es dauert, bis ich verstehe, dass eine Fahrt mit der Transsibirischen Eisenbahn weniger eine Reise ist als vielmehr ein Kammerstück. Inszeniert in einem fahrenden Theater auf Schienen. Vieles wird sich in meinem Kopf abspielen, im Kopf der anderen Reisenden, aber, auch das steht für mich fest, es gibt eine Bühne und eine Hauptrolle: Russland. Das wahre Russland. Nicht Moskau. Nicht Sankt Petersburg. Nicht diese architektonischen Schönlinge mit ihrer polyglotten Oberschicht, die deutsche Autos fährt, italienische Restaurants besucht, französische Designerklamotten trägt und spanische Ferienorte ruiniert. Nein, hier im Zug findet sich wenigstens dem Wesen nach noch das Russland Dostojewskis. Der große Menschendeuter beschrieb sein Land schon vor hundertfünfzig Jahren als «erhabenes, universelles, geordnetes Chaos».

Kaum ein Russe wird Dostojewski widersprechen: Was anderes als erhabenes Chaos ist ein stockbesoffener Schaffner, der auf ein Alkoholverbot im Zug hinweist?

Natürlich kann ich nicht sagen, ob das Kammerstück «Transsibirische Eisenbahn» eine Komödie oder eine Tragödie ist, aber das sind häufig die besten Inszenierungen. Die beides sind. Sicher ist nur eines: Es fasziniert. Und: Man sollte es sich im Winter anschauen. Ohne andere Touristen, mit denen man kostbare Stunden vergeuden würde, Russland mit dem jeweils eigenen Heimatland zu vergleichen. Zeitverschwendung. Man würde übersehen, dass Russland unvergleichlich ist. Und man würde nicht merken, dass es auch die Reise in diesem Zug ist.

Gut hundert Jahre ist die Transsibirische Eisenbahn alt. Die berühmte Hauptstrecke war damals, und ist es heute noch, Moskau – Wladiwostok, ein rund 9300 Kilometer langer Mythos, der kein russischer wäre, gäbe es nicht unterschiedliche «offizielle» Angaben über die «exakte» Streckenlänge. Zwei Kontinente, acht Zeitzonen, 189 Bahnhöfe, 485 Brücken, 16 große Flüsse. Knapp hundertfünfzig Stunden, etwa eine Woche, dauert die Fahrt durch das größte Land der Welt entlang am Ufer des größten Sees der Welt. Würde man die Baukosten auf die Gegenwart übertragen, hätte diese Eisenbahnstrecke fünfzig Milliarden Euro gekostet, etwa das Doppelte der Mondlandung.

Ich habe mir vor dieser Reise einige Dinge erklären lassen. Zum Beispiel, dass man zu Beginn, gleich nach dem Einsteigen, nicht gleich loslegen sollte mit dem Erkunden. Das Klügste ist, man schaut erst einmal lang, sehr, sehr lang aus dem Fenster. In den Abteilen gibt es nicht viel zu sehen. Sie sind weder antik noch modern, ich würde sagen, marode-solider Eurocity-Standard der frühen achtziger Jahre. Keine Duschen, enge Toiletten, viel Kunstfaserteppich, viel Melamin-Beschichtung samt Übermaß an hellem Holzimitat. Die dritte Klasse mit ihren von Stellwänden getrennten Liegeflächen wirkt noch am exotischsten.

Einzige Bezugsperson ist die Zugbegleiterin, Prowodnitsa genannt. Diese Damen hängen eher dem sowjetischen Dienstleistungsgedanken nach, sie könnten also auch in Berlin Taxi fahren. Früher oder später wird mich eine von ihnen anbellen. Das haben mir praktisch alle Russen versprochen, die ich gefragt habe. Trinkgeld kann helfen, muss nicht.

Die Prowodnitsa wird kurz nach der Abfahrt mit sauberer Bettwäsche und einem Handtuch von der Größe eines Papiertaschentuchs ins Abteil kommen. Man sollte sie nicht nach dem nicht existierenden Gepäckwagen fragen. Wer mit viel Gepäck reist, muss sich sein Bett mit seinem Rollkoffer teilen. Stauraum ist knapp.

Als Mitteleuropäer wird bald der Moment kommen, in dem man sich fragt, welcher Wahnsinnige für die 27 Grad im Zug verantwortlich ist. Die Antwort ist einfach: Russen ertragen Kälte und lieben Hitze. Es scheint für viele nichts Schöneres zu geben, als durch den sibirischen Winter in einer Schwitzhütte auf Schienen zu fahren. Es hat keinen Sinn, gegen diese überhitzte Unbehaglichkeit anzukämpfen. Die Fenster, mittlerweile moderne Thermofenster, die dennoch einfrieren, lassen sich nicht öffnen. Linderung verschafft das Aufsuchen der Übergänge zu den Nachbarwaggons. Diese sind nicht geheizt und verwandeln sich im Winter in Eiskammern.

Das Fensterkino verlangt Geduld, jedenfalls am Anfang. Stunde um Stunde scheint das immer gleiche schockgefrorene Birkenwäldchen vorbeizuziehen. Irgendwann tritt auch bei mir ein, was alle Reisende in der Transsibirischen Eisenbahn kennen: Es spielt keine Rolle mehr, wo man gerade ist. Orientierung gibt nur noch die Zeit, die sich in einen großen, beruhigenden Klumpen verwandelt hat. Der genaue Ort wird unwichtig. Ebenso wie die Aussicht auf die Ankunft, das Ende der Reise. Ich bin zwischenzeitlich davon überzeugt, dass ich nie ankommen werde. Ein kurzes Rendezvous mit der Ewigkeit. Das Ziel verschwindet. Es ist Tausende Kilometer weg, und man nähert sich ihm mit durchschnittlich achtundfünfzig Stundenkilometern.

Alles, was die nächsten Tage am Fenster vorbeizieht, ist unendliche Winterlandschaft. Ganz gleich, ob sie Wolga-Ebene, westsibirische Steppe, Ural oder ostsibirische Bergtaiga heißt. Ein weißes, schneebedecktes Meer aus Bäumen, das sich hinauf bis zum Nordmeer zieht. Hinter den Baumreihen, die ich vom Fenster aus erkennen kann, ist das große Nichts. Oder wie immer man das größte Waldgebiet des Planeten nennen möchte. Lärchen, Tannen, Kiefern, Birken. Das ist alles, Bäume und noch mehr Bäume. Wer die Taiga gesehen hat, versteht die Ewigkeit, heißt es. Die vorbeiziehenden Ortschaften sind bewohnt. Menschen sieht man keine, aber die Schornsteine rauchen. Und noch etwas fällt mir auf: Russische Stadtplaner scheinen nur zwei Architekturkonzepte zuzulassen – Plattenbau und windschiefe Holzhütte.

Sobald es dunkel wird, verwandelt sich das Abteilfenster in die schwarze Scheibe eines kaputten Röhrenfernsehers. Die Tage im russischen Winter sind kurz. Das Geschenk – und nichts anderes sind die vielen Stunden, die mir die Transsibirische Eisenbahn auf dieser Winterreise übergibt – entfaltet langsam seine Wirkung. Ich könnte ein Buch lesen. Ist es ein russisches, wird man wahrscheinlich Maxim Gorki recht geben, der einmal sagte: «Bei uns werden alle Bücher über ein und dasselbe Thema geschrieben, darüber, wie wir leiden.» Ich lese nicht, lasse meine Gedanken schweifen und überlege, mit meinem Gegenüber zu sprechen, der schon lange aufgehört hat, auf das Smartphone zu schauen. Der Handyempfang entlang der Zugtrasse ist schlecht. Die virtuelle Welt fährt nicht mit. Zeit, das seltene Gut, der Luxus des 21. Jahrhunderts, ist im Überfluss vorhanden. Mein Gegenüber spricht nur Russisch. Ich kann nur sagen, dass ich Traktorist bin. Habe ich von einem meiner Ossi-Freunde, der das in irgendeinem DDR-Schulbuch aufgeschnappt hat.

Als der russische Zar Alexander III. den Bau der Transsibirischen Eisenbahn veranlasste, hatte er eines von den USA gelernt: Länder mag man mit Armeen erobern, zum Herrschen braucht es einen Zug. Der amerikanische Wilde Westen wurde nicht mit Flinten gezähmt, sondern mit Schienen. Auf ihnen konnte Nachschub geliefert, konnten Richter, Beamte, Siedler transportiert, Rohstoffe weggeschafft werden. Der Zug brachte Recht und Ordnung und das Gesetz aus Washington an den Pazifik. Alexander wollte das Gleiche: Macht und Kontrolle bis zum Pazifik. Eine Eisenbahnstrecke von Moskau nach Wladiwostok sollte sein riesiges Reich sichern und eine neue Handelsroute nach China etablieren. Vor dem Bau dauerte es bis zu einem Jahr, eine Nachricht von Moskau an die Pazifikküste zu schicken.

Die von Alexander eingesetzte Planungskommission bestätigte, was viele dachten: Der Bau ist im Grunde unmöglich, und wäre es doch möglich, könnte sich das Land dies nicht leisten, Russland, das galt schon damals, war fast so arm wie groß. Zusammengefasst sagte die Kommission: Die Transsib ist fraglos ein verrücktes Unterfangen. Wenn sich aber in den letzten Jahrhunderten eines in Russland nicht geändert hat, dann das: Nicht gesunder Menschenverstand entscheidet darüber, was unmöglich ist, sondern nur der übliche machttrunkene Mann, der gerade in Moskau regiert.

Neunzigtausend Arbeiter bauten die Strecke – nicht in wie geplant zehn, sondern in gut fünfundzwanzig Jahren. Zum Großteil ohne Maschinen, ohne Dynamit, ohne vernünftige Bezahlung. Arbeiter starben wie die Fliegen. Der Bau fraß ein Drittel der Staatskasse leer. Es fehlte Geld für eine moderne Armee – man verlor den Ersten Weltkrieg – und für Sozialprogramme, auch das nicht ganz ohne Folgen. Nicht wenige Historiker glauben, dass es die Sowjetunion ohne die Transsibirische Eisenbahn möglicherweise nie gegeben hätte.

Natürlich war das Ergebnis am Ende der Bauzeit lächerlich. Züge in den USA erreichten damals hundertvierzig Stundenkilometer, während die Transsib mit gut vierzig Stundenkilometern auf eingleisiger Strecke durch das ewige Sibirien rollte. Das Motto war durch und durch russisch: Besser eine schlechte Bahn als gar keine. Brücken wurden aus Holz gebaut, Tunnel mit einer Spitzhacke in den Felsen geschlagen, billiges Eisen für die Schienen benutzt. Es war die schlechteste Bahnstrecke, die möglich war.

Aber es war eine Bahnstrecke.

In weiten Teilen von Hand, mit purem Willen und purer Sturheit gebaut. Bewunderung ist das Mindeste, was die Russen dafür verdienen.

Heute rollen zweihundertfünfzigtausend Güterwaggons jährlich über die Transsib. Rund dreißig Prozent der russischen Exporte werden über sie abgewickelt. Die Strecke ist die Hauptschlagader des Landes. Ein Leben ohne sie wäre für viele Russen undenkbar.

Für viele Nichtrussen würde hingegen ein Mythos fehlen. Legionen von Rucksacktouristen und Reiseveranstaltern tragen die Legende der Transsib in die Welt hinaus. Ein exotischer Traum sei diese Reise, nur Mutigen vorbehalten. Eines der letzten Abenteuer in einer Welt, die nur kyrillische Schriftzeichen kennt.

Die Wahrheit ist, wenig überraschend: Auch mitteleuropäische Antihelden können diesen Zug besteigen. Die Fahrkarte kann man mit etwas Englischkenntnissen im Internet kaufen. Man erhält ein elektronisches Ticket, wie man es vom Flugzeug kennt. Mit dem Ausdruck geht man zum Zug, steigt ein und wird, wie in allen russischen Zügen, höchstwahrscheinlich auf die Minute pünktlich abfahren. Touristen sollten die Reise nicht verklären, sondern wissen, dass praktisch jeder Russe, dem man begegnen wird, nur deshalb in der Transsibirischen Eisenbahn sitzt, weil der Flug zu teuer war. Niemand fährt aus nostalgischen Gründen zwei Tage von Jekaterinburg nach Irkutsk zu Verwandten, wenn er die Reise mit dem Flugzeug auch in drei Stunden machen könnte.

Es mag Touristen geben, die Tausende Euro für eine geschichtsglättende Nostalgiefahrt im Sonderzug «Imperial Russia» zahlen. Man kann aber dieselbe Strecke auf denselben Gleisen mit derselben Aussicht auch in der dritten Klasse für ein paar hundert Euro bereisen. Es gibt Angebote für umgerechnet hundertfünfzig Euro, wenn man früh bucht. Bei 9300 Kilometern macht das etwa 1,6 Cent pro Kilometer, was die Frage beantwortet, ob die russische Staatsbahn ein profitables Unternehmen ist. Für Russen ist die Transsibirische Eisenbahn nicht aufregend, sie ist billig. Sie ist ein Zustand, der zu ihrem Leben gehört, mit dem jeder andere Erinnerungen verbindet. Sehr viele russische Liebesgeschichten haben als zufällige Begegnung in der Eisenbahn begonnen.

So naheliegend wie enttäuschend ist ein Besuch des Speisewagens. Die grotesk geschmacklose, meist grün oder blau gehaltene PVC-Sitzlandschaft ist in der Regel leer. Das Essen im Speisewagen ist zu teuer für die meisten Russen. Sie nutzen lieber den Samowar, einen großen, stets brodelnden Wasserkessel am Wagenende, der früher mit Kohle betrieben wurde und heute elektrisch ist. Man sollte Tütensuppen mögen, wenn man diese Reise antritt.

Die Stimmung im Zug ist entspannt. Nicht übermäßig freundlich, eher zurückhaltend, aber nicht unangenehm. Ob man in der ersten oder dritten Klasse reist, ist eine Frage des

Geldes und des persönlichen Geschmacks. Die Luft in der ersten Klasse riecht nicht unbedingt weniger nach Schweiß, aber wenigstens ist es der eigene. Man teilt sich ein Abteil zu zweit, und es gibt einen kleinen Fernseher, den kein Mensch zu bedienen weiß. Die zweite Klasse, in der man zu viert sitzt, sieht praktisch identisch aus. Es gibt allerdings einen zivilisiert geführten Kampf um die Steckdosen. Sie sind auf dem Gang und meist belegt. Am fröhlichsten ist die dritte Klasse, was auch damit zu tun hat, dass sich kaum jemand an das Wodkaverbot hält.

Auf die Frage, warum sich keiner an das Verbot hält, bekommt man eine interessante Antwort: In einem so großen Land müsse man anders mit Regeln umgehen, flexibler. Moskau beanspruche für sich, das Zentrum des Reiches zu sein, liege aber am äußersten Rand. Selbst wenn alle Zugpläne und alle Bahnhofsuhren auf der Strecke sich nach Moskauer Zeit richten, ist es nicht in Wahrheit so, dass fast überall in Russland Moskau verdammt weit weg ist? Es darf also niemanden überraschen, dass der Schaffner nicht der Einzige ist, der in diesem Zug dem Wodkaverbot ein herzliches «Budjem sdorowy» («Prost!») entgegensetzt.

Natürlich schaue ich mir die dritte Klasse an. Sie wäre in der Tat ohne Alkohol schwerer zu ertragen. Sie besteht aus zweiundfünfzig privatsphärenbefreiten, sehr günstigen und darum meist ausgebuchten Schlafplätzen. Die Duftsymphonie aus Achselschweiß, Selbstgepökeltem und Alkoholfahne ist schwierig zu beschreiben. Eine Hallenumkleidekabine nach einem Altherren-Fußballturnier im August kommt ihr nahe, würde ich sagen.

Mir fällt die blonde Snackverkäuferin auf, die morgens missmutig Teigfladen von ihrem Servierwagen verkauft hat. Der Geruch in dem Abteil scheint ihr nichts auszumachen.

Ihre Stimmung hat sich aufgehellt. Sie streift jetzt gut gelaunt durch den Zug. Später gesellt sie sich zu den zwei fülligen Kellnerinnen im Speisewagen, die während der Restaurantöffnungszeiten regelmäßig auf den Bänken schlafen. Auf dem Tisch steht Martini Bianco. Russland ist ein Land, in dem mehr Menschen in Gläsern ertrinken als im Meer. Vielleicht sollte man aber erst drei, vier Winter in Jakutsk verbringen, bevor man diese Menschen dafür verurteilt.

Irgendwann geht das Gerücht um, dass ein westlicher Spion im Zug ist. Wie spannend, finde ich, bis ich darauf aufmerksam gemacht werde, dass ich gemeint bin. Russland liebt gute Geschichten. Gerade wenn westliche Spione darin vorkommen. Mich beruhigt, dass der Schaffner definitiv zu beschickert wäre, um mich aus dem Zug zu werfen. Und die Prowodnitsa habe ich schon ewig nicht gesehen. Sie taucht erst zwei Tage später wieder auf.

Der Fotograf, mit dem ich unterwegs bin, Mirco Taliercio, hat Rückenschmerzen. Er ist bei einem Halt ausgestiegen und hat sich in einer nicht vertrauenswürdig aussehenden Apotheke etwas gegen die Schmerzen geben lassen. Mirco weiß zwar nicht, was er bekommen hat, aber es muss gespritzt werden. Ein Serum in einem Fläschchen und eine Kanüle. Das Ganze kostet ein paar Cent. Anfangs will sich Mirco verständlicherweise die Spritze nicht setzen lassen. Er hatte auf Ibuprofen gehofft. Aber davon schienen sie in dieser Apotheke nichts gehört zu haben. Als die Schmerzen Stunde um Stunde schlimmer werden, fragt mich Mirco, ob ich bereit wäre, ihm die Spritze in den Rücken zu jagen. Natürlich nicht. Ich weiß nicht mal, ob in dem Fläschchen ein Schmerzmittel ist oder der übriggebliebene Wodka vom Vorabend.

Mirco steht auf, geht durch den Zug und trifft auf die

Prowodnitsa. Sie hat eine gute und eine schlechte Nachricht. Die schlechte: Sie hat keinerlei medizinische Expertise. Die gute: Sie hat auch keine Skrupel. Die Frau nimmt die Kanüle und jagt sie Mirco in den unteren Rücken. Einen halben Tag später geht es ihm besser.

Ich werde diese Reise nicht nur deswegen nie vergessen. Auch nicht, weil die Gruppe junger Russinnen bei minus fünfzehn Grad den Zug verlässt, um am Bahnhof Speiseeis zu kaufen. Ich werde sie nicht vergessen, weil ich merke, dass ein Vielvölkerstaat wie Russland natürlich nicht in einer Woche zu verstehen ist. Das dauert länger, länger als die längste Bahnfahrt der Welt.

Russland ist komplex, chaotisch, rau, voller Widersprüche und wunderschön. Wenn man sich diesem Reich behutsam nähern möchte, gibt es dafür keinen besseren Startpunkt als eine Liege in einem der Züge der Transsibirischen Eisenbahn.

Nach über neuntausend Kilometern hat man den ersten Schritt getan.

Ich bin dann mal hier (Jakobsweg)

Im Mittelalter war Pilgern nicht Sinnsuche, nicht Einkehr, nicht Event; die Menschen hatten richtige Sorgen. Pilgern war ein Deal. Auf der einen Seite die Lauf- und Leidensbereitschaft des Gläubigen, auf der anderen Gottes Erlösungskompetenz. Einer läuft, der andere heilt, vergibt, bewirkt. Ein Geschäft auf Gegenseitigkeit. Ähnlich wie Bettelmönche trugen Pilger alles, was sie besaßen, an ihrem Körper. Ein Wanderstock, ein Beutel, ein Trinkkürbis: ein Mensch, erfüllt von Gottergebenheit und nicht selten Abenteuerlust.

Seit gut tausend Jahren wird das Grab des heiligen Jakobus in Santiago de Compostela von Pilgern besucht. In ruhigen Jahren und Jahrhunderten waren es ein Dutzend Menschen, in anderen ein paar tausend. Ruhige Jahre gibt es nicht mehr.

Rund 350 000 Pilger waren 2019 auf dem Jakobsweg unterwegs. Darunter viele Deutsche, angefixt durch Erzählungen, Berichte, Bücher, es gibt sogar das Brettspiel zum Jakobsweg. Besonders erfolgreich: Hape Kerkelings Erfahrungsbericht «Ich bin dann mal weg». Ein Erleuchtungsepos, mehrere Millionen Mal verkauft, über einen sinnsuchenden Komödianten aus Recklinghausen, der sich zum Jakobusgrab quält. Der «efecto Querequelin», wie manch Spanier ihn nennt, war enorm: Die Deutschen avancierten zur größten pilgernden Ausländergruppe, zuletzt knapp von den Italienern eingeholt. Rund dreißigtausend Sinnsuchende aus beiden Ländern. Ganz gleich, aus welchem Land, der Trend ist eindeutig: Es kommen immer mehr. Und man fragt sich: Wohin soll das führen? Noch mehr Menschen? Was passiert mit dem Weg, wenn ihn Horden gehen? Ein Wanderzirkus mit Globetrotter-Flair? Eine spirituelle Versehrtenkarawane? Ein Konjunkturprogramm für eine der ärmsten Regionen Spaniens? Tausend Jahre Tradition, die im Getrampel untergehen?

Dies ist der Versuch, Antworten zu finden. Eine Suche unter Suchenden, die ich im Sommer 2014 unternahm.

Saint-Jean-Pied-de-Port, 769 Kilometer
bis Santiago de Compostela

Pilger haben arm zu sein, diese Vorgabe wirkt bis heute nach. Besonders im Kopf der Pilger. Nicht bei allen; Spanier, Amerikaner, Franzosen neigen weniger dazu. Die Deutschen umso mehr. Diese Pilger verstehen ihre Reise als Ballastabwurf. Vor allem als geistigen, aber auch als materiellen. Sie verwandeln sich in Wanderasketen, die entschlossen sind, den «camino» nicht zuletzt als Bescheidenheitswettkampf zu verstehen. Sieben, acht Kilogramm tragen sie und ein Lächeln für die Beladenen, die mehr brauchen. Wasser wird vom Dorfbrunnen genommen, wohl wissend, dass «no potable» nicht trinkbar bedeutet. Im Smartphone wird auf «Camino-Blogs» geschaut, wo das billigste Weißbrot zu haben ist.

«Ich habe Pilger erlebt, die gute Jobs hatten und sich zu viert ein Sandwich geteilt haben», sagt Wim Koelemeijer, ein freundlicher Holländer, der im Pilgerbüro von Saint-Jean-Pied-de-Port arbeitet. Saint-Jean ist der Startpunkt vieler für die meistbegangene Variante, der sogenannte «camino francés», der in Frankreich startet und 769 Kilometer lang ist. Koelemeijers Büro liegt im Zentrum des Orts und wird von praktisch allen Pilgern angesteuert, weil sie dort den Pilgerausweis bekommen, der Zutritt zu den Herbergen ermöglicht. Koelemeijer pilgert seit über zehn Jahren. Er ist vierundsiebzig. «Man kann immer sparen. Beim Essen, beim Kaffee, bei der Übernachtung», sagt er.

Zuletzt kostete eine Herbergsübernachtung auf dem Camino sechs bis zehn Euro. Jede Jugendherberge in Deutschland ist teurer. Aber es ist nicht der Geiz, der die Pilger treibt, es ist das Prinzip. Armut wird mit Authentizität gleichgesetzt. Pilger sind arm, und es gibt nach Meinung vieler ein «richtiges» und ein «falsches» Pilgern. Der richtige Pilger startet nördlich der Pyrenäen, ist zu Fuß unterwegs und geht den Weg in einem Rutsch, nicht in Etappen, die Jahr für Jahr bis nach Santiago fortgesetzt werden. Er läuft vier Wochen lang durch Nordspanien und gibt keine tausend Euro aus.

Und die erfahrenen, die richtigen Pilger, die schon vor Kerkeling gegangen sind, ärgern sich über die Schwemme. Als noch eine Handvoll unterwegs war, luden Bauern die Fremden ein. Es gab Wurst, Wein und Einblick in eine verborgene Welt. Frühe Pilger berichten von herzerwärmender Gastfreundschaft. Damals konnte man für praktisch nichts bis nach Santiago kommen. Auch weil die Bauern, so ziemlich die ärmsten in Spanien, so großzügig waren. Jetzt führen sie Pensionen mit Sat-TV.

Für viele Altpilger ist der Camino tot. Es gibt Souvenirläden in Dörfern mit zwanzig Einwohnern, in denen Jakobsweg-T-Shirts, Jakobsweg-Halstücher, Jakobsweg-Kondome verkauft werden. Cola-Automaten stehen am Wegesrand, Santiagos Kathedrale knallrot leuchtend darauf. Die Bauern von früher haben ihre Enkel gerufen, die Spaniens Wirtschaftskrise arbeitslos gemacht hat, und ermuntern den Nachwuchs, ebenfalls eine Pension zu eröffnen. Aus Sicht der Altpilger hat Kerkeling keinen Boom ausgelöst, es war eine Pandemie.

Ein richtiger Pilger kann durchaus Carbon-Trekkingstöcke für 190 Euro, einen Ultralight-Schlafsack für 500 Euro, Gore-Tex-Schuhe für 250 oder auch ein «Geocoaching»-GPS-Gerät für 400 Euro besitzen. Dafür verzichtet er zutiefst verärgert auf den «café con leche», weil der ein paar Cent mehr kostet als erwartet. Camino-Nepp ist beliebter Pilgertratsch.

Die Gesamttagesausgaben pro Pilger auf dem Jakobsweg sind gering. Mit dreißig bis fünfzig Euro kommt man zurecht, wenn man keinen Luxus braucht. Übernachtung, Essen inklusive. Jeder europäische Hauptstadttourismus setzt mehr um als die Pensionen und Restaurants auf dem Jakobsweg. Aber, auch das stimmt, die Umsätze steigen. Das liegt an den falschen Pilgern.

Die falschen Pilger schlafen in Pensionen und Hotels, bestellen nicht das Drei-Gänge-Pilger-Menü, das es inklusive Wein auf dem gesamten Weg für zehn bis fünfzehn Euro gibt. Die falschen Pilger meiden die Herbergen mit ihren riesigen Schlafsälen für hundert Personen. Das Gepäck lassen sie Etappe für Etappe bis nach Santiago von Taxifahrern vorfahren. Richtige Pilger ärgert das, am meisten, dass ein lächerlicher Hundert-Kilometer-Spaziergang, das ist die Mindestdistanz, zur selben Urkunde berechtigt wie ein Pilgerabenteuer über Hunderte Kilometer, das in Saint-Jean oder gar in München oder Berlin begann. Es ist nicht wichtig, wo man losmarschiert ist, man bekommt die gleiche Urkunde, den gleichen Preis. Katholiken wird die Idee bekannt vorkommen. Gleichnis von den Arbeitern im Weinberg, Matthäus-Evangelium, Neues Testament. Richtige Pilger kennen das aber vielleicht nicht. Und ganz grundsätzlich fragen sich natürlich viele der Dienstleister auf dem Weg, die Basken, Kastilier, Galicier: Kann es den Pilgern nicht egal sein, wie andere Pilger ihr Gepäck nach Santiago schaffen? Sind Gott arbeitslose Taxifahrer lieber?

Pamplona, 700,5 Kilometer bis
Santiago de Compostela

Sechs Paradiesvögel in knallengen bunten Stretchhosen streifen sich an einem Kreisverkehr Radfahrertrikots über den Bauch. Es sind Italiener aus Rom, die einen weißen Transporter als Versorgungswagen dabeihaben. Sie sind im Schnitt fünfzig, sechzig Jahre alt und wollen nach Santiago. Auch Radfahren gilt als Pilgern, ab zweihundert Kilometer Strecke. Pietro, der Chef der Gruppe, befragt nach den Motiven für die Reise, nimmt Haltung an. Wie zur Untermalung bringt eine Böe eine Italienflagge im Hintergrund zum Flattern. Man sei traurig, nur so wenig Zeit zu haben für das Grab des heiligen Jakob. Eine Woche nur. Und dann, als wäre es eine spontane Eingebung, kündigt er an, dass sich das ändern werde. Man müsse auch mal langsam machen. Aufhören, Getriebener zu sein. Zeit haben zum Nachdenken. Piano, pianino.

«Nächstes Mal starten wir in Rom.»

«Nach Santiago?»

«Nein, nach Auschwitz», sagt Pietro.

Auf dem Jakobsweg ist Kirchentagskundschaft eine Minderheit. Leute wie Pietro sind es nicht. Auf dem Camino trifft man mittlerweile alle. Christen, Muslime, Buddhisten, Sportler, Junge, Alte, Dicke, Freaks. Alleinerziehende Manager mit Kind, Babys im Kinderwagen, Bibelkreise auf – Achtung – Miet-Eseln. Menschen, die den Weg barfuß gehen, Menschen, die barfuß und rückwärts gehen, Menschen, die mit Beatmungsgerät und im Rollstuhl starten, andere, überraschend viele, die wissen, dass sie auf der Reise sterben werden – ihre Kreuze säumen den Weg.

Hunderttausende holen sich Jahr für Jahr in Santiago die von der Kirche herausgegebene Bestätigungsurkunde ihrer Pilgerreise, die «Compostela», ab. Vermutlich sind es mehr, die den Weg abschließen; nicht alle haben Lust, sich in die lange Schlange vor dem Pilgerbüro unweit der Kathedrale zu stellen. Fällt der 25. Juli, Namenstag des heiligen Jakobus, auf einen Sonntag, wird ein Heiliges Compostelanisches Jahr ausgerufen. 2010 war das so, und es kamen viel mehr Pilger als sonst. Auch 2021 war der 25. Juli wieder ein Sonntag. Ein bischöflich abgesegnetes Konjunkturprogramm für den Tourismus. Ohne Corona, wer weiß, was für eine Zahl möglich gewesen wäre – vierhunderttausend, eine halbe Million?

Nur so zur Einordnung: Wie viele Pilger waren es 1978? Antwort: dreizehn.

Und alle suchen. Trost, Ruhe, Freiheit. An erster Stelle: Zeit. Ein paar Tage auf dem Jakobsweg, und man ist überzeugt, dass weite Teile der Menschheit ihre normale Existenz als permanenten Diebstahl ihrer persönlichen Zeit empfinden.

Weinbrunnen von Irache, 649 Kilometer
bis Santiago de Compostela

Die Hoffnung ist, am Ende vergessen zu haben, warum man am Anfang losmarschiert ist. Die tägliche Pilgerroutine hilft. Unruhige Nacht in der Pilgerherberge, weil immer, wirklich immer, mindestens ein Pressluftschnarcher anwesend ist, überraschend oft eine Schnarcherin, die diesen Fakt am Morgen vehementer leugnen wird als jeder Mann. Aufstehen gegen sechs, Rucksack packen, im Dunklen loslaufen, manchmal hat bereits ein Café geöffnet, manchmal muss man erst vier, fünf Kilometer gehen. Der Anfang ist mühsam, nach einigen Wochen fallen die Etappen leichter. Nach zwanzig, dreißig Kilometern am frühen Nachmittag Ankunft am Etappenziel. Herbergsplatz sichern, Blasenversorgung, Dusche, Wäsche waschen, ausruhen, Dorf- oder Stadtbesichtigung, oft Besuch einer Messe, am Abend Schwatz mit Pilgern, die man während des Tages getroffen hat, frühes Abendessen. Dann: waschen, pullern, Bett. Um 22 Uhr muss man in den Herbergen Ruhe geben.

Das Leben verliert an Komplexität. Das nennt man dann Erholung. Es macht gelassener, es macht den Blick frei. Zum Beispiel für gutaussehende Mitpilgerinnen und Mitpilger. Hunderte Bücher, Berichte, und doch hat sich noch kaum herumgesprochen, dass ein nicht zu unterschätzender Reiz des Jakobswegs darin liegt, dass er der perfekte Ort zur Partnersuche ist. Skandalös, dass dies nicht bekannter ist. Tinder ist ein Witz im Vergleich zum Jakobsweg. Hier die Gründe: Viele Geschiedene, Alleinstehende, Enttäuschte sind unterwegs. Im Sommer die Jüngeren, im Frühling und Herbst die Älteren. Das Ganze hat etwas vom Interrail-Spirit der Achtziger. Gelöste Atmosphäre, gemeinsame Aufgabe, offensichtlich ähnliche Interessen. Das führt zu ähnlichen Gesprächsverläufen. Erst ein: Woher kommst du? Später, nach etwas Rioja, das Entscheidende: Sag, warum tust du das?

Auf dem Camino schaffen es nicht mal die größten Misanthropen, Kontakt zu verhindern. Ernste, tiefe Gespräche sind die Regel, selbst wenn sie mit der Frage nach dem bevorzugten Hirschtalg gegen Blasen beginnen. Der Camino strengt an, macht somit schwach, verletzlich und in der Konsequenz sympathisch. Pheromone, massiver Gewichtsverlust samt neuem Körpergefühl und Triebstau erledigen den Rest. Erfolg ist zwar nicht garantiert, aber das Schönste am Seitensprung ist bekanntlich der Anlauf. Auf dem Jakobsweg ist er 769 Kilometer lang.

Prototypisch in diesem Zusammenhang: Gibrael Rowshanzamir aus Schweden und Monika Szabo aus Ungarn.

Er, blendend aussehend, gerade dreißig geworden, läuft nicht nur auf Santiago, sondern auch auf ein Problem zu. Das liegt an Monika, wunderschöne neunundzwanzig Jahre alt, schlank, Schlapphut, mit einem Lächeln, mit dem sie Eisen zum Schmelzen bringen könnte. Die beiden pilgern seit einigen Tagen gemeinsam, erzählen sie, «weil das Tempo so gut passt». Natürlich, das Tempo.

Gerade haben sie den berühmtem Weinbrunnen von Irache erreicht. Die Großkellerei liegt direkt am Jakobsweg in Ayegui, Provinz Navarra, und hat 1991 aus Quadersteinen einen großen Brunnen an den Weg bauen lassen. Die Inschrift besagt sinngemäß: «Wir laden dich ein, an diesem Brunnen zu trinken, ohne zu saufen; um den Wein mitzunehmen, musst du ihn kaufen.» Angeblicher Konsum der Pilger: siebzig Liter täglich. Kleine Souvenirgläser gibt es am Automaten gegenüber dem Brunnen für einen Euro.

Tolles Wetter, schöne Ungarin, kostenloser Wein. Das Problem? Er will Priester werden. Ausgerechnet. Studiert Theologie. War bereits in Deutschland im Kloster und nutzt den Camino «zur endgültigen Klärung».

Die schöne Ungarin trinkt von dem Wein, der kein Fusel ist, nur zu warm, und rollt ihre Bambi-Augen. Sie hat sich gerade von ihrem Freund getrennt. «Willst du mich betrunken machen?», fragt sie lächelnd. Er stützt seinen Kopf auf dem Wanderstock und schaut, na ja, verzaubert. Vielleicht fragt er sich, warum ihm, einem Mann des Glaubens, dem Priesteraspiranten, ausgerechnet eine hinreißende Ungarin gesandt werden musste, es gibt doch auch massenweise dicke Italiener auf dem Weg. Eines scheint klar, falls Gott existiert, er hat Humor. Die Ungarin jedenfalls wirkt entschlossen, den Kampf um Gibrael gegen die gesammelte römisch-katholische Kirche aufnehmen zu wollen. Und Gott, der alte Spaßvogel, hat ihr alles mitgegeben, was sie dafür braucht.

Rabanal del Camino, 229,5 Kilometer
bis Santiago de Compostela

Erste Kommerzregel auf dem Jakobsweg: Wer Geld verdienen will – und, beim heiligen Jakobus, man kann sehr viel verdienen –, muss auf dem Weg sein. Nicht in der Nähe, nicht um die Ecke, nein, direkt dran. Pilger hassen Umwege. Nur weil jemand bereit ist, vier Wochen durch Nordspanien zu marschieren, heißt das nicht, dass er einen Schritt mehr als nötig gehen wird, um eine Postkarte zu kaufen. Die alte Maklerbinse gilt auch hier: Lage ist alles. Der innigste Wunsch des Pilgers: «Lass die Herberge am Dorfanfang sein.»

Im idyllischen, besenreinen Bergdorf Rabanal del Camino könnte die Lage nicht besser sein. Das Dorf trägt den Jakobsweg im Namen. Vermutlich aus Dankbarkeit. Tausend Meter über dem Meer, inmitten einer bewaldeten Einöde, so unfruchtbar und rau wie schön.

«Jeder einzelne Euro, der hier verdient wird, kommt von den Pilgern», sagt Pater Javier, ein freundlicher, humorvoller

Mann mit der sanften Stimme eines Therapeuten. Er ist Missionsbenediktiner, gesandt von der Erzabtei Sankt Ottilien unweit von München. Er kümmert sich um die Pilgerseelsorge in Rabanal. Als der Jakobsweg-Boom in Spanien Mitte der neunziger Jahre begann, beschlossen die Benediktiner, traditionell «Early Adopters», hier ein Kloster zu errichten. Pater Javier und sein Ordensbruder, Pater Pius, ein Oberbayer aus dem Chiemgau, nehmen regelmäßig Reisende auf. Pater Javier ist, mit kurzen Unterbrechungen, seit Klostergründung hier. Er kennt die Anfänge, als noch eine Familie hier lebte, das Dorf nicht genug Wasser hatte und keinen verlässlichen Strom.

Der Camino, sagt Pater Javier, hat Rabanal nicht nur verändert, er hat es gerettet. «Ich glaube nicht, dass Rabanal noch bewohnt wäre ohne den Jakobsweg. Mit den Pilgern kam die erste Herberge, später die Restaurants, die Läden.»

Rabanal hat heute dreiunddreißig Einwohner, und es kommen einige mehr nur zum Arbeiten dorthin. Es gibt mehrere Herbergen, ein rustikales Hotel, fünf Geschäfte, mehrere Restaurants, darunter ein italienisches. Vierhundert Leute finden in Rabanal ein Bett.

«Es gibt Leute im Dorf, die konnten sich früher jedes Jahr einen Audi kaufen», sagt Pater Javier.

«Heute nicht mehr?»

«Zwar kommt der junge Spanier nicht mehr, den hat die Wirtschaftskrise verschluckt, dafür aber die Ausländer. Weniger verdient man, weil es jetzt einfach ein größeres Angebot gibt. Man muss sich die Einnahmen teilen. Jetzt dauert es zwei Jahre bis zum nächsten Audi.»

Pater Javier macht aber nicht der Kommerz Sorgen. Selbst bei vierhundert Pilgern am Tag kann man nicht wirklich von einem überfüllten Camino sprechen. Später, auf den letzten hundert Kilometern, wenn die falschen Pilger kommen, ist das ein wenig anders. Aber auf dem Großteil der Strecke verläuft sich das. Was sind vierhundert Pilger auf dreißig Kilometern Fußmarsch? Pater Javier stört etwas anderes. Gerade die Jungen, die schreckt nicht der Gedanke, noch zwei Wochen zu laufen, sie schreckt der Gedanke, der Handyempfang könnte nachlassen. Grundlose Furcht. «Vor Jahren stand an den Herbergswänden: Hier Warmwasser. Heute: Free WLAN. Jeder weiß: Kein Netz, keine Pilger.»

Pater Javier ist vierundvierzig Jahre alt, Smartphone-Besitzer und kein Dogmatiker. Außer in einem Punkt: kein WLAN im Kloster. Viele schreckt das mehr, als die tägliche lateinische Vesper mitzusingen. Vermutlich war er zu oft Zeuge der typischsten aller Pilgerszenen. Pausenbeginn, Passhöhe erreicht, erster Griff: Smartphone. E-Mails, Facebook, Whatsapp, Nachrichten checken. Es kann sich die atemberaubende Pracht der kastilischen Meseta vor einem erstrecken, wichtiger scheint, wie es den Kardashians geht.

Das Internet hat das Pilgern verändert. Mehr als jeder Souvenirladen. Abtauchen aus der realen Welt verlangt Mut, erstaunlich viele kriegen das hin. Es aber gleichzeitig aus der virtuellen Welt zu tun, das ist zu viel verlangt. Viele merken gar nicht, wie viel Zeit sie auf dem Jakobsweg damit verbringen, nach Hause zu mailen. Hatte man sich nicht darauf geeinigt: Ich bin dann mal weg? Kennertipp: Mut zum Tastentelefon. Wenn's wirklich wichtig ist, rufen sie an.

Palas de Rei, noch 62 Kilometer
bis Santiago de Compostela

Amerikaner erzählen immer die besten Geschichten. Auch auf diesem Camino. Justin Skeesuck und Patrick Gray sind von Kindheit an Freunde. Beide aus Idaho, beide Trauzeuge des jeweils anderen, beide binnen eines Tages auf die Welt gekommen, was Skeesuck das Recht gab, sich bei den Mädchen als der Ältere und somit Weisere vorzustellen.

Mit sechzehn erlitt Skeesuck, ein lustiger Kerl, einen Verkehrsunfall, der ihn fast getötet hätte. Er musste alles neu erlernen. Aufstehen, anziehen, schreiben, zeichnen. Er gab nicht auf, wurde Graphiker, heiratete. Jahre später erklärten Ärzte Skeesuck, dass der Unfall eine seltene Krankheit ausgelöst haben müsse, eine langsam voranschreitende Autoimmunerkrankung, die sich nach und nach durch seinen Körper frisst und immer mehr Bereiche lahmlegt. An Zeichnen war irgendwann nicht mehr zu denken, an Gehen auch nicht. Skeesuck kann mit Mühe seine verkrampfte Hand etwas heben. Er wird ohne Frage daran sterben.

Im Frühling 2012, damals konnte er noch die Fernbedienung halten, zappte er durchs Fernsehprogramm und blieb bei einem Beitrag über den Jakobsweg hängen. Der Sprecher sagte darin, dass viele Pilger behaupteten, der Camino habe sie gerufen, was stimmt. Justin Skeesuck rief Patrick an. Sie sind Nachbarn. Patrick hörte sich die Fakten an. Nordspanien, über die Pyrenäen, sehr hügelig, fünfhundert Meilen, wenig Asphalt, nur zu Fuß, richtige Pilger also.

Es ist nicht leicht, Skeesuck und Gray auf dem Camino zu sehen und nicht bis ins Mark getroffen zu sein. Skeesuck, ein wunderbarer, ruhiger Erzähler, hängt wie ein Sack Kartoffeln auf dem Alu-Rollstuhl. Gray, ein kräftiger Mann mit kurzen ergrauten Haaren, schiebt zweihundertfünfzig Pfund. So viel wiegen der Geländerollstuhl und sein Freund. Immer wieder versinkt der Rollstuhl während des Dauerregens, der früher oder später jeden Pilger trifft, handtief im Matsch. Gray schultert seinen Freund und schiebt den leeren

Wagen. Durch die seit gut vier Wochen nach vorn gebückte Haltung hat er chronische Wadenkrämpfe. Sein Brustkorb hat Muskeln an den unmöglichsten Stellen ausgebildet.

«Die beste Zeit unseres Lebens», sagen beide. In zwei Tagen werden sie in Santiago die Kathedrale erreichen. Ihre Frauen werden da sein. Vermutlich auch einige Pilger, die sie auf dem Weg getroffen haben. «Kurz vor der letzten heftigen Steigung vor Galicien warteten siebzehn Pilger aus zehn Ländern auf uns. Sie wussten, dass ich das ohne ihre Hilfe nicht geschafft hätte», erzählt Justin, der immer wieder sagt, wie unglaublich er das findet.

Die beiden drehen gerade einen Film über ihre Reise, ein kleines Kamerateam reist mit, und natürlich wiederholen sie, was der mitreisende Regisseur ihnen vorbetet: Eine Geschichte über Freundschaft sei das. Die Botschaft, Grenzen nicht zu akzeptieren, sondern herauszufordern. Aber je mehr Zeit man mit ihnen verbringt, desto mehr ist man davon überzeugt, dass sie wirklich überrascht sind, dies geschafft zu haben. Dass sie aufrichtig stolz auf sich sind und bis heute nicht verstehen, warum Pilger ihre Zeitpläne über den Haufen werfen, damit Justin Skeesuck, der Versehrte, Santiago erreicht.

Beide sind mittlerweile davon überzeugt, dass der Camino sie gerufen hat.

Santiago de Compostela

Was ist das Geheimnis: Warum wiederholen so viele diese Reise? Warum schimpfen alle über den Kommerz, und trotzdem würden die meisten gleich wieder von vorne starten? Sie finden einen Weg vor, den die katholische Kirche mit ihrer zweitausend Jahre alten Missionierungskompetenz spirituell klug besetzt hat. Menschen, die suchen, die sich gerade den großen Fragen widmen, freuen sich über niederschwellige Angebote in prächtigen Kathedralen, über mehrsprachige Gottesdienste, die immer kurz sind, über bewegende gregorianische Gesänge in romanischen Kapellen aus dem 12. Jahrhundert.

Matthias Müller, Ingenieur bei BMW in München, daheim gestartet und nach exakt hundert Tagen am Ziel, bezweifelt, dass es der Camino ist. «Es ist die Zeit, die man sich nimmt. Das verändert sogar Typen wie mich.» Er meint unruhige Typen, die ihren Job wichtiger als alles andere nehmen, bereitwillige Opfer des Zeitdiebstahls. «Ganz ehrlich? Ich hätte auch nach Moskau laufen können.» Er tat es nicht, weil der Camino eine perfekte Infrastruktur bietet. Man kann die Herbergen nicht reservieren, man muss sich daran gewöhnen, dass es irgendwie schon funktionieren wird. Das zum Beispiel war nicht leicht für Müller. Er hat die Excel-Tabellen mit den genau getimten Übernachtungsorten, den Nummern, den Kontaktpersonen, Wegbeschreibungen, den ganzen Infos irgendwann hinter der spanischen Grenze weggeworfen. Eine seiner Camino-Erkenntnisse: Das wird schon, auch ohne Excel-Liste.

Müller sitzt hundert Meter Luftlinie entfernt in der Hotelbar des «Parador de Santiago de Compostela», dem so ziemlich teuersten Ort, an dem man in Santiago eine Flasche Rioja trinken kann. Es ist kurz nach elf am Abend, Müller ist müde. So lange war er in den vergangenen drei Wochen nicht wach. Er trägt eine blaue Fleecejacke, dennoch ist ihm kalt, weil er kaum noch ein Gramm Fett am Körper hat. Die Reise hat ihn verändert, sagt er. Am liebsten würde er weiterlaufen.

Leute, die das erlebt haben, nennen das Pilgertod. Das

Ende der Reise und die Erkenntnis, dass sie viel wichtiger war, als man am Anfang gedacht hatte. Er widerfährt vielen, dieser Tod. Es ist kaum möglich, jemanden zu finden, der sagt: «Hätte ich mir sparen können.»

Den Kommerz auf dem Weg hat Müller natürlich bemerkt, gerade auf den letzten hundert Kilometern. Allerdings war er wie die meisten anderen schon zu aufgeregt, um sich daran zu stören. Er wollte ankommen und fühlte gleichzeitig eine gewisse Sorge. Der Gedanke, hundertfünfzig E-Mails am Tag zu bekommen, macht ihm Angst. Er hat auf der Reise gelernt, dass Dinge fast nie so wichtig sind, wie sie tun. Schon gar nicht, wenn sie per E-Mail geschickt werden.

Müller ist davon überzeugt, dass die wachsende Zahl der Pilger den Camino nicht zerstören wird. Und zwar aus demselben Grund, aus dem der Kommerz das Skifahren nicht zerstört hat. Das Produkt ist zu gut. Solange es eine Welt gibt, die keine Rücksicht mehr nimmt auf die angemessene Geschwindigkeit des Menschen: das Gehen, und auf die angemessene Kommunikation: Auge in Auge, so lange wird der Camino seinen Reiz nicht verlieren. Diese neue Welt schafft Sehnsucht. Hape Kerkeling hat Konsumenten zu Pilgern gemacht. Der Camino macht aus Pilgern Jünger.

Nomaden der See (Indonesien)

Es ist nicht so, dass Mbo Tadi tief Luft holen muss, überhaupt nicht. Er atmet ruhig ein, drückt den Kopf unter Wasser, vergewissert sich, dass er die Tiefe schafft, und taucht ab. Erst senkrecht mit den Beinen nach unten, vielleicht zwei, drei Meter, dann dreht er den Körper nach einer weiten Bewegung des linken Arms und sinkt kopfüber in die Tiefe. Fünf Meter, acht Meter, zehn, zwölf, fünfzehn Meter, so lange, bis Tadi den Meeresboden am Korallenriff erreicht. Es ist noch recht früh am Morgen. Der Wind ist über Nacht abgeflaut. Die See ist flach wie ein Stein. Tadi macht ein paar Armzüge, gleitet vorbei an einer Fächerkoralle und nähert sich einem Felsen, an dem er sich festhält.

Das Warten beginnt.

Kleine Luftbläschen kommen aus seinem Mund und machen sich auf den Weg an die Wasseroberfläche. Die ersten dreißig Sekunden passiert nichts. Das ist meistens so. Die Harpune in seiner Hand hat er selbst gebaut. Ein schmales, zwei Meter langes Kantholz, ein Fahrradschlauch, ein Metallrohr und ein paar Metallstifte für die Arretierung. Einfach und tödlich. Oben im Kanu liegen ein Igelfisch, ein Kaninchenfisch, zwei Zitronenbarben und einige Lippfische. Nicht viel für vier Stunden im Wasser.

Fünfundvierzig Sekunden seit dem Abtauchen.

Den Druck hier in der Tiefe spürt er nicht. Das Trommelfell hat er sich durchstochen, da war er noch ein Kind. Es blutete eine Zeitlang aus den Ohren und der Nase, und eine Woche lag er flach auf dem Boden, weil ihm schwindelig war, aber irgendwann ging es. Seitdem hört Tadi schlecht, aber er spart sich den Druckausgleich.

Eine Minute.

Tadi rührt sich nicht. Sein Leben sieht gerade aus, als hätte es sich Jack London für einen Roman ausgedacht. Das Meer, die Jagd, die Harpune. Wie dafür gemacht, um es mit den eigenen Sehnsüchten vollzupacken. Tadi ist ein Bajo. «Nomaden der See», sagen sie in Südostasien.

Vierzig Jahre hat er mit seiner Frau und seinen Kindern auf einem Boot gelebt. Tadi besaß kein Haus, keinen festen Ort, nichts, was man gemeinhin unter Heimat versteht, ein Seenomade. Er ernährte sich von Fischen und Algen, die er beim Vorbeifahren aus dem Wasser zog. Tadi konnte spüren, wenn das schmale Hausboot über einem Fischschwarm trieb oder sich einem Riff näherte.

Eine Minute zwanzig.

Tadi liegt noch immer auf dem Felsen. Die Muskeln seines Körpers spannen sich. Auf dem Oberarm tritt eine fingerdicke Ader hervor.

Ein Blaupunkt-Rochen, der zwischen zwei Korallen auf dem Meeresboden kaum zu erkennen ist, wirbelt etwas Sand auf. Ein wunderschönes Tier, gelb mit blauen Punkten und schwarzen Perlen als Augen. Mit Rochen ist nicht zu spaßen. Ihr Giftstachel tötet nicht, aber Tadi schwört, dass so ein Stich unvorstellbare Schmerzen verursacht.

Eine Minute vierzig.

Tadi ist immer hier getaucht. An der Küste Sulawesis, eine der Hauptinseln Indonesiens, zwischen Borneo und Papua. Australien ist nicht weit.

Der Rochen macht mit seinen Brustflossen zwei, drei Schläge. Die Unterseite des Körpers wellt sich. Tadi bewegt unmerklich den Kopf und richtet seine Harpune aus. Die Bewegung ist ruhig. Die Spitze der Harpune nähert sich langsam dem Rochen. In Zeitlupe. Plötzlich drückt er ab. Man hört das Zischen des Speeres im Wasser. Der Rochen ist tot.

Zwei Minuten zwanzig.

Tadi taucht auf. Seine Beine machen kräftige Scherenbewegungen. Er kann von hier die Unterseite seines Kanus erkennen. Es ist ein schmales Einbaumkanu, in dem man als Ungeübter nicht sitzen kann, weil es leicht umkippt. Es hat nichts mit seiner alten «Sope» gemein, dem Hausboot der Bajos, auf dem Tadi früher lebte. Fünf Meter lang, zwei Meter breit war seine «Sope», im Wind ein wackeres Segel von der Größe eines Garagentors. Seine Frau, die fünf Kinder und er schliefen auf den Planken, geschützt vom Flachdach aus Blättern der Nipapalme. Bugseits, auf einer Bambusablage, war die Feuerstelle. Der Wok und die Vorräte wurden mit Bastfäden an den Mast gebunden oder unter den Planken verstaut. Tadis Kinder konnten besser schwimmen als rennen. Sie konnten unter Wasser scharf sehen, weil sich ihre Pupillen der geänderten Brechung des Lichts anpassten. Bei ihrer Geburt hat Tadi die Plazenta seiner Frau an der tiefsten Stelle vergraben, die er auf dem Meeresboden erreichen konnte. So tief, glauben die Bajos, werden die Kinder später tauchen können.

Jahrhundertelang segelten Bajos als Nomaden im Westpazifik. Quer durch das sogenannte Korallendreieck, ein Meeresgebiet in Südostasien, das von Malaysia bis zu den Salomon-Inseln reicht. Rund fünfhundert der weltweit knapp achthundert Korallenarten leben hier, über zwölfhundert

Fischarten, sechs von sieben Meeresschildkrötenarten weltweit. Ein Paradies im Meer, zehnmal so groß wie Frankreich und von einer Schönheit, an die man sich nie gewöhnt.

Tadi wirft den Rochen in das Kanu und klettert hinein. Es war kein guter Tag. Sieben, acht Fische, ein paar Seegurken, etwas Seegras.

«Mir ist kalt geworden da unten», sagt er, «kalt wie in der Hölle.» Für jemanden, der unweit des Äquators lebt, ist die Hölle ein kalter Ort. Tadi nimmt das Paddel, um sich auf den Weg zurück ins Dorf zu machen. Er wird eine Stunde brauchen. «Ich muss nicht viel fangen, ich bin alt.»

Wie alt?

Tadi lacht und paddelt los.

So alt, dass er sich Nostalgie erlauben kann, das Privileg des Alters. So alt, dass ihm die neue Zeit nicht mehr den Schlaf raubt. Eines muss man verstehen, wenn man mit Tadi spricht: Es gibt für die Bajos die neue und die alte Zeit.

In der alten Zeit lebten Bajos auf der Sope. Sie aßen die Fische, die sie fingen. Um Macheten, Reis oder Kaffee zu kaufen, tauchten sie nach Perlen, Seegurken oder Krustentieren und tauschten sie.

Die neue Zeit ist schwieriger. Sie begann vor rund vierzig Jahren und hatte klare Vorstellungen, wie Menschen arbeiten, handeln und leben. Zum Beispiel nicht dauerhaft auf Booten. Seit diesen vier Jahrzehnten will Jakarta, die Hauptstadt Indonesiens, dass die Seenomaden sesshaft werden. Es gehe um den Fortschritt, ein moderner Staat brauche nun mal Bürger, die mit der Zeit gehen, sagt Jakarta. Tadi ist keiner. Er ist ein Bajo, das ist das genaue Gegenteil.

Den Bajos war die Freiheit wichtiger als texanischen Cowboys. Die Regierung hat Jahre, Jahrzehnte darauf verwandt, sie ihnen zu nehmen. Nur sesshafte Bürger werden medizinisch versorgt, hieß es. Nur sesshafte Bürger bekommen Reisrationen. Nur sesshafte Bürger können ihre Kinder zur Schule schicken. Selbst wenn es Argumente für eine solche Politik gäbe – wie erklärt man Menschen, die bis vor kurzem noch daran glaubten, dass jeder von uns einen Zwillingsbruder in Form eines Tintenfischs im Meer hat, dass man ohne Meldeadresse nicht durchs Leben kommt?

Es gibt verschiedene Legenden, warum die Bajos Nomaden sind. Sie selbst erzählen die Geschichte, dass ihre Vorfahren zur Garde des Sultans von Johor gehörten. Auf der Seereise der Sultanstochter zu ihrer Hochzeit wurde sie entführt. Der Herrscher verdammte seine Garde, so lange übers Meer zu fahren, bis die Tochter gefunden ist. Das gelang ihnen nicht, und darum sind sie bis in alle Ewigkeit verdammt, übers Meer zu irren.

Tadi paddelt und jagt das Kanu übers Wasser. In schneller Folge wechseln unter dem Rumpf türkise, blaue und tiefschwarze Felder. Er denkt über sein Alter nach. Er kann nicht sagen, wie alt er ist. Als er geboren wurde, waren Jahreszeiten wichtig, nicht Jahreszahlen. Er weiß noch, dass er als kleiner Junge gesehen hat, wie die Gegend hier bombardiert wurde. Die Alliierten kämpften damals gegen eine japanische Invasionsflotte. 1942 war das. Demnach müsste er heute etwa fünfundsiebzig sein. Wer seinen muskulösen Oberkörper sieht und mit welcher Kraft dieser Mann paddelt, glaubt es nicht.

Wie die meisten Bajos ist Tadi ein zurückhaltender, fast scheuer Mensch. Und wie die meisten Bajos hat Tadi den Kampf gegen Jakarta verloren und ist heute kein Nomade mehr.

Sampela taucht am Horizont auf. Ein Wasserdorf mitten im Meer, trotzig in die See gebaut. Tadi gehört dort ein windschiefes Stelenhaus am westlichsten Zipfel der Siedlung. Alle Häuser ruhen auf Pflöcken, die ins Meer gerammt wurden. Häuser für Menschen, die lieber Boote hätten. Kompromissbauten. Bajos nennen sie: «Feste Boote».

Tadi schaut auf Sampela. Er wollte hier nie leben. Er wollte das Haus nicht, als Jakarta es ihm gab. Niemand schien zu verstehen, dass Heimat für manche Menschen auch ohne Grundstücksgrenze denkbar ist.

Einige der immerzu lachenden Bajo-Kinder winken Tadi von einem wackligen Steg zu. Zwei, drei scheinen sich zu streiten, wer den Plastikball haben darf. Tadi winkt zurück.

Tausendvierhundert Menschen leben in Sampela, über dreihundert Familien. Es gibt keine Straßen, nur eine verwirrende Ansammlung von Stelenhäusern, die jemand wie Spielwürfel aufs Meer geworfen hat. Die Häuser sind untereinander durch Stege verbunden. In den kleinen Kanälen dazwischen ankern Boote. Es gibt keine Verbindung zum Land. Sampela steht im Meer. Im Hintergrund erkennt man die Hügel der Insel Kadelupa.

Die gesamte Siedlung, etwa hundertfünfzig Bambushütten, die wegen des Monsuns selten länger als zwei Jahre halten, ist auf einem Riff errichtet. Bei Flut nähert sich das Meer bis auf einen halben Meter dem Boden der Häuser. Bei Ebbe sind die Kanäle leer, und matschiger Meeresboden kommt zum Vorschein. Viele der Häuser sehen aus wie hastig gezimmerte Verschläge. Sie haben keine Fenster, aber einen Vorbau, von dem man ins Boot steigt. Nur wenige haben Wellblechdächer, die meisten sind mit Palmendächern bedeckt.

Tadis Sohn repariert vor dem Haus ein Boot. Geduldig streicht er mit einem winzigen Hobel über das Heck. 2,4 Millionen Rupiah hat das gebrauchte Boot gekostet, keine zweihundert Euro. Seit zwei Wochen repariert er es. Tadi ist stolz auf seinen Sohn, weil er sein Haus für dieses Boot verkauft hat. Ein Haus ist für Tadi nichts anderes als ein Boot, das nicht fährt. Ein Fehler also. Natürlich ist es klug, sein Haus für ein Boot zu tauschen, findet er. Selbst wenn es, wie in diesem Fall, keinen Motor hat. Tadis Sohn will das Geld dafür in Malaysia verdienen. Bis heute gelten die Bajos in ganz Südostasien als die besten Fischer. Jeder Trawler-Kapitän in Singapur, Malaysia oder Hongkong wird sofort einen Bajo einstellen. Niemand arbeitet auf einem Schiff besser.

Kurz bevor Tadi sein Kanu an einer Stele festmacht, taucht aus einem der Kanäle ein rundlicher Mann in einem Boot auf. Kein Bajo, ein Landmensch aus Kaledupa. Er ist ein «Middleman», ein Fischhändler. Der Mann nähert sich und blickt wortlos auf die sieben Fische im Kanu. Ohne Tadi anzuschauen, hält er ihm zehntausend Rupiah hin. Zehntausend Rupiah, umgerechnet nicht einmal ein Euro. Es ist der Wert einer Dose Cola.

Tadi nimmt das Geld.

Er wird die neue Zeit nie verstehen. Man kann Tadi mitten im Pazifik auf einem Boot aussetzen, er wird wissen, wie er nach Hause kommt. Stellt man ihn auf den Insel-Marktplatz, ist er verloren. Bajos sind Fischer. Sie sind keine Krieger, keine Farmer, am wenigsten Händler.

Um in der neuen Zeit zurechtzukommen, hätte Tadi mehr gebraucht als ein Haus auf Stelzen. Jemand hätte ihn zur Seite nehmen und ein paar Dinge erklären müssen, so wie man sie einem Kind erklärt. In der alten Zeit, hatte Tadi gelernt, war es in Ordnung, sich nur nach den Regeln des Monsuns und den wechselnden Fischgründen zu richten. Es war möglich, nur den Fisch zu fangen, den man isst, und keine Pläne zu machen. Es reichte, jemand zu sein.

In der neuen Bajo-Zeit geht das nicht, da geht es darum,

jemand zu werden. Man muss wissen, dass ein Bajo wie Tadi nicht mehr als Fischer lebt, sondern als Fischer arbeitet. Dass er am schwachen Ende einer langen Kette steht, die aus vielen Fischhändlern besteht, die ihre Ware immer weiter-verkaufen, so lange, bis sie die Menschen in Bali, Hongkong, Japan, China oder Europa erreicht. Und da diese Menschen bereits in der neuen Zeit sind, wollen sie alle immer mehr Fisch. Tadi muss so viel Fisch aus dem Meer holen, wie da ist, und so viel Geld verlangen wie möglich. Vielleicht hätte Tadi es so verstanden.

Tadi klettert in seine Hütte. Auf dem Boden liegen ein paar Matten, durch die Bambuslatten auf dem Boden sieht man das Meer. Die Hütte ist fast leer, ein paar Schüsseln stehen auf dem Boden, an einer der verwitterten Außenwände hängen getrocknete Fische. Gleich am Eingang ist die Feuer-stelle. Was hier drin ist, würde auch auf ein Boot passen.

Tadi gibt das Geld seiner Frau. Sie steckt es in ihre Schürze und legt die Seegurken zum Trocknen aus. Hätte Tadi nicht nur ein paar Fische gefangen, sondern einen Oktopus, hätte er ihn nicht an den Mann im Boot, sondern einem anderen Fischhändler verkauft.

Es gibt verschiedene «Middlemen», also verschiedene Fischhändler in Sampela. Der Mann gerade war ein einfacher Händler, der die Fische nur zwei Kilometer weiter auf den Inselmarkt auf Kaledupa bringt und sie für das Zehnfache verkauft.

Die wichtigsten «Middlemen», die Kontakte bis zur Pro-vinzhauptstadt Makassar und bis nach Bali haben, sind die Oktopus-Händler. Davon gibt es nur wenige in Sampela. Diese Männer haben Anfang der Siebziger etwas ins Dorf gebracht, was bis dahin niemand vermisst hatte: Geld.

Tadi wäre, hätte er einen Oktopus gefangen, vermutlich

zu Suhaele gegangen, einem schweigsamen Mann mit einer Vorliebe für bunte Hawaiihemden. Er sitzt im prachtvollsten Haus Sampelas auf einem mit geschmacklosen Ornamenten verzierten Sessel wie ein Prinz auf seinem Thron. Vor ihm liegen zwei Bücher, in denen säuberlich Ziffernkolonnen eingetragen wurden. Die Schulden der Fischer von Sampela. Suhaele ist so etwas wie eine Bank. Die Währung ist Fisch. Braucht ein Fischer Geld, fragt er Suhaele. Der Fischer bekommt den Betrag und einen Eintrag in eines der Bücher. Der nächste gute Fang gehört Suhaele. Ausnahmslos alle Familien in Sampela schulden ihm Geld. Es ist kurz vor Mittag, die meisten Fischer kommen um die Zeit zurück. Suhaeles Frau, Sitti, steht hinterm Haus und nimmt die Ware entgegen. Sie wiegt die Tintenfische, die Barrakudas, die Stachelmakrelen und führt die Listen.

Es ist der Tag, an dem in Sampela die Nachricht ankommt, dass die UNESCO den «Wakatobi National Marine Park» zum Biosphärenreservat ernannt hat. Suhaele kratzt sich am Kopf.

Schlechte Nachricht, die Auszeichnung, findet er.

Sampela liegt mitten in diesem Park. In einem Naturreservat gelten strenge Regeln für den Fischfang. Man kann nicht alles aus dem Wasser holen. Es gelten Schonzeiten, Vorgaben, was die Fischtechnik angeht, Fischarten, die unter Schutz stehen. Wer gegen Gesetze verstößt, muss mit Konsequenzen rechnen. Ranger patrouillieren in der Gegend und sorgen für die Einhaltung der Bestimmungen. Jedenfalls theoretisch.

«Wenn ich nur eine Sache ändern dürfte, dann würde ich den Park abschaffen. Er ist nicht praktikabel», sagt Suhaele. Dass ein Fischhändler das sagt, ist nicht überraschend. Aber Suhaele ist auch der Bürgermeister von Sampela.

Er legt die Arme übereinander wie jemand, der gewohnt ist, dass man ihm zuhört, und setzt zu einem kleinen Vortrag an. Er spricht Bajo, aber die englischen Worte für «Ökosystem» und «Nachhaltigkeit» sind gut zu verstehen. Es ist eine klare, beeindruckende Rede, wie sie sinngemäß auch der spanische oder japanische Fischereiminister halten könnte, wenn es um die Forderung höherer Fangquoten geht.

«Umweltschutz ist wichtig, und wir unterstützen das. Aber man muss verstehen, dass der Schutz der Menschen auch wichtig ist», sagt der Bürgermeister.

Suhaele ist kein unangenehmer Mann. Er kam vor siebzehn Jahren das erste Mal nach Sampela in Begleitung eines australischen Meeresbiologen, der auf einer Nachbarinsel forschte. Als die Regierung in Jakarta Sampela anbot, eine eigene Gemeinde zu werden, war Suhaele der Einzige in der Gegend, der die Mindestvoraussetzung für den Bürgermeisterposten erfüllte, sechs Schuljahre.

Er wurde gewählt, und weil sich nie ein Gegenkandidat fand, macht er den Job bis heute.

«Man muss verstehen, dass die Menschen in Sampela vom Fischen leben.»

Den «Wakatobi Nationalpark», in dem Sampela liegt, nannte Jacques Cousteau mal das «schönste Tauchrevier der Welt». Er würde es heute nicht wiederholen.

Der Meeresbiologe von damals, für den Suhaele arbeitet, heißt Chris Majors. Er lebt bis heute auf einer Forschungsstation auf Hoga, einer Insel, die nur wenige Kilometer von Sampela entfernt liegt.

Majors hat Suhaeles Rede schon oft gehört. Er mag den Bürgermeister, aber er glaubt ihm kein Wort.

«Der Park ist verloren. Bajos sind Fischer, und solange auch nur ein Fisch im Wasser ist, werden sie ihn rausholen.

Außer ein paar Umweltaktivisten, die ab und zu vorbei-schauen, interessiert niemanden, was hier passiert. Es gibt nichts, was man tun kann. Der Park ist tot.»

Die Kontrolle über den Park haben die staatlichen Park-Ranger. Sie sollen darauf achten, dass der Park geschützt wird. Sie haben auf der Insel Kaledupa ein schönes Haus am Hang. Leider können einige von ihnen nicht schwimmen, und außerdem ist eines der beiden Boote immerzu kaputt. Sie verbringen viel Zeit im Büro, die Rangers des Wasser-parks.

Im Gespräch hatte Bürgermeister Suhaele auch über die Ranger gesprochen. Er schien ganz zufrieden mit ihrer Arbeitsmoral. «Ich finde, die Zusammenarbeit mit ihnen klappt ausgesprochen gut.»

Seit die Bajos ihr Leben als Nomaden verlassen haben, sind die Dinge durcheinandergeraten. Die neue Zeit hat neue Regeln gebracht. Mehr Fisch, viel mehr Fisch, das ist die erste Regel. Mehr Fisch bedeutet, dass man sich Dinge kaufen kann. Sampela hatte vor fünfzehn Jahren keinen Fernseher. Als das erste Gerät auf einer Korallenplattform inmitten des Dorfes aufgestellt wurde, drängelte sich das ganze Dorf in seinen Kanus darum. Heute hat Sampela für vier Stunden am Tag Strom, ziemlich genauso lange läuft in den Hütten der Fernseher: Nachts sitzen alle vor Bollywood-produktionen, und in den Werbepausen werden Träume geweckt, die sie vorher nicht hatten. Wie erklärt man einem jungen Bajo, der im Fernsehen gesehen hat, was die Welt zu bieten hat, dass er nur mit einer Harpune fischen darf, weil das die Papageienfische schont?

Suhaele, der Bürgermeister, tritt vor die Tür und schaut auf den schmalen Hauptsteg Sampelas. Zwischen zwei Häu-sern schwimmen Kinder. Suhaele grüßt einige der Frauen, die Wasser vom Festland geholt haben. Er hat den ruhigen Blick eines Mannes, der weiß, dass er ausgesorgt hat. Ein Fischer in einer kurzen, schwarzen Hose folgt den Frauen und nickt im Vorbeigehen. Ihm fehlt der rechte Unterarm. Der Mann heißt Mbo Deha. Er ist der beste Lieferant des Bürgermeisters.

Deha trägt an der linken Hand einen mächtigen goldenen Ring, ihm gehören zwei Häuser, beide mit einer kleinen Veranda auf einer breiten Korallenplattform. Auch er hat Möbel. Kein Fischer im Dorf hat mehr Geld als Deha.

Jeder im Dorf weiß, was Deha macht, und jeder im Dorf weiß, warum er dafür schon drei Mal im Gefängnis saß. Man könnte sagen, dass Deha sich am besten der neuen Zeit angepasst hat. Leider zeigt auch keiner besser, was passiert, wenn ein guter Fischer wirklich alles tut, um Fische zu fangen.

Deha ist Bombenfischer. Er wirft kleine Plastikflaschen ins Meer, die er aus Benzin, Düngemittel, Schwarzpulver und Streichholzköpfen bastelt. Die Explosionen dieser Flaschen zerstören alles Leben auf dem Meeresboden. Bombenfischen ist verboten in Indonesien. Wer erwischt wird, riskiert eine Gefängnisstrafe. Nicht alle Bajos sind Bombenfischer, aber auch nicht wenige. Sosehr Tadi mit seiner Harpune für die alte Zeit steht, für eine mühevolle Arbeit, die am Tag einen Euro Lohn bringt, sosehr steht Deha für die neue Zeit.

Deha liefert die Mengen, die der Markt von ihm fordert. An guten Tagen macht er hundert Euro. Er musste sein altes Kanu verkaufen und sich ein größeres besorgen, um die Masse an Fischen zu transportieren, die er aus dem Wasser holt.

Die erste Bombe warf Deha mit zwölf. Sein Vater erklärte ihm, wo und wann die Fische sich zum Paaren treffen, welche Falterfische ihr Leben lang als Paar zusammenbleiben, wo man Pantherfische sucht und wo man schöne Schwärme mit

Doktorfischen trifft. Deha, dem es gefiel, bald mehr Fische zu fangen als alle anderen im Dorf, perfektionierte mit der Zeit das Bombenfischen. Heute ist er vierundfünfzig.

Mittlerweile wirft er zwei Bomben. Eine kleinere, die vor allem die kleinen Fische tötet, dann, nach einer Weile, wenn sich die großen Fische über die verstorbenen hermachen, zündet er die zweite, deutlich größere.

«Den Arm habe ich beim Fischen verloren», sagt Deha. Er ist an einem frühen Morgen mit seinem Boot rausgefahren und hat sich eine Stelle gesucht im Norden Kadelupas. Deha hat immer darauf geachtet, nur Bomben zu werfen, wenn niemand in der Nähe ist. Er hat keine Angst vor den Rangern, er hat Angst vor Nachbarn, die ihn bei den Behörden in der nächstgrößeren Stadt verpfeifen könnten. Deha saß in seinem Boot und warf die erste Bombe. Eine Fontäne von der Höhe eines Hauses kam aus dem Wasser. Nach ein paar Minuten bereitete er den zweiten Zünder vor. Die Zündschnur kauft er für umgerechnet einen Euro. Sie ist etwa zehn Zentimeter lang. Um Geld zu sparen, macht er aus einer langen Schnur zehn kurze. Je ein Zentimeter. Deha zündete ein Streichholz an, hielt es an die Schnur, nahm die Flasche hoch und konnte sie einfach nicht richtig ins Wasser werfen. Irgendetwas hielt ihn zurück.

«Ich weiß nicht, was in diesem Moment passiert ist. Bis heute weiß ich es nicht, ich konnte die Bombe einfach nicht richtig werfen.»

Sie explodierte. Sein Unterarm wurde in Fetzen gerissen. Die Elle war bis zur Hälfte noch da, die Speiche zersplittert.

«Es war seltsam, aber ich spürte keinen Schmerz. Mir wurde auch nicht schlecht, als ich auf meinen Bauch sah.»

Die Bombe hatte mehrere Löcher in die Seite seines Körpers gerissen. Deha stopfte sein T-Shirt hinein. Nahm ein

Messer und schnitt sich den baumelnden Unterarm ab. An die nächsten Stunden kann er sich kaum noch erinnern. Er schaffte es zurück ins Dorf. Seine Frau holte einen Arzt aus Kadelupa, der keine Fragen stellte. Dieser konnte die Blutung stoppen und verband den Arm. Deha erholte sich, und kaum konnte er wieder arbeiten, fuhr er hinaus und warf Bomben ins Meer. Er macht es bis heute.

Die Legende der Bajos sagt, dass Bajos bis in alle Ewigkeit als Nomaden leben müssen. Sie haben die Tochter des Sultans nie gefunden. Es ist nur eine Legende. Die Realität ist, dass das Meer die Bajos auf Dauer nicht wird ernähren können. Dutzende Familien in Sampela schicken ihre jungen Männer nach Jakarta, Singapur, Hongkong, um zu arbeiten. Die jungen Bajos heuern auf Schiffen an oder verdingen sich als Wanderarbeiter. Die jungen Bajos sind wieder Menschen ohne Wurzeln. Arbeitsnomaden, die keinen Ort haben, zu dem sie gehören. Nicht mal das Meer.

Auf Weltreise. Ein Tagebuch aus den Jahren 2005 / 2006 (Berlin, L.A., Tokio)

Der Abschied

Ein schöner, ein sommermüder Abend, der richtige Abend, um seinem besten Kumpel zu sagen, dass man Deutschland verlassen wird. Thorsten hatte mich in seine Wohnung eingeladen. Er habe Wein gekauft, hatte er mir am Telefon gesagt. Das Œuvre sei beerig im Abgang, zugig im Zugang, minzig-schnorchelig in der Mitte, die meiste Zeit aber hessisch-kieselig, untenherum wacholderisch. Obendrein mache es bolleblöd wie nix. Zwei Euro die Flasche beim Türken in der Oranienburger. Er habe fünf Flaschen. Betäuben für Deutschland, darum gehe es.

Thorsten saß auf seinem Balkon und schien zufrieden. Die letzten Wochen, erzählte er, habe er damit zugebracht herauszufinden, welche Krankheiten die meisten Schmerzen verursachten. Er wolle sein Studium abbrechen und habe sich überlegt, ein Buch zu schreiben. Mit mir. Ein Ranking der Schmerzen, einen Sado-Guide, in keinem anderen Land der Welt habe so ein Buch bessere Chancen als in Deutschland. Er wolle mit dem Pickel auf dem Trommelfell beginnen. Seiner Meinung nach sei das schmerzvoller als eine misslungene Lumbalpunktion, bei der eine Nadel in die hirnwasserführende Schicht der Wirbelsäule eingeführt werde. Das Standardbeispiel mit der Spritze, die der Augenarzt direkt in den Augapfel sticht, was häufiger vorkomme, als man gemeinhin denke, halte er für überbewertet. Man brauche ja nur einen Punkt an der Wand zu fixieren und spüre so nicht mehr bei jeder Bewegung der Pupille die Nadel im Auge. Man könne etwas gegen diesen Schmerz tun, darum sei es kein richtiger Schmerz. Richtiger Schmerz sei unvermeidlich, zwingend, ausweglos.

Ich schaute Thorsten an und fragte mich, ob ich mir Sorgen machen musste. Er hatte gerade die Schmerzen einer Nierenkolik, eines Ellenbogentrümmerbruches und einer Analfissur verglichen. Die Sache sei nicht eindeutig. Wahnsinnig komplex, das Thema. Man unterschätze schnell die Analfissur.

«Hör auf der Stelle auf, oder ich kotz dir auf den Teppich.»

«Was hat dir die meisten Schmerzen verursacht?», fragte er.

«Eine Live-Übertragung von der Hengstparade aus Neustadt / Dosse», sagte ich. «Mann, Thorsten, ich muss dir was erzählen.»

«Schieß los.»

«Ich gehe weg aus Deutschland.»

Thorsten schaute mich an. «Ist es wegen Westerwelle? Er wird nicht Außenminister, das bringen die nicht.»

«Nein, du Blödmann. Ich fahr für ein Jahr weg, um die Welt, Nepal, Korea, Japan, Australien. Was danach ist, weiß ich nicht.»

«Warum tust du das?»

«Ich will das machen, seit ich zehn bin.»

Thorsten schaute mich an, ging auf Toilette und kam an dem Abend nicht mehr raus.

Ich hätte das ehrlich gesagt nicht erwartet. Ich bin vermutlich sein einziger richtiger Freund. Aber nicht alle reagieren wie Thorsten.

Seit ich beschlossen habe, eine Weltreise zu machen, habe ich meine Freunde verloren. Sie sind nicht mehr da. Es sind noch die Körper da, die Hüllen, die Verpackungen, aber die Menschen, die ich gemocht habe, weil sie lustig, intelligent, aufrichtig oder Eigentümer eines Hauses mit Seezugang in der Uckermark sind, meine wahren Freunde also sind nicht mehr da. Auf meiner Abschiedsparty habe ich das gemerkt. Und es lag nicht am Wein.

Vor einiger Zeit habe ich einen Text über den Wein meines Großvaters geschrieben. Toller Mann, dieser Herr Moreno, schrieb ich, selbst gemachtes Öl, selbst gebackenes Brot, selbst geerntete Mandeln, das sind Dinge, die mein Opa kann. Wein kann er nicht. Sein Wein schmeckt nach gegorenem Fuß. Eine in Plastikkaraffen gelagerte Geschmacklosigkeit. Aber gut, VW baut Phaetons, Kerner moderiert Fußball, Aldi verkauft Sushi, mein Opa macht Wein. Recht auf Irrtum. So ist die Welt. Seit ich aber den Text geschrieben habe, bekomme ich nach Lesungen Flaschen mit dem Kommentar geschenkt, dass dieser Wein hier noch viel schlechter sei als der Wein meines Großvaters. Ganz sicher seien sie sich, sagen die Leute, zwinkern einem zu und hoffen, dass man den Scherz versteht. Ironischer Wein. Sie hätten mir auch gutes Olivenöl schenken können, darüber habe ich auch geschrieben, aber sie tun es nicht. Plörre für den Kolumnisten, wie daheim in Andalusien. Es ist ein Witz, natürlich, nur komisch ist er nicht. Diese Menschen verstehen nicht, dass es einige Dinge auf der Welt gibt, über die man keine Witze macht. Dazu gehört der Name des griechischen Basketballnationalspielers Antonios Fotzis, dazu gehört der Wein meines Großvaters. Ganz einfach.

Ich lud meine Freunde in meine Wohnung ein. Keine Geschenke, keine Tränen, hatte ich auf die Einladung geschrieben. Ich versprach, mich mit Wein und Pizza Tonno zu revanchieren. Es war eine gute Gelegenheit, den Wein loszuwerden, den ich bekommen hatte, dachte ich und sollte recht behalten. Die meisten meiner Kumpels sind aus Ostdeutschland, da ist schlechter Wein kein Problem. Sie tranken, hatten Spaß und sangen irgendwann «Bella Ciao». So weit wunderbar.

Irgendwann aber fiel mir auf, dass die Gespräche zwischen mir und meinen Freunden immer ähnlich abliefen. Wie lange noch? Eine Woche. Wohin? Nepal, Vietnam, Japan, Korea, Australien, Südamerika und Dänemark. Dänemark? Ist ein Witz. Ha, ha, sehr lustig, werde deinen Humor vermissen, Juan. Sag mal, du kannst doch bestimmt nicht so viel mitnehmen, ich meine, du musst ja alles tragen. Ja, warum fragst du? Das Bild hier, meine ich, in einem Keller unterstellen geht ja nicht, wird doch feucht. Schlimme Keller hier in Berlin. Klar, die Keller, sagte ich. Nimm es mit.

Wenn es nicht ein Bild war, war es eine CD, eine Lampe, eine Vase, eine Jacke. Das waren keine Freunde, das waren Angehörige. Ich weiß nun, wie sich ein Achtzigjähriger fühlt, wenn seine Enkel ihn besuchen. Aber ich bin noch nicht tot. Ich mache eine Reise. Ich bin bald wieder da. Dann möchte ich meine Freunde wiederhaben.

Berlin, Vorbereitung

Ich habe meine Meinung über Ärzte geändert. Bisher fand ich sie anstrengend, was daran liegt, dass sie wie Automechaniker sind. Automechaniker sind ebenfalls anstrengend. Jedes Mal, wenn ich mein Auto in die Werkstatt bringe und dem Mechaniker sage, dass es an der Benzinpumpe liegen könne, sagt er: So, so, die Benzinpumpe, würde mich wundern, aber wenn Sie meinen, schau ich nach der Benzinpumpe, wenn der Wagen Geräusche macht, die nur vom Luftschlauch kommen können. Er behandelt mich wie ein Kind. Seine Werkstatt ist vordemokratisches Gebiet. Am schlimmsten finde ich den Personenkult bei der Fahrzeugrückgabe. Er übergibt mir den Schlüssel und sagt: Ich hab mal den kaputten Luftschlauch repariert, die Geräusche sind jetzt weg. Echt, der Luftschlauch, muss ich dann sagen. Er nickt. In einem kleinen Vortrag macht er mir klar, dass ich mich nicht genug um den Wagen gekümmert hätte, dass ich eine Verpflichtung mit dem Autokauf eingegangen sei, eine Verantwortung für mein Auto, für den Luftschlauch. Ein Autoschlauch sei ein Symbol. Ich nicke. Ich käme auch gut in einer Diktatur zurecht.

Meine Ärzte waren bisher auch nicht besser. Bisher lief es so: Die Arzthelferin sagte zur Begrüßung «Praxisgebühr», worauf ich «Hier» sagte, was sie mit «Wartezimmer» beantwortete. Auf dem Weg ins Wartezimmer sagte ich «Guten Morgen», was sie mit «Ja, schon gut» kommentierte. Auch hier gelten die Menschenrechte nicht. Es gibt Privatpatienten und Menschen wie mich. Menschen wie ich müssen «Focus» im Wartezimmer lesen, sie bleiben immer kurz in den Behandlungsräumen und verbringen Tage damit, darüber nachzudenken, was der eigene Arzt mehr hasst, das

Schwarze unter seinen Fingernägeln oder die Existenz von Kassenpatienten. Privatpatienten haben eine andere Anatomie. Sie zitiert der Arzt viermal in die Praxis. Der Unterschied zwischen Privat- und Kassenpatienten ist, dass der eine die Zeit im Wartezimmer gestohlen bekommt und der andere durch die vielen Termine.

Mein neuer Arzt ist anders. Ein älterer weißhaariger Herr. Er hat kein Wartezimmer, keine Assistentin, nur ein kleines Büro mit Regalen, in dem Schrumpfköpfe liegen. Ein Freund hat ihn mir empfohlen. Ich habe ihn aufgesucht, weil ich eine Weltreise mache und Impfungen brauche. Er ist mein Weltreisearzt. Ich kann ihn von überall aus anrufen, hat er gesagt. «Warum wollen Sie eine Weltreise machen?», hat er mich gefragt.

«Abenteuer, fremde Kulturen, fremde Menschen», sagte ich.

«Dafür würde ein CSU-Parteitag reichen», antwortete er.

«Ich bin neugierig», sagte ich.

«Hm», sagte er.

Nachdem er mich geimpft hatte, gab er mir ein Rezept für ein Malariamittel und sagte: «Ich hoffe, Sie fahren weg, weil Sie Glück suchen. Das ist der beste Reisegrund. Sie werden es nicht finden, aber das spielt keine Rolle. Suchen Sie das Glück, der Rest kommt von alleine. Suchen Sie weiter, mehr kann man nicht tun. Und nun verlassen Sie meine Praxis, ich bin müde und möchte mich hinlegen. Und rufen Sie mich nicht wegen einer Grippe an.»

In dem Moment habe ich meine Meinung über Ärzte geändert.

Nepal, Kathmandu

Ich bin seit zwei Tagen hier, fange an, mich wohl zu fühlen, und habe vermutlich deshalb meinen ersten großen Fehler gemacht. Ich wollte mich in einem Restaurant überraschen lassen. Nur Dummköpfe machen das. Wenn ein Tourist einem Kellner sagt, bringen Sie mir doch einfach etwas Leckeres, überraschen Sie mich mal, dann hört der Kellner: Bringen Sie mir das Teuerste, was auf der Karte steht, oder bitte das, was schon lange im Kühlraum liegt und unbedingt wegmuss. Das mit dem Überraschen funktioniert nur in China, die Dinger heißen Glückskeks und schmecken nach Pappe. Sonstige Überraschungselemente sind in der asiatischen Gastronomie nicht vorgesehen.

Aber ich bin Nepal-Tourist, und Nepal-Touristen sind neugierig, vor allem in den ersten zwei Wochen. Später lässt das nach, dann geben sie einem die rechte Hand für eine Stulle mit Wurst. Am Anfang aber will man Nepal entdecken, und das geht am leichtesten, indem man die Küche des Landes kennenlernt. Wenigstens steht das in den Reiseführern. Ich habe vier Reiseführer gelesen. In allen steht das mit der Küche.

«Surprise?», fragte der Kellner.

«Yes, one vegetarian-surprise please!»

Ich wollte mich vegetarisch überraschen lassen. Er musste mich für einen Idioten halten. Er lächelte etwas unsicher, machte eine Verbeugung und ging zum Chef. Die beiden tuschelten. «No problem», sagte der Chef. No problem kann alles bedeuten, von: das kriegen wir hin – bis zu: du hast eine Vollmeise.

«We make surprise!», sagte der Kellner.

Etwa zehn Minuten später kam er an den Tisch. Er lächelte.

Er erklärte mir, was da auf dem Teller war. Ich verstand kein Wort. Nur irgendwas mit «good, good Yak».

Von Yaks hatte ich gehört. Yaks sind unrasierte Rinder, haarig und träge, Yaks sind Reggae-Kühe, die in den Bergen leben und nicht nur Milch, sondern auch Rasta-Wolle geben. Ihre Milch ist bestimmt gesund, aber sie ist die Hölle. Das Yak-Milch-Tofu schmeckte wie Dung-Destillat. Es klang toll, so ähnlich wie Masala-Bhat-Kille-Kille, was vermutlich «Berghonig aus dem bereits am Abend gesammelten Morgentau» bedeutet. Aber es schmeckte nach dem Modder hinter der Kühlschrankleuchte. Wenn sich das Wort Ekel ein Nahrungsmittel aussuchen müsste, es würde Kille-Kille nehmen.

Ich weiß, dass man sich über das Essen anderer Kulturen nicht lustig machen soll. Ich komme aus Spanien, da gibt es flambierte Stierhoden. Aufgewachsen bin ich in Deutschland, dem Land des gepökelten Schweinebauchs. So ein Mensch darf sich nicht über das Essen anderer Länder lustig machen.

Ich mag Nepal. Ich mag, dass auf einer kleinen Honda zwei Omas, eine Mama, ein Kind und der Papa Platz finden. Mich stört nicht, dass es leichter ist, eine Tonne Marihuana zu bekommen als eine deutsche Zeitung. Es ist auch in Ordnung, dass Nepalesen alle zwanzig Sekunden auf den Boden rotzen. Aber das letzte Abenteuer Nepals heißt nicht Everest! Es heißt Kille-Kille.

Jomsom, Nepal

Viel passiert heute. Ich bin durch einen Rhododendron-Wald gelaufen, habe Revolutionssteuer gezahlt und zum ersten Mal in den Lauf einer Waffe geschaut. Ein langes schwarzes Gewehr. Bestimmt ein Fabrikat aus einem Land, zu dem Deutschland gute Beziehungen unterhält. Deutschland ist ein toller Beziehungsunterhalter, Spanien auch. Überhaupt geben die meisten Industrieländer gute Schwiegersöhne ab. Man hat seltsame Gedanken in einem solchen Moment. Vermutlich stand ich schon mal vor einem Berliner Motorradpolizisten auf der Französischen Straße, weil der Präsident aus dem Land, in dem diese Waffe hier hergestellt worden war, gerade zum Auswärtigen Amt gefahren wurde. Fischer und er haben sich eine Weile unterhalten und sich gegenseitig versichert, dass sie und ihre Länder tolle Hechte sind.

Der eine ist vielleicht achtzehn, dachte ich. Kommunist, sagte er. Wie es sich für einen Kommunisten gehört, sprach er kein Englisch. Er konnte nur «Tausend Rupies» sagen. Zwölf Euro. In Nepal ist nicht einmal die Revolution teuer. Das Ganze war ein sehr ruhiger Raubüberfall. Der andere sagte nichts. Ich glaube, er wollte das Ganze schnell hinter sich bringen. Als ich den beiden das Geld gab, nickten sie und gaben mir freundlicherweise eine Quittung der Kommunistischen Partei Nepals. Mein Geld soll dem nepalesischen Volk zugutekommen. Ich glaube zwar, dass ich damit nun einem Waffenlieferanten helfe, sich den zweiten Hubschrauberlandeplatz auf Marbella zu bauen. Aber gut. Es gibt Momente, da hält man besser die Klappe.

Ich bin noch nicht lange in Nepal, außerdem bin ich Tourist. Über die Maoisten hatte ich gelesen. Zu dem Verein gehörten die beiden Jungs. Maoisten verstehen sich als Befreiungskämpfer, und wie alle Befreiungskämpfer auf der Welt töten sie erst eine Reihe jener Menschen, die sie danach befreien. Auf der anderen Seite sind in Nepal der König, eine dicke Königin und ein Parlament, das diesen Namen nicht verdient. Ich erlaube mir nicht, mir da ein Urteil zu bilden. Wer recht hat, weiß ich nicht. Ich habe nur einiges gelesen und einiges gesehen. Gelesen habe ich, dass die Maoisten mehr als tausendfünfhundert Leute umgebracht haben, dass sie Kinder rekrutieren, dass sie Häuser niederbrennen, wenn sich die Bewohner weigern, Revolutionssteuern zu zahlen. Und dass sie Menschen mit anderen politischen Idealen erschießen.

Gesehen aber habe ich, dass Nepal eines der ärmsten Länder der Welt ist, dass man so gut wie jeden schmieren kann, dass der König in einem grünen Jaguar an mir vorbeifährt, als sich ein vielleicht dreijähriges Mädchen in einer Pfütze wäscht. Gesehen habe ich, dass die vielen Soldaten alle in nagelneuen Nissan Patrols herumfahren und ihre Landsleute wie Dreck behandeln.

Gesehen habe ich, dass die beiden Maoisten keine schlechten Menschen sind. Zwei Jungs aus dem Himalaya, denen jemand erzählt hat, dass sie jetzt nicht mehr Bauern sind, sondern Kämpfer für die Freiheit Nepals, ihrer Heimat, ihrer Leute.

An ihrer Stelle würde ich auch Touristen ausnehmen.

Tatopani, Nepal

Ich las in der aktuellsten Ausgabe des «Spiegel», die ich im Hotel finden konnte: Bundeswehr nach Afghanistan – Ernstfall für Rot-Grün. Die Ausgabe war vom November 2001.

Neben mir saß Mister Wang und schaute mir beim Lesen zu. Mister Wang, Hongkong-Chinese, Reisender. Vor acht

Wochen ist er in Schanghai losgefahren, mit dem Zug durch China, mit dem Bus durch Tibet, schließlich zu Fuß durch Nepal. Seit einer Woche ist Paul Wang mein Reisebegleiter. Ein kleiner, drahtiger Mann, der freundlich ist und immerzu plappert.

«Waren Sie schon an den heißen Quellen?», fragte mich Mister Wang.

«Ja, aber ich möchte nicht hineingehen.»

«Warum nicht? Ich würde nie in ein Land reisen, das keine heißen Quellen hat. Hat Deutschland heiße Quellen?»

«Heiße Quellen, was immer Sie wollen. Deutschland ist voll davon.»

«Dann wissen Sie, wovon ich rede, Moreno! Verstehe ich nicht.»

Ich las weiter im «Spiegel».

«Was haben Sie nur gegen heiße Quellen?», fragte Mister Wang.

Die Wahrheit war, dass ich mich grundsätzlich weigere, in ein trübes Becken zu steigen, das so groß ist wie das Ikea-Kinderparadies und in dem eine holländische Trekkinggruppe und die Bergfreunde Aurach hocken. All diese Menschen verbindet im Falle von Nepal, dass sie einige Tage nicht geduscht haben. Sie stiegen hier in diese Kloake und übten Unterwasserhandstand.

Mister Wang setzte nach: «Verstehe ich nicht. Es sind die einzigen heißen Quellen in der Gegend. Verbietet es vielleicht Ihr Gott? Ich habe gehört, Ihr Gott verbietet eine ganze Menge!»

«Mein Gott ist locker», sagte ich.

«Liegt es daran, dass Europäer ein anderes Verhältnis zur Reinlichkeit haben?»

«Mister Wang, lassen Sie meinen Kontinent aus dem

Spiel! Ich habe keine Lust, in das braune Becken zu steigen. Das ist alles.»

«Ich mein ja nur», sagte Mister Wang.

Das letzte Mal, dass Mister Wang diesen Satz gesagt hat, stiegen wir gerade aus einem Bus und ließen verärgerte Tibeter zurück. Man kann in Nepal mit fast jedem über fast alles reden. Mit einem Nepalesen über den korrupten König, mit einem Sherpa über die Vorteile von Mulis, mit einem Inder über Kühe. Was aber nicht geht, ist, sich in einen nepalesischen Bus zu setzen, der voll mit Exil-Tibetern ist, und diese dann zu fragen, warum sie nach Tibet zurückwollen. Er, Mister Wang, sei gerade da gewesen. Er finde es in Nepal schöner. Nicht so karg, nicht so windig. Man solle die Okkupation durch China mal von dieser Warte aus sehen.

Ich denke, nur der Glaube der Tibeter an die Gewaltfreiheit hat uns im Bus das Leben gerettet. Statt uns zu verprügeln, wie es sich gehört hätte, beleidigten sie uns, und vermutlich wünschten sie uns, als Maden wiedergeboren zu werden. Dann brüllten sie: «Free Tibet!»

«Wirklich keine heiße Quellen?», fragte Mister Wang.

«Keine heißen Quellen», sagte ich.

Langtang, Nepal

Ich vermisse Preisschilder. Zu Hause schnappe ich mir in einem Supermarkt eine Flasche, werde von einer Berliner Kassenmatrone irre rüde abgefertigt und habe somit ein Wasser gekauft. Ende der Geschichte über den Kauf einer Flasche Wasser ohne Kohlensäure in Berlin.

Nepal ist ein preisschildfreies Land, jedenfalls für Touristen. Was nicht daran liegt, dass Nepalesen scharf darauf sind, jedes Mal zu debattieren, wenn ein Tourist ein Wasser kaufen will. Das erste Wort, das Touristen in Nepal lernen, heißt Namaste. Es bedeutet: Hallo, Guten Tag, Guten Abend, Servus, Mach's gut, manchmal heißt es auch: Kauf mir bitte einen Schal aus Yak-Wolle ab!

Das zweite Wort, das hier alle parat haben, heißt Discount. Die meisten Sachen verhandeln Nepalesen nicht. Zumindest nicht, wenn Nepalesen etwas einkaufen. Bei Touristen ist das anders. Da der Wasserverkäufer weiß, dass der Tourist – egal, welchen Preis er gesagt bekommt – den Wasserverkäufer anschauen wird, als habe dieser gerade viel Geld gefordert, wird er sofort den Touristenpreis sagen. Der Touristenpreis liegt zu hoch, der Touri kann seine erbärmliche Show abziehen, der Wasserverkäufer macht mit, und am Ende hat man die Flasche von fünfzehn auf zehn Rupien runtergehandelt, also von achtzehn auf zwölf Cent. Das ist noch immer mehr als der normale Preis, was nur logisch ist, weil der Wasserverkäufer zehn Minuten Theater spielen musste. Am Ende sind alle zufrieden. Der Tourist denkt, dass er ein Mann von Welt ist, der es dem raffinierten Wasserverkäufer gegeben hat.

Das Problem ist, dass einem nichts übrig bleibt. Irgendjemand hat damit angefangen, und nun kommt niemand mehr aus der Nummer raus. Man kann nicht sagen: Hey, Nepalese, mach einfach einen fairen Preis, wir sparen uns das Theater! Der Wasserverkäufer müsste sich dafür auf den Touristen verlassen können. Aber sagte er einen fairen Preis, würde der Tourist vermutlich dennoch «Discount!» brüllen, und dann hat der Wasserverkäufer am Ende nichts gewonnen.

Vor ein paar Tagen habe ich hier einen Zahnarzt aus

Köln kennengelernt. Erfahrener Everestgänger. Sagte er. Er bestellte eine große Flasche Bier und versuchte, den Preis runterzuhandeln. Sie kostete umgerechnet zwei Euro, so viel wie ein Abendessen. Nach einigen Minuten hatte der tolle Hecht zwanzig Cent Discount rausgeholt. Er saß glücklich vor seinem Bier und zückte das Handy, um den Verhandlungserfolg nach Köln-Lindenthal durchzugeben.

Wir waren in Marpha, einem winzigen Ort im Himalaya, in dem es keine Autos gibt, Strom nur manchmal und ein Telefon, das nur geht, wenn die Sonne geschienen hat und die Batterie aufgeladen werden konnte. Das Bier, das der Everest-Held gerade heruntergehandelt hatte, war zuvor von einem Träger nach Marpha getragen worden. Von Marpha zur nächsten Straße, auf der ein Bierlaster fahren könnte, bin ich mit leichtem Gepäck drei Tage gelaufen. Träger brauchen etwas länger.

Langtang, Nepal

Ich saß gestern in einem nepalesischen Bus. Man hört viel von nepalesischen Bussen. Wären nepalesische Busse Menschen, es wären fiese Genossen, ohne Skrupel und auch ohne Respekt für die große Mühe, die meine Mutter hatte, mich aufzuziehen. Es sind quadratische Dinger mit Holzsitzen, an denen Blutreste zu sehen sind, und mit sogenannten Bremsen, die lauter sind als die Hupe. Dazu kommt, dass die Straße, auf der sie fahren, nur in wenigen Ländern Straße genannt werden würde.

Nun könnte man sagen, dass es auch in Deutschland unwürdiges Reisen gibt. Das stimmt. Ich bin eine Weile mit der Regionalbahn von Bonn nach Köln gependelt und saß häufig im Raucherwagen. Eher trinke ich einen Liter Gangeswasser.

Was Reisen in Nepal vom Reisen in anderen Ländern unterscheidet, ist erstens die Tatsache, dass hier die höchsten Berge der Welt und somit ja leider auch die tiefsten Schluchten der Welt sind. Wer in Deutschland von der Straße abkommt, hofft, nicht gegen einen Baum zu rasen. Alles, nur kein Baum, sagt er sich. In Nepal ist der Baum der einzige Freund, der einem bleibt. Ein Baum rettet hier Leben. Gern eine Eiche, eine Fichte, bitte kein Bambus, kein Rhododendron. Ich erwischte mich mehrmals während der Fahrt, wie ich jeden Hang nach stabilen Bäumen absuchte.

Das andere Problem an nepalesischen Bussen sind meiner Meinung nach zweifellos die Fahrer. Genauer gesagt, ihre Religion. Sie sind Buddhisten. Wenn ich könnte, ich würde sie alle zwangskonvertieren. Denn möchte man wirklich in einem Bus sitzen, dessen Zustand etwa so stabil ist wie das, was offenbar CDU und SPD da in Deutschland gerade zusammenzimmern? Möchte man sein Leben einem Mann anvertrauen, der felsenfest an seine Wiedergeburt glaubt?

Ich möchte das nicht.

Mir wäre ein feiger Katholik, ein ganz normaler spanischer Katholik also, lieber. Einer, der Angst vor dem Fegefeuer hat, weil er weiß, dass er eine Menge ausgefressen hat, einer, der um sein Leben bettelt, auf eine erbärmliche, entwürdigende Art, der strampelt und kämpft für eine Sekunde mehr auf der Erde. So einer wäre perfekt in Nepal. Ein Schisser.

Weniger perfekt war der Mann, der mich mit einem seligen Lächeln an den Rand des Todes lenkte. Ein luxusgewisser Buddhist, ein zufriedener, ruhiger Mann. Ein Mann, der dem edlen achtfachen Pfad folgt, aber selten dem, was man hier

Straße nennt. Ein Mann, der noch nie ein kleines Tier getötet hat, weil er findet, dass alle Kreaturen ein Recht darauf haben, eine Weile auf der Erde zu leben, dessen Handeln von Respekt und Mitgefühl bestimmt ist. Ein Mann, der keine Angst vor dem Tod hat, weil er ihn ohnehin als gegeben hinnimmt. Ein Karma-Irrer.

So einem darf man nie wieder einen Bus geben.

Koh Pha Ngan, Thailand

Ich bin nicht paradiesgeeignet. Wir sind Antipoden, das Paradies und ich. Ein Eisbär im Tschad. Johnny Depp im Reformhaus. Ich weiß nicht, ob die Insel, auf der ich gerade bin, das Paradies ist. Mir fehlt der Vergleich. In bin in Hanau aufgewachsen, habe als Junge fünfmal die Woche Tischtennis gespielt, zuletzt habe ich in Berlin gelebt. Ich weiß nichts vom Paradies.

Ich hatte nur Vorstellungen. Das Paradies war demnach ein Ort, in dem Eintracht Frankfurt Rekordmeister ist, in dem Peter Hahne unter Schreibblockaden leidet, in dem Zitronengras und Kreuzkümmel nicht fürs Kochen verwendet werden dürfen. In dem nicht alles, was Spaß macht, dick macht. Dick macht dann nur das, was Ronald Pofalla Spaß macht. Der «Spiegel» hätte im Paradies nur vier Seiten. Titelschlagzeile: Die dösende Republik. Dazu noch das Impressum, die Werbung und die Hausmitteilung mit einem Foto von Aust und einem Mekong-Fischer, was zwar nichts zur Sache tut, aber auch im Paradies muss Aust mit Foto ins Blatt.

So ungefähr müsste es sein.

Nun sitze ich in einem Häuschen aus Bambusrohren, das

der Besitzer Extra-Deluxe-Bungalow nennt. Ich konnte mich zwischen Extra-Deluxe- und Superior-Extra-Bungalows entscheiden. Der Unterschied zwischen einem Superior-Extra-Bungalow und einem Extra-Deluxe besteht darin, dass der Ventilator in den Superior-Extra-Bungalows drei Stufen hat und der im Extra-Deluxe vier. Er kostet einen Euro mehr. Der Rest ist gleich. Strohmatte mit Ameisenkolonie, Toilette am anderen Ende des Strands.

Selbstverständlich habe ich Extra-Deluxe genommen.

Viele Leute sagen, dass diese Insel das Paradies ist. Es gibt weiße Strände, schiefe Palmen, die so nett sind, sich weit herunterzuneigen, was praktisch ist, um die Handtücher zum Trocknen aufzuhängen. Wenn ich mir eine Schwimmbrille ausleihen würde, könnte ich zu einem Korallenriff schwimmen und mir bunte Fische anschauen, was ich nicht tue, weil ich bunten Fischen in Korallen nicht traue. Niemand ist nur schön, nicht mal kleine, putzige Fische. Wo Schönheit ist, ist Gefahr nicht weit.

Mein Problem ist, dass diese Fototapeten-Inselwelt mir seit einigen Tagen auf die Nerven geht. Alles ist hier schön. Das Lächeln der Thailänder, der Thunfisch auf dem Grill, die Wasserfälle im Hinterland, sogar die Engländerinnen aus Cork, die mich gestern gefragt haben, ob Spanien nicht auch zum Commonwealth gehört, sogar die finde ich mittlerweile unattraktiv, was der Beweis ist, dass mit mir etwas nicht stimmen kann.

Vermutlich habe ich zu viele deutsche November erlebt, mit zu vielen Parlamentsredakteuren geredet. Ich ertrage so viel Schönheit nicht. Das Problem mit dem Paradies ist meiner Meinung nach, dass man entweder sehr blöd oder sehr schlau sein muss, um sich darin wohl zu fühlen. Ich bin irgendwo dazwischen, denke ich.

Koh Mae Koh, Thailand

Ich sitze in einem Boot, das mich zum Festland bringt. Weg von Koh Samui. Ein Prozent der Touristen wird hier von herunterfallenden Kokosnüssen erschlagen.

Draußen auf dem Meer regnet es, es sieht von diesem Boot hier aus wie in Berlin im Februar. Neben mir schläft ein junger Mann, auf dessen T-Shirt steht: Irgendwann landet jeder beim Erdinger Weißbier. Neben ihm seine Freundin, der vom Seegang schlecht geworden ist. Sie ist weiß mit dunklen Flecken. Ab und zu kotzt sie ein bisschen in eine Seven-Eleven-Tüte.

Ich träume. Von Koh Samui.

Es gibt alles hier. Stulle und Blutwurst und Ritter Sport Knusperkeks und Bücher von Nooteboom. Alles ist billig. Bett, Blutwurst, Gucci, Rolex und Mädchen. Eine Schnäppchenwelt. Der ganze Strand ist voll davon. Viel Tanga. Viel NRW.

Ich bin der Einzige ohne Tätowierung. Ich werde immerzu gefragt, ob ich das nicht ändern möchte.

«Looky, only looky, no money.»

«Nein», sage ich.

«Good luck tattoo, good luck.»

«Danke», weiß gar nicht, wohin mit meinem Glück.

«No tattoo?», fragen sie.

«No.»

«Henna? Want Henna?»

Ich träume. Auch von Norbert. Deutscher. Norbert will mir nach zehn Minuten seine Bäckerei verkaufen.

«Ich kann nicht backen», sage ich.

«Ich doch auch nicht», sagt Norbert.

«Vielleicht war das das Problem», sage ich.

Norbert will zurück nach Deutschland. Er vermisst Bingen, Boppard, Koblenz. Den Rhein. Loreley, Helau und Pipapo. «Deutschland ist auch schön», sagt Norbert.

Ich träume weiter. Von dem Paar aus dem Allgäu. Sie fahren seit einem Jahr um die Welt und machen Kochkurse. Früher fuhr man einfach nur um die Welt. Das war ungewöhnlich. Heute reicht das nicht. Man muss es mit einer Schubkarre machen. Oder man macht in jedem Land einen Kochkurs. Weltweites Blanchieren und Marinieren. Die beiden haben zwei Rucksäcke dabei. Einen leichten mit Kleidung, einen schweren mit Kochutensilien. Eine Weltreise mit der Zunge, sagen sie.

Ich wache auf. Das Erdinger Weißbier auch. Er möchte ein Bier. Es gibt Heineken, Tiger und Singha. Butter ist ein Problem, aber Bier, Bier ist es nie. Er nimmt ein Tiger und trinkt es aus.

Ich schaue mir den Horizont an. Hilft gegen Übelkeit, heißt es. Funktioniert nicht. Zum ersten Mal frage ich mich, wie die Eintracht gespielt hat. Ich würde auch gerne den Michi Glos von der CSU mal als Minister sehen.

Gott, ist mir schlecht. Heimweh? Ist das Heimweh?

Mae Hong Son, Thailand

Warum wollen Menschen, wenn sie im Urlaub sind, auf Tieren reiten? Ein Reflex? Urlaubsmetabolismus? Man liegt in einem Nassbereich, und plötzlich hat man diesen Drang: Ich muss reiten. Ich muss was reiten. Etwas Großes. Jetzt.

Ist das so? Ich weiß es nicht. Mir ist das fremd. Zwei Mal bin ich auf Tieren geritten. Ein Kamel. Ein Elefant. Beide weiblich, beide mochten mich nicht, und erstaunlicherweise hießen beide Petra. Kamelpetra habe ich in Israel kennengelernt. Der arabische Kamelaufseher sagte zu mir, dass ich sofort klarmachen müsse, wer das Sagen habe. Du musst sie wie deine Frau behandeln, sagte er, du musst zeigen, dass du der Mann bist, sonst macht sie mit dir, was sie will. Ich habe keine Ahnung, wie man Frauen unterdrückt, dachte ich, der hat gut reden, der ist Araber.

Es geschah das Unausweichliche. Petra und ich einigten uns darauf, dass sie der Mann war. Anfangs zog ich zwar heftig am Halfter und fluchte auf Spanisch, aber ein kurzes Rucken von ihr mit dem Hals, und ich wäre um ein Haar runtergefallen. Petra lief den Rundkurs ab, den sie seit Jahren ablief, und wenn ihr danach war, ein paar trockene Sträucher zu essen, dann tat sie das in aller Ruhe, während ich auf ihrem Rücken in der Sonne schmorte.

Auf Elefantenpetra bin ich gestern geritten. Die Frage, wer der Boss ist, stellt sich bei drei Metern Rückenhöhe nicht. Ich kletterte auf ein Gerüst von der Höhe einer Doppelgarage und setzte mich in einen Metallkorb. Der Elefantenführer war aus Birma. Netter Kerl, mit Zähnen schwarz wie die Nacht, und einem seligen Grinsen. Schnell lernte ich aber, dass seine Zufriedenheit nichts mit Elefanten zu tun hatte, sondern mit der zwanzig Zentimeter langen Opiumzigarre, die er während unseres Ausflugs rauchte.

Können Elefanten high werden? Elefantenpetra, der bekiffte Elefantenführer und ich ritten jedenfalls durch diesen Dschungel. Irgendwann fiel mir auf, dass wir von Marihuanapflanzen umgeben waren. Und Petra nun veranstaltete ein Massaker unter diesen Pflanzen! In Jamaika hätten aufgebrachte Rastafaris Petra für diese Tat gelyncht. Sie fraß den kompletten Bestand auf.

Dann verließ sie den Trampelpfad, stieß Bäume um, mampfte sich eine Schneise durch die Vegetation und schien vergessen zu haben, dass sie einen verschreckten Südspanier auf ihrem Rücken hatte. Als sie sich auf die Hinterpfoten stellte, um irgendeinen Baum umzustoßen, brüllte ich nur noch und stellte mir vor, wie ein Mitarbeiter der spanischen Botschaft Thailands meiner Mama erklärt, dass ihr Sohn tot sei, unter einem Elefanten begraben. Das Ganze dauerte etwa eine Stunde. Dann ließ entweder die Wirkung des THC nach. Oder Petra war satt. Ich war sehr dankbar dafür, und es war der Moment, in dem ich mir schwor, dass die Beziehung zwischen Tieren und mir grundsätzlich gastronomischer Natur sein würde.

Luang Prabang, Laos

Der Laote, behaupten die Thailänder, ist antriebsarm, amüsementfixiert und phlegmatisch. Faul wie die Sünde. Ein pennender Vietnamese gewissermaßen, der Andalusier unter den Südostasiaten, ein Döser, ein Mensch von opiatischer Trägheit. Die Thailänder, mit denen ich gesprochen habe, mögen Laoten nicht. Eigentlich ignorieren sie sie.

Laos findet nicht statt.

Das reiche Nachbarland will nichts mit dem armen Nachbarland zu tun haben. BRD, DDR, 1982. Ungefähr so.

Ich hingegen finde die Laoten großartig.

Sie leben in einem der schönsten Länder, die ich jemals gesehen habe, sanftes Grün, hügelige Landschaft, durchdrungen vom Mekong, der sich jeden Morgen die Mühe macht, Postkartentau zu liefern. Laotischer Kaffee, zum

Beispiel, ist das Gegenteil von Brandenburger Cappuccino, stark und schwarz und gut, und schon alleine die Reise wert. Laotische Skorpione und Schlangen werden nicht einfach umgebracht, sondern in Whiskeyflaschen ertränkt, was erstens den Geschmack erheblich verbessert und zweitens der beste Ort auf der Welt ist, um diese Tiere aufzubewahren.

Sogar die Art und Weise, wie sie ihre Frauen diskriminieren, ist niedlich.

Zwei Beispiele: Eine Frau darf in den überfüllten Bussen des Landes nicht auf das Dach steigen. Sie muss im Bus bleiben. Würde sie auf das Dach klettern, hieße das, sie würde über den Männern im Bus reisen, und das ist nicht erlaubt. Ich bin auf einem solchen Busdach gereist und kann an dieser Stelle allen Frauen in Deutschland versichern, dass es Schlimmeres gibt als Busdachreiseverbot. In meinem Leben habe ich noch nicht so viel Staub geschluckt.

Das andere Beispiel ist ebenfalls sehr nett. Die Vormachtstellung des Mannes wird in Laos nicht nur beim Reisen, sondern noch auf einem anderen Gebiet deutlich – dem Gebiet der Unterwäschereinigung. Auch hier gibt es Regeln.

Männerunterwäsche und Frauenunterwäsche können zwar in derselben Maschine gewaschen werden, anschließend aber muss die Unterhose des Mannes auf einer Wäscheleine immer über die Unterwäsche der Frau gehängt werden. Herren-Boxershorts oben, Damen-Slips unten, das ist der Deal. Daran werden auch die nun sicherlich von manchen LeserbriefschreiberInnen geforderten Lichterketten für die weibliche laotische Unterwäsche nichts ändern.

Manche Länder muss man nehmen, wie sie sind. Darum bleibe ich bei der für Thailänder und Alice Schwarzer provozierenden These, dass dieses Land, trotz ersoffener Skorpione, tiefergehängter Höschen und eines Visums von der

Größe eines «Bravo»-Starschnitts (je ärmer das Land, desto größer das Visum), dass also trotz all dieser sicher berechtigten Einwände: Laos ein absolut wunderbares Land ist.

Hanoi, Vietnam

Ich habe immer noch keinen Schimmer, wo das Paradies ist, wie es aussieht, was man da macht. Ich kann heute nur sagen, wo die Hölle ist. Die Hölle hat kaum Beinfreiheit und rollt. Die Hölle ist ein vietnamesischer Langstreckenbus – und was ihn zur Hölle macht, ist: die Karaokemaschine.

Ich weiß nicht, ob es daran liegt, dass vietnamesische Musik nur fünf Töne hat, oder daran, dass sozialistische Erziehung bessere Menschen nur im Tausch gegen schlechtere Sänger hervorbringt. Vielleicht. Ich, zum Beispiel, singe nicht. Ich weiß, dass ich wie eine ungeölte Stellweiche klinge, darum schweige ich. Vielleicht bin ich zu empfindlich, und Vietnamesen müssen singen, weil es ihre Kultur ist, eine Sitte: Schiefes Singen im Bus wird dir den Pfad des weißen Kranichs von Maichau weisen.

In meinem ganzen Leben war ich einem Massaker noch nie so nahe wie in dem Moment, als vier Vietnamesen im Bus mit zu viel Reiswein im Blut «Oh yeah, I'm a little Lunaway» gesungen haben. Es war einfach ein schlechter Start, dachte ich an der Grenze. Du magst sozialistische Länder. Ihre Antragsformulare in Atlantendicke, ihre Werbetafeln mit lachenden Menschen vor Atomkraftwerken, mir gefällt das.

«Was wollen Sie in Vietnam?» Die Stimme des Grenzbeamten klang streng.

«Urlaub», sagte ich.

«Warum Vietnam?»

Frag was anderes, dachte ich.

Die Wahrheit war, dass ich mal gelesen hatte, dass einer der besten Kaffees der Welt aus Vietnam kommt. Die Bohnen werden Wieseln zu essen gegeben. Die fressen die Bohnen, verdauen sie und scheiden sie wieder aus. Menschen, die ich um diesen Beruf nicht beneide, pulen die Kaffeebohnen aus dem Wieselkot und machen daraus Kaffee: den Chon. Ich hörte mich dem Grenzer sagen, ich bin in Ihr Land gekommen, weil ich ausgeschissenen Kaffee trinken und darüber für meine Zeitung schreiben möchte.

«Warum sind Sie nach Vietnam gekommen?», wiederholte er.

«Only little swimming, trekking, looking.»

Er schaute sich meine Visa an. «Sie machen viel Urlaub», sagte er.

Das sagt mir ein sozialistischer Staatsbediensteter, dachte ich, hielt aber den Mund. Mund halten kann ich, das ist überhaupt mein Rat an alle Touristen: Halten Sie den Mund!

Er schaute mich lange an. Ich habe mir einen Weltreisebart zugelegt. Das gehört sich so. Harald Schmidt hat das auch gemacht.

Im Kapitalismus ist Zeit Geld, dachte ich, hier ist sie Macht. Ich will ins Hotel, er hat Zeit. Er entscheidet, wann ich duschen kann. Es sollte eine Stunde dauern. Ich musste ihm alle meine Tickets zeigen, ihm sagen, wie ich zu Drogen stehe, ihm versprechen, dass ich mir das Ho-Chi-Minh-Mausoleum anschauen würde. Dann ließ er mich gehen, widerwillig, aber ich hatte ein Visum.

Haiphong, Vietnam

Wie hoch ist der weltweite Idiotenanteil? Ich reise nun seit drei Monaten. Meine vorläufige Schätzung – knappe drei Prozent. Drei Prozent der menschlichen Spezies sind Idioten. Transnational. Manche fahren Bus, andere verpflanzen Organe, andere sind für das Programm von ARD und ZDF verantwortlich. Alle sind sie verschieden, aber es gibt sie überall. Drei Prozent, ist aber nur meine persönliche Meinung.

Vor ein paar Tagen habe ich mich mit einem jungen Kanadier unterhalten.

Vietnam sei das furchtbarste Land, in dem er jemals gewesen sei, sagte Greg.

Dabei habe er sich vorbereitet. Er habe sich einen Reiseführer gekauft und die kanadische Flagge auf seinen Rucksack genäht. Mehr könne man nicht tun. Die meisten kanadischen Rucksacktouristen machen das mit der Fahne, sagte Greg. So halte sie niemand für Amerikaner.

Ich hatte das mit der Fahne nur bei zwei Österreicherinnen in Laos gesehen, die nicht für Deutsche gehalten werden wollten. Sie verbrachten Stunden damit, einem Pärchen aus San Francisco zu erklären, wo Österreich liegt.

Die Leute hier sind aggressiv, unfreundlich und grob, sagte Greg. In Hanoi, zum Beispiel, habe er sich in einem Café über die überhöhte Rechnung beschwert. Laut Karte sollte ein Kaffee 8000 Dong kosten, einen halben Dollar, nun sollte er aber 12 000 zahlen. Der Kellner erklärte ihm, dass man in diesem Lokal die Papierservietten bezahlen müsse. Er habe ihn beobachtet und vier benutzte Servietten gezählt. Eine koste 1000 Dong, mache 4000 für die Servietten, plus 8000 für den Kaffee, ergebe 12 000 Dong. Zwei Dollar seien auch in Ordnung.

Später erzählte Greg von Mineralwasserflaschen, die sich rötlich färbten, weil sie Farbreste enthielten, vom gescheiterten Versuch, irgendwo im Land Batterien zu kaufen, die nicht halb leer waren, von Taxifahrten, die grundsätzlich zu Stadtrundfahrten mutierten, von Hotelzimmern, die über Nacht teurer wurden, weil plötzlich Hochsaison sei, von Verkäufern, die ihn beleidigt hätten, weil er nichts kaufen wollte.

Er habe bisher nicht einen einzigen freundlichen Vietnamesen kennengelernt.

Während Greg mir das erzählte, saßen wir im kleinen Empfangsbereich unseres Hotels. Wir aßen Reis mit Schweinefleisch. Es schmeckte nicht besonders.

Siehst du, sagte Greg, siehst du, was du hier zu essen bekommst? Vergiften wollen die einen hier.

Die Frau des Hotelbesitzers hatte uns das Essen gemacht. Wir hatten es nicht bestellt. Sie hatte beschlossen, uns einzuladen. Einfach so.

So wie es Tausenden Deutschen, Kanadiern, Spaniern jeden Tag passiert, dass einem die Frau des Hotelbesitzers das Abendessen spendiert.

Grässlich, diese Vietnamesen.

Hongkong, China

Der 25. Dezember 2005 war ein warmer Tag. In Spanien hat meine Oma vermutlich meine Brüder gezwungen, alles zu essen, was sie gekocht hatte. Dass ich nicht gekommen war, hat sie mit Sicherheit nicht dazu veranlasst, weniger zu kochen. In diesem Punkt ist sie skrupellos. Schau mich an, wie lange habe ich noch zu leben? Drei Jahre? Ich weiß es nicht, ich weiß nur eines, zwei Tage habe ich gekocht, und wenn ihr mich liebt, dann esst ihr das auf. Abnehmen könnt ihr, wenn ich tot bin. Dann hat sie eine Schüssel mit Meeresfrüchten auf den Tisch gestellt, später noch eine, noch später noch eine.

Ich war aber nicht in Südspanien, ich war in Hongkong, auf der Aussichtsplattform, die «The Peak» heißt, der Gipfel. Es war der erste ruhige Moment seit meiner Ankunft. Ruhig bedeutet in Hongkong, dass man keinen direkten Körperkontakt zu jemand anderem hat, der im selben U-Bahn-Waggon, in derselben Straße oder im selben Kaufhaus steht. New York mag die Stadt sein, die niemals schläft, Hongkong aber ist auf Koks.

Neben mir stand an Weihnachten ein Dutzend Hongkong-Chinesen und telefonierte. Daran hatte ich mich bereits gewöhnt. Telefonierender Hongkong-Chinese ist eine Tautologie, so wie betrunkener Waliser, höflicher Japaner, brüllender Berliner oder unzufriedener Ostdeutscher.

Es war ein schöner Moment. Über mir chinesischer Himmel, vor mir Hunderte Wolkenkratzer, die Sonne war vor einiger Zeit melodramatisch über einigen Hügeln untergegangen und hatte sich dabei einen kleinen Wettkampf mit dem Bankenviertel geleistet. Auf der einen Seite der Feuerhimmel, auf der anderen die neonbeleuchtete Show der Phallusarchitektur. Unentschieden, würde ich sagen.

Ich kann nicht sagen, wie ich Hongkong finde. Diese Stadt ist irre, komplett irre, was nicht schlecht sein muss. In den U-Bahnhöfen hängen Schilder, die das Warten untersagen, weil Warten den Betrieb aufhält, in den Buchhandlungen kommen auf jeden Roman mindestens zwanzig Management-Ratgeber, die Bäckereien heißen Backenheime und verkaufen original deutsche Backwaren, wie zum Beispiel «the famous German Tuna Fish Bread». Das berühmte deutsche Thunfischbrot schmeckt wie Fugenkitt, aber die Leute kaufen es.

In Hongkong gilt Einkaufen überhaupt als Entspannung, und die Menschen hier kaufen, als wäre morgen der Kapitalismus zu Ende.

Ich stand auf der Plattform, und zwei Dinge wurden mir klar. Ich weiß jetzt, was die üblen Großbanken mit dem ganzen Geld machen, das sie verdienen, weil sie für eine Gehaltsüberweisung vier Tage brauchen. In Hongkong kann man es sehen. Hier ist das Geld. Die üblen Großbanken bauen Türme mit dem Geld. Einen nach dem anderen. Die Türme strahlen sie mit bunten Lampen an. Die zweite Sache: Hongkong-Chinesen sind wie meine Großmutter kurz vor Weihnachten: Genug ist niemals genug.

Osaka, Japan

Als kleiner Junge wollte ich nie Pilot werden oder Feuerwehrmann, auch kein Wissenschaftler. Ich wollte entweder Profifußballer oder Japaner werden. Am liebsten beides. Allerdings ging das nicht, wie ein Schulfreund mir erklärte. Man müsse sich entscheiden zwischen beiden Dingen.

«Du hast doch ‹Shogun› gesehen?», fragte er. Natürlich hatte ich «Shogun» gesehen. Alle hatten das. Darum wollte ich ja Japaner werden. «Shogun» war die beste Serie der Welt. Es war die Geschichte von John Blackthorne, einem englischen Navigator, der um 1600 nach einem Schiffbruch an der japanischen Küste strandet und zum ersten nicht japanischen Samurai wird.

«Was denkst du wohl, was passiert, wenn ein japanischer Stürmer eine hundertprozentige Torchance verbockt?», fragte mein Schulfreund.

Er hatte recht. Jeder zweite Japaner in dieser Serie begeht Harakiri. Warum die das taten, war selten klar. Aber es war beeindruckend. Ich fragte mich aber, wenn die sich ein Schwert in den Bauch jagen, nur weil sie etwas Tee verschüttet haben, dann will ich nicht wissen, was die machen, wenn sie in einem Europapokalendspiel einen Elfmeter verschießen. Ich entschied mich dafür, nur Japaner werden zu wollen, ohne Fußballer.

Japan war mein Traumland. Es musste großartig dort sein.

Ich war davon überzeugt, dass sich die Männer in Japan alle einen zehn Zentimeter breiten Mittelscheitel auf den Kopf rasierten, dass sie mindestens fünf Schwerter am Kimono hängen hatten und jeden tranchierten, der ihnen blöd kam. Noch etwas gefiel mir. In «Shogun» taten die Frauen vor allem zwei Dinge – sie gingen den Männern auf die Nerven, oder sie weinten. Beides kannte ich auch aus meiner Schule. Daher fand ich es sehr richtig, dass die Frauen zur Strafe ihr Gesicht mit Wandfarbe tünchen mussten. Japans Frauenbild im 17. Jahrhundert entsprach exakt dem meinen von 1982.

Ich bin zurzeit in Osaka, in Japan, dem Traumland meiner Kindheit, und wie die meisten Wahrheiten, die man als Zehnjähriger erkannt hat, so hat auch diese Bestand.

Japan ist großartig.

Die Gründe sind andere, aber die Erkenntnis bleibt. In welchem Land rennt einem der Kellner hinterher, um den Geldschein zurückzugeben, den man als Trinkgeld dagelassen hatte, und zwar weil er der freundlichste Kellner war, den man je getroffen hat? In welchem Land überlegt man, auf der Hoteltoilette zu schreiben – einer Hoteltoilette mit beheizbarer Kloschüssel und einer Fernbedienung, mit der man die Temperatur, die Intensität und die Sprührichtung des Wasserstrahls steuern kann, der aus dem Toilettenrand kommt und der einem auf die angenehmste aller Arten den Popo reinigt? In welchem Land gehen die Leute in eine Karaokebar und singen sich die Seele aus dem Leib, um die Sorgen zu vergessen?

In Japan, im wunderbarsten Land der Welt.

Jeder Zehnjährige weiß das.

Nara, Japan

Ich wusste nicht, was ein Manga-Café ist. Heute habe ich etwa fünf Minuten in einem verbracht und bin völlig durch den Wind.

Von Mangas hatte ich gehört. Mangas sind japanische Comics, über die das Feuilleton schreibt. Zum Beispiel, dass sie nicht schlecht sind. Ich glaube das gern und würde sie ja auch lesen, wenn ich nicht sogar die Gelben Seiten Bochums und Doppelinterviews mit Bono von U2 interessanter fände. Japaner mögen mir aufs Sushi spucken, aber ich finde Mangas bescheuert. Die Figuren in diesen Heften sehen aus wie in der Zeichentrickserie «Heidi», nur hieße das: Heidi mit Laserknarre, der Geißenpeter mit Raumschiff, keine Alpen, sondern eine Mischung aus Potsdamer Platz, Frankfurter Kaiserstraße und Geisterbahn. Ich glaube, dass man mit fünf Jahren Comics toll und Mädchen blöd findet und dass es aber ab einem bestimmten Alter andersrum sein sollte.

In Japan bin ich der Einzige, der das denkt. In Tokio lesen Menschen in der U-Bahn keine Zeitung, sondern Mangas. Jungs schauen sich in Bahnhofsbuchhandlungen nicht Heftchen mit nackten Frauen an, sie drängen sich um Mangahefte. Ältere Herren, gescheitelt, holen im Park aus ihrer Aktentasche nicht den Wirtschaftsteil heraus, sondern Heftchen, die «Mermaid Melody» oder «Pichi, Pichi, Pitch!» heißen.

Nachdem ich den letzten Tagen immer wieder an Manga-Café-Schildern vorbeigelaufen war, wurde ich neugierig. Ich ging hinein. Es fängt mit dem Namen an. Es gibt keinen Kaffee im Manga-Café. Es gibt Automaten, in denen man sich ein Kaltgetränk ziehen kann. Es kostet Eintritt, etwa zehn Euro. Das Ganze sieht aus wie ein abgedunkeltes Großraumbüro. Man kann kaum etwas sehen. Es ist seltsam ruhig. Irgendwie hat man das Gefühl, dass einem gleich Laurenz Meyer entgegenkommt. Jeder Gast bekommt ein Kabuff zugewiesen. In dem Kabuff ist ein Schreibtisch, auf dem Schreibtisch stehen eine Spielkonsole, ein Fernseher, ein Computer mit Internetzugang und ein DVD-Spieler. Vor dem Schreibtisch ist ein großer schwarzer Massage-Ledersessel. Neben dem Sessel – eine Packung Papiertaschentücher.

Kaum hatte ich mich in den Sessel gesetzt, fragte ich mich, warum es ein Kabuff sein musste. Zum Comiclesen hätten es auch Tische mit Stühlen getan oder nur die Sessel. Besonders irritierten mich natürlich die Papiertaschentücher.

Dann machte ich den Computer an. Die erste Seite, die erschien, war eine Manga-Hardcore-Pornoseite. Heidi, Clara, der Großvater und ein entsicherter Geißenpeter beim Zeichentrick-Analsex. Die Hefte in dem kleinen Regal in der Seitentasche des Ledersessels sahen ähnlich aus. Ich war umgeben von den Zeichentrickfiguren meiner Kindheit – nur dass Clara eine böse Nutte war, Heidi eine geile Schlampe und der

Geißenpeter eine rollige Lederschwuchtel. Ich schaute auf den Bildschirm, dann auf die Taschentücher, dann wieder auf den Bildschirm.

Japan war mal mein Traum. Ich bin jetzt ziemlich fertig.

Seoul, Südkorea

Wenn man einem Japaner erzählt, dass man Südkorea besuchen wird, lautet seine Antwort: Was willst du da? Japaner halten von Korea nicht viel, das ist für sie lediglich ein etwas weniger barbarisches China. Korea ist Zwischen-China, Airbag-China, China halbfett.

Ich bin seit drei Tagen in Südkorea. Zu wenig für eine fundierte Meinung, aber fundierte Meinungen sind so basisdemokratisch-protestantisch, calvinistisch-unlocker, so unsexy. Hier meine schmutzige, andalusische, römisch-katholische Meinung zu Südkorea, so fundiert, wie es meine Meinung zu Hausbooten, zum laotischen Literaturkanon und zum TÜV Rheinland wäre: Die Südkoreaner sind schräge Vögel! Man muss sich nur anschauen, was sie am 14. Tag des Monats tun.

Am 14. Januar ist Tagebuch-Tag. Pärchen kaufen sich gegenseitig Tagebücher und tragen ihre jeweiligen Jahrestage ein. Warum nicht?, wird man sagen. Der 14. Februar ist Valentinstag. Die Frau kauft dem Mann Schokolade. In Korea ist das so verbreitet, dass das Militär Sondertransporte einsetzt, damit die Soldaten rechtzeitig die Schokolade ihrer Freundinnen geliefert bekommen. Valentinstage gibt es in Deutschland auch, das ist also noch kein Grund, die Südkoreaner schräge Vögel zu nennen. Das mit dem 14. März auch noch nicht. An diesem Tag müssen sich die südkoreanischen Männer für den Valentinstag revanchieren und den Frauen Süßigkeiten kaufen. Nachvollziehbar. Wir alle wissen, dass Frauen nie einfach so etwas verschenken. Sie erwarten natürlich ein überteuertes Gegengeschenk.

Nun könnte man es dabei bewenden lassen und die restlichen 14. des Jahres entspannt verbringen. Nicht in Südkorea, schließlich kommt irgendwann der 14. April: der schwarze Tag. Koreanischer Single-Gedenktag. Singles essen an diesem Tag nur schwarzes Essen. Nudeln in dunkler Soße. In der Kantine sitzen die Singles zusammen, sodass sie leichter erkennbar sind. Am 14. Mai gibt es den gelben Tag. Wer keinen Partner hat, muss sich gelb anziehen, und falls er sich verliebt, muss er das mit gelben Rosen mitteilen. Am besten gefällt mir der 14. August, der grüne Tag. An diesem Tag müssen sich Paare grün anziehen, im Wald spazieren gehen und Likör aus grünen Flaschen trinken.

Von den monatlichen Feiertagen abgesehen, wird erwartet, dass man den hundertsten, zweihundertsten, dreihundertsten und tausendsten Tag seiner Beziehung feiert, neben den üblichen Jahrestagen natürlich, die zusätzlich ebenso gefeiert werden müssen.

In der englischen Ausgabe der «Joong Ang Daily» habe ich nun gelesen, dass sich immer mehr Paare trennen, weil sie sich die teuren Geschenke nicht leisten können. Viele schaffen es nur bis zum 14. März. Dann hat die Frau ihr Geschenk, ist von diesem Geschenk maßlos enttäuscht und macht Schluss.

Das wiederum finde ich sehr normal. Darum nehme ich das mit den schrägen Vögeln zurück.

Ich meine nur die Männer.

Dorasan Station, Südkorea

Ich sitze im Bus zur nordkoreanischen Grenze. Der Reiseführer erzählt gerade die Geschichte mit den tausend Kühen. Ich höre sie jetzt zum fünften Mal. Offenbar lieben Südkoreaner diese Geschichte. Es ist ein Tellerwäscher-Märchen, eine Du-kannst-es-schaffen-wenn-du-an-dich-glaubst-Geschichte. Ein Mann, ein Traum, eine Kuh.

Mich ärgern diese Aufstiegssagen. Ich habe während meines Studiums in mindestens zehn verschiedenen Restaurants gearbeitet, unter anderem habe ich Pastateller gespült, und ich kann sagen, dass ich dabei immer an mich geglaubt habe. Jahre als Tellerwäscher habe ich damit zugebracht, mir zu sagen, was für ein geiler Typ ich bin. Der Burt Lancaster von Hanau.

Ich habe in der Zeit zwei Dinge erkannt – dass ich gegen Spülmittel mit Essigzusatz allergisch bin und dass ich Reichtum nie näherkommen werde als Hella von Sinnen dem Schweigen. Ich weiß, dass jetzt viele widersprechen werden: mein alter BWL-Professor, Lance Armstrong, die FDP. Sie werden alle sagen: Glaub an dich, du kannst alles werden, was du willst. Schau dir die Kanzlerin an. Merkel hat immer an sich geglaubt. Jetzt ist sie ganz oben. Ich weiß nicht, ob ich etwas dazu sagen kann. Schließlich bin ich seit einigen Monaten unterwegs und habe keinen Tag der Ära Merkel in Deutschland erlebt. Wenn ich das aber aus der Entfernung richtig einschätze, scheint sie das nicht schlecht zu machen, was daran liegen könnte, dass es Merkel selbst noch nicht glauben kann, dass sie jetzt regiert. Wenn die Leute anfangen zu denken, dass sie zu Recht da oben sind, dass sie es nicht anders verdient haben als so – spätestens dann werden sie zu Idioten.

Also, hier die Geschichte, die jeder hören wird, wenn er koreanischen Boden betritt.

Ende des Zweiten Weltkriegs. Chung Ju Yung ist ein junger Mann in einem nordkoreanischen Dorf. Amerikaner und Russen haben Korea als Spielzeug entdeckt. Dann passiert, was immer passiert, wenn zwei Kinder um ein Spielzeug streiten: Es geht kaputt. Nun gibt es nicht mehr ein großes Korea, sondern zwei kleine. Norden und Süden. Chung Ju Yung erkennt, dass er eher der südländische Typ ist, und macht rüber. Da er nicht verarmt im Süden ankommen will, klaut er eine Kuh. Die Kuh macht auch rüber. Was aus dem Tier geworden ist, kann ich nicht sagen, aber Chung Ju Yung wurde der Gründer von Hyundai – einem Konzern, dem heute halb Asien gehört. Sechzig Jahre nach dem Diebstahl der Kuh hatte Chung Ju Yung mehr Geld als, sagen wir: Schweden. Und ein schlechtes Gewissen. Er wollte alles wiedergutmachen und schenkte seinem nordkoreanischen Dorf tausend Kühe.

Was lernen wir? Zwei Dinge. Zum einen, dass man einen Koreaner nie unbeaufsichtigt bei einer Kuh lassen sollte. Und außerdem, dass man ziemlich kriminell sein muss, wenn man vorhat, ein Wirtschaftsimperium zu gründen.

Das Erste war mir neu.

Das Zweite nicht.

Canberra, Australien

Wenn ich diese Stadt mit einem einzigen Begriff umschreiben müsste, nur mit einem einzigen, so würde ich sagen und bitte schon mal um Nachsicht: Hannover.

Canberra ist das Hannover Australiens. Beide Städte sind sehr grün, sehr sauber, irgendwie putzig, es wird viel Fahrrad gefahren, viel Cappuccino getrunken, viel Kinderwagen geschoben. Leider steht das Wort Spaß in beiden Städten in engem Zusammenhang mit dem Wort Verkehrsanbindung. Das Beste an Canberra ist der Bus nach Sydney, sagen die Australier. Sydney ist Tanga, Canberra Stützstrumpf – Sydney ist Bierdose, Canberra Schnabeltasse – Sydney Rausch, Canberra Schwips.

Ich bin nun seit drei Tagen hier und muss sagen, so schlecht ist es gar nicht. Das Parlamentsgebäude zum Beispiel. Ein wuchtiger, ja überdimensionierter Bau, den ein gewisser Romaldo Giurgola entworfen hat. Von außen sieht das Gebäude aus wie eine Raketenabschussrampe, protzig, phallisch, aber das muss man verstehen, der Architekt ist Italiener. Innen aber, innen ist es ganz niedlich.

Der größte Raum ist die Great Hall, ein riesiger Saal, in dem ein zwanzig Meter großer Wandteppich hängt, der zweitgrößte der Welt, oder anders formuliert: die größte je gewobene Geschmacklosigkeit. Den Saal kann man mieten, für Weihnachtsfeiern, Schulfeste oder Ähnliches. Wie entspannt muss ein Land sein, frage ich mich, damit es seinen Bürgern erlaubt, den größten Raum im Parlament für die Zeugnisübergabe einer Grundschule zu nutzen?

Sehr schön finde ich die Ausstellung mit Staatsgeschenken im ersten Stock. England hat ein paar Porzellanvasen geschickt, China eine Miniaturpagode aus Jade, Kanada ein betrunkenes Walross aus Stein: ein Geschenk hässlicher als das andere.

Entweder werden Staatsgeschenke in allen Ländern der Welt von genau den Leuten gemacht, die beim Musikantenstadl im Publikum sitzen, oder aber: Andere Länder heben sich die geilen Sachen für Saudi-Arabien, China, die USA und andere Staaten auf, denen man in den Hintern kriechen muss. Den Schrott vermachen sie dann den Australiern. Immerhin hat das Land den Vorteil, dass es ziemlich weit weg ist, ohnehin halb leer steht, somit viel Platz für Gerümpel hat, und weder mit der Kappung von Öllieferungen noch mit einem atomaren Erstschlag drohen kann, wenn das Geschenk hässlich ist.

Ich glaube, dass ich noch ein paar Tage hier in Canberra bleibe. Ich werde dem Bürgermeister eine Städtepartnerschaft mit Hannover vorschlagen und die Great Hall zum Sportschaugucken mieten. Ich werde mich jetzt ausruhen. In der einzigen Hauptstadt der Welt, in der die Läden so kurz geöffnet sind, dass man nicht mal sein Geld loswird. In Canberra, sagte mir gestern ein Australier, wünschst du dir einen Furunkel am Arsch, damit überhaupt mal etwas passiert.

Ich finde es prima hier.

Melbourne, Australien

Viele Bücher über Australien fangen damit an, dass kaum jemand etwas über Australien wisse und wie traurig das sei. Dabei ist es nicht traurig, sondern normal. Traurig ist, dass die Telefongespräche zwischen meiner Mutter und meiner Oma in Europa nach gesicherten Erkenntnissen derzeit so verlaufen: Und, was von Juan gehört? – Nein. – Eine Haiattacke? – Nein. – Gut, dann rufe ich nach der Tagesschau noch mal an.

Beide denken, dass mich hier ein Hai erwischt oder ich im Outback verdurste. Das ist traurig. So traurig wie die Sitte vieler australischer Männer, zu Shorts weiße Socken und darüber Stiefel anzuziehen. Auch, dass der Wirt der einzigen spanischen Bar, die ich hier gesehen habe, Italiener ist, stimmt mich traurig. Wenig über ein fernes Land zu wissen, das aber ist nicht traurig.

Zu Australien fallen mir Kängurus, Hautkrebs, Fosters und Nicole Kidman ein. Ein Beuteltier, eine Hautkrankheit, ein Bier und eine scharfe Braut. Das ist mehr, als ich über andere Länder sagen kann. Albanien, zum Beispiel. Sicher, ein albanisches Beuteltier, eine Biermarke und eine albanische Hautkrankheit wären kein Problem, aber obwohl es sicher welche gibt, fiele mir keine scharfe Albanerin ein.

Das bedeutet nicht, dass man nichts dazulernen kann. Darum hier eine kurze Liste von wichtigen Dingen über Australien. Wenn man dieses Land mit einem Produkt beschreiben möchte, dann nicht mit dem Bumerang – sondern mit dem Rasenmäher. Australien wäre nicht Australien ohne den Rasenmäher. In Australien gibt es sie bei Aldi (ja, es gibt auch hier Aldi, und auch hier räumt bei Aldi niemand die Regale auf). Und wenn Aldi Rasenmäher anbietet, bricht in diesem Land exakt die Panik aus, die bei uns in Deutschland ausbricht, wenn Aldi Computer hat. Es kommt tatsächlich zu Hamsterkäufen von Rasenmähern.

Noch etwas. Australien wurde nicht von Engländern entdeckt, auch wenn hier alle Cook für den größten Seefahrer aller Zeiten halten. (Raúl ist ja auch nicht der größte Stürmer aller Zeiten, nur weil spanische Zeitungen das schreiben.) Kurz vor Cook waren Holländer, Portugiesen und Franzosen da, und lange vor ihm: die Aborigines. Er war aber der Erste, der das Land beanspruchte und, was schon immer viel wichtiger war: der eine Weltmacht hinter sich hatte, die seine Meinung teilte.

Ein letztes Vorurteil, das korrigiert gehört: Australische Surfer seien irre sexy. Frauen behaupten das.

In Wahrheit geht es australischen Surfern wie James Cook, sie sind überbewertet. Heute habe ich drei surfende Fettklopse gesehen, die auf einem Brett von der Größe einer Wohnzimmertür am Strand tollten.

Ansonsten ist Australien ein tolles Land. Manchmal, wenn es darum geht, leckeres Brot zu kaufen, wünsche ich mir zwar, dass Deutschland früher mehr Kolonisierungs-Ehrgeiz gezeigt hätte, aber, wie gesagt: Es ist prima hier.

Adelaide, Australien

Ich habe beschlossen, dass ich jetzt Surfer bin. In Australien ist man der Arsch, wenn man kein Surfer ist. Alle australischen Großstädte liegen am Meer. Sydney, Melbourne, Brisbane, Cairns, Darwin, Perth. Wer nicht surft, kommt aus dem Busch. Australier sagen nicht Outback. Sie sagen Busch. Buschmenschen surfen nicht. Buschmenschen reparieren Geländewagen, graben in Kupferadern, züchten Schafe. Buschmenschen sind einsam. Nachts bleiben ihnen nur das Lagerfeuer, die Sterne und der Pub. Darum die Schafe, sagen die Surfer.

Surfer machen sich lustig über Buschmenschen. Irgendwann hat man sich darauf geeinigt, dass Surfer alle gut aussehen und ein bisschen unnahbar sind. Ein Surfer wird immer eine schöne Welle einer schönen Frau vorziehen, sagt man. Er gehorcht nur dem Wind, den Gezeiten, der Strömung. Ein Rebell der Gischt, ein Mustang des Meeres.

Natürlich ist es nicht ganz leicht, Surfer zu sein. Man muss stundenlang am Strand sitzen und aufs Meer schauen. Ein wenig in Gedanken. Als sei da was. Ein Punkt – ein Punkt, den man nur selbst sieht. Wenn eine Frau einen anspricht, muss man eine Weile irritiert tun, so als habe sie einen zurückgeholt von da draußen, aus der Weite, aus der Hoffnung. Eben aus dem Meer, wo alles mal anfing, wo wir herkommen, wo wir hingehen. Das Meer gibt mir Frieden, muss man sagen. Irgendwas ist da, irgendwas Großes, ich spüre es, kannst du es auch spüren? Natürlich nicht. Braucht sie aber auch nicht.

Nur um das zu vervollständigen. Schaut man verträumt aufs Meer hinaus, fixiert einen Punkt, tut gedankenverloren, und ein Mann spricht einen an, lautet die Antwort: Mach dich vom Acker, du Penner, du verschreckst mir die Bräute.

Nachdem ich nun einige Wochen in Australien herumgefahren bin, habe ich beschlossen, nicht mehr zu sagen, dass ich in Berlin lebe und für eine Zeitung schreibe, da kann ich gleich sagen, dass ich Schafhirte bin. Ich bin ab sofort Surfer.

Ich sitze am Strand, schaue aufs Meer und warte, dass Frauen mit mir schlafen wollen. Idiotisch könnte man sagen, natürlich. Aber ich habe weitaus dümmere Dinge gemacht, um eine Frau kennenzulernen.

Alice Springs, Australien

In der Bücherei ist es kühl. Zwischen der Biographie von Barbara Bush und einer Mozartabhandlung von Ivor Keys sitzt ein älterer Herr. Er blättert in einem Kinderbuch. Weiße Haare, die schon lange keinem Kamm mehr gehorchen, Brille, viel Hüfte. Er sieht ein bisschen wie Harry Rowohlt aus. Er hat aber schwarze Haut und eine Bierfahne. Ein Aborigine.

Er blättert in dem Buch so, wie ich es tue, wenn mich mein Arzt im Wartezimmer parkt, gelangweilt, genervt. Der Unterschied zwischen dem Warten dieses Mannes in der Stadtbücherei von Alice Springs und meinem in einer Berliner Arztpraxis ist, dass mein Warten ein Ende hat. Die Bücherei ist das einzige öffentliche Gebäude, das eine Klimaanlage hat und keinen Grund fordert, um es zu betreten. Solange man in einem Buch blättert, lungert man nicht herum. Herumlungern ist verboten. Blättern nicht. Die Bücherei ist hier voll von blätternden Aborigines.

Aborigine ist ein schönes, wenn auch falsches Wort. Aborigine stammt aus dem Lateinischen. Es bedeutet: von Beginn an. Genau das waren diese Menschen. Von Beginn der Zeit an hier. Vierzigtausend, fünfzigtausend, siebzigtausend Jahre. Experten streiten sich. Diese Menschen sind Teil der ältesten Kultur der Welt. Auch darin das genaue Gegenteil von Australien.

Falsch, sie Aborigines zu nennen, ist es, weil es Aborigines nicht gibt. Es gibt Utnerrengetye, Ntyarlke, Yeperenye, und das sind nur drei Volksgruppen in der Nähe von Alice Springs. In der Gegend von Sydney lebten mehr als eine Million Menschen, bevor England das Gebiet besetzte. Die Leute dort sprachen Hunderte verschiedene Sprachen, tauschten Waren und schlugen sich wegen Nichtigkeiten die Köpfe ein. Normale Menschen eben.

Heute begehen Aborigines mehr Raubüberfälle, mehr Morde, mehr Vergewaltigungen als andere Australier. Sie stellen die meisten Drogenabhängigen, meisten Inhaftierten, meisten Analphabeten. Australien hat Milliarden Dollars ausgegeben, nur um zu merken, dass sich Integration, die sie

hier ehrlicherweise gleich Assimilation nennen, nicht ver-
fügen lässt. Der neueste Trend heißt: geteilte Verantwortung.
Leistung nur für Gegenleistung. Der Gemeinde Mulan in
Westaustralien hat die Regierung eine Zapfsäule hingestellt
und eine Bedingung daran geknüpft: Die Gemeinde sollte
versprechen, dass die Kinder im Dorf täglich gewaschen
werden. Manche werden sagen, dass sich die Aborigines für
ein solches Abkommen schämen sollten. Ich würde sagen,
dass dies eines der reichsten Länder der Welt tun sollte.

Aborigines konnten da überleben, wo wir es nur mit Kli-
maanlagen, Hut mit Krempe, Eismaschinen und Wasser-
anschlüssen können. Mit der Hölle – und nichts anderes ist
die Mitte des Landes im Sommer – kamen sie klar, mit Australien aber nicht. Es heißt, sie seien hilflos und überfordert.
Mag sein. Ich bin es auch, wenn man mich fragt, was man
tun kann, um ihnen zu helfen. Und ich bin wütend, denn
offenbar bleibt diesen Menschen nur eines.

Warten.

Cairns, Australien

Dieses Land ist führend auf dem Gebiet der Zwitterläden,
der Halb-und-halb-Geschäfte. Ich hielt das bisher für eine
gute Idee. Warum nicht im Sonnenstudio die Scheidung
einreichen? Beim Metzger den Umzugslaster mieten? Im
Kiosk die Bestattung von Opi arrangieren? Ich bin hier mittlerweile in einem Spielcasino-Reisebüro, einer Autozube-
hör-Cafélounge und einer Tierhandlung-Pornoboutique
gewesen. Um das gleich zu klären, ich war da nur, weil ich
dringend Katzenstreu brauchte.

Es war der Waschsalon-Herrenfriseursalon, der meine Meinung änderte. Ich war in Mount Isa, einer kleinen Stadt mitten in Australien. Die meisten Orte mitten in Australien haben zwei Häuser, eine Tankstelle, einen Pub und einen Briefkasten. Nicht Mount Isa. Die Stadt hockt auf Bergen von Kupfer, Silber und Zink. Man lebt hier tausend Kilometer weit weg vom Rest Australiens. Warum können Bodenschätze nie in der Nähe von schönen Stränden liegen?, fragte ich mich beim Durchfahren und wünschte allen Bergleuten hier von Herzen, dass sie irgendwann Gold finden und ihre Rente dann auf Barbados verbringen. Ich weiß nicht, wie die Jungs in Mount Isa ihr Geld ausgeben, ich weiß nur, dass die beiden Kneipen, die es gibt, einen kostenlosen Shuttlebus anbieten. Jeder Gast wird in seiner Wohnung abgeholt und, was entscheidend ist, nach dem Kneipenbesuch heimgebracht.

Da ich nun schon seit fünf Monaten unterwegs bin und seit einiger Zeit meine Zimmer im Voraus zahlen muss, weil mich die Rezeptionisten für einen verlausten Paschtunen halten, beschloss ich jetzt, mir die Haare schneiden zu lassen. In Mount Isa. Die einzige Frau, die helfen konnte, war Rita. Besitzerin eines Waschsalon-Herrenfriseurstudios.

Rita ist Serbin, eine ältere, etwas dicke Frau mit einem Herzen von der Größe hiesiger Kupferminen. Rita ist toll, nur Haare schneiden kann sie nicht. Ich setzte mich auf den Friseurstuhl, um mich herum zwanzig Waschmaschinen. Rita lächelte. In meinem Leben habe ich noch nie jemanden so schwitzen sehen. Ich dachte immer, ich sei ein überdurchschnittlicher Schwitzer. Aber ich bin ein Nichts, ein Schwitz-Witz. Ich konnte es genau sehen. Während Rita über mir Haare schnitt, bildeten sich in ihren Achseln Schweißperlen, flossen die Oberarme herunter bis zum Ellbogen, stoppten einen kurzen Moment und fielen dann auf mein Haupt.

Vielleicht hast du das mit dem Waschsalon falsch verstanden, dachte ich.

Rita und ich redeten über Angelina Jolies Kinder und über Journalisten, die alle versoffene Schmierfinken seien. Eine warme Begegnung, die mit den Worten begann: Wie soll ich die Haare schneiden? Ach, nur die Spitzen – und auch exakt so endete: mit den Spitzen. Die habe ich noch. Ich verließ Rita. Und schwor, nur noch bei monothematisch Orientierten Geld auszugeben.

Town of 1770, Australien

Australien und Deutschland haben dasselbe Problem, und damit meine ich nicht, dass ihre Fußballnationalmannschaften nach der Vorrunde aus der WM ausscheiden werden. Auch nicht die Tatsache, dass sie vom jeweils anderen Land denken, es werde dort immerzu Kängurufleisch verspeist – ich weiß nicht, warum, aber Australier denken, dass Deutsche täglich Känguru essen. Wegen des hohen Eisenanteils, sagen sie, und dass Eisen für Deutsche besonders wichtig sei. In zwei Bereichen sind Deutsche, fragt man Australier, führend: im Pro-Kopf-Konsum von Kängurus und, warum auch immer, in der Herstellung von Autokupplungen.

Das alles meine ich aber nicht, wenn ich vom selben Problem spreche. Ich meine, dass beide Länder ein Liebesverhältnis zu dem Wort Zweifel haben. Geht es uns gut? Nein? Wie geht es uns denn dann? Und, vor allem: Wer sind wir?

Ich bin mir ziemlich sicher, dass der typische Australier

nicht morgens aufsteht und sich fragt, ob er heute auf den Film «Moulin Rouge», den jüngsten Grand-Slam-Sieger oder die Erfindung des Kraulschwimmens stolz sein soll, auch wenn man den Eindruck haben könnte, wenn man in den vergangenen Wochen australische Zeitungen gelesen hat. Wie bei uns kommen solche Themen immer dann auf, wenn sonst nichts passiert.

Der Kolumnist des «Sydney Morning Herald», David Dale, hat ein Buch zu dem Thema geschrieben. «Wer wir sind» – so heißt es, und ich habe den Eindruck, dass es sich ganz gut verkauft. Da David Dale ein ziemlich intelligenter Mensch zu sein scheint, hat er sich dem Thema auf eine neuerdings sehr angesagte Weise im Sachbuchsektor genähert: tabellarisch. Das macht man seit einiger Zeit so, wenn man Sachbücher verkaufen möchte.

Statt also in langen Passagen zu erklären, was seiner Meinung nach den typischen Australier ausmacht, hat er einfach da aufgehört, wo normalerweise die Arbeit anfängt, nämlich direkt nach der Recherche. Dale hat alle möglichen seriösen und absurden Untersuchungen, Umfragen, Listen und Erhebungen zusammengetragen. In seiner Einleitung schreibt Dale, dass australische Politiker keinen Schimmer haben, was ein typischer Australier ist. Er wolle helfen. Dann folgen die Listen. Die größte Krabbe der Welt wurde in Australien gefunden, die Call Girls hat man in Melbourne erfunden, Pferderennen ist populärer als Fußball, 29 Prozent sterben an Krebs, das Deo heißt Rexona und der Brotaufstrich Nutella. Man liest das alles, und am Ende hat man viele Zahlen, viele Anekdoten, viele Wirte und keine Ahnung, was das Ganze eigentlich soll.

Es ist eines der klügsten Bücher zum Thema nationale Identität, das ich jemals gelesen habe. Es ist völlig sinnlos.

Wenn ich wieder in Deutschland bin, mache ich auch so ein Buch.

Es wird heißen: Nicht schon wieder Känguru! – Deutschland, ein Missverständnis.

Oxford, Neuseeland

Ich habe gerade das Buch von Tim Moore gelesen, einem Engländer, der mit einem französischen Esel durch Nordspanien marschiert. Nach dem Lesen ist eines klar – Männer und Esel können gemeinsam Urlaub machen, Männer und Frauen hingegen nicht.

Der Esel möchte nicht marschieren und findet, dass ihn der Engländer in Ruhe lassen soll, was für die Intelligenz von Eseln spricht. Moore aber besteht darauf zu reisen. Er möchte nach Santiago de Compostela. Der Jakobsweg, wie im Mittelalter. Spaß macht das nicht, glaube ich, schon gar nicht im März, wenn der Norden Spaniens ein Sumpfgebiet ist vom vielen Regen, aber vermutlich hatte Moore den Buchvertrag schon unterschrieben, seinen Kumpels im Pub von der Reise erzählt und den Vorschuss versoffen. Er ist Reisejournalist, die machen das immer so. Eine Holländerin, die für ein Windkraftwerk arbeitet, was ich holländisch finde, begleitet ihn. Sie redet immerzu von Shirley MacLaine. Ein nettes Buch.

Moore beschreibt den Trend zum Urlaub auf bekloppten Transportmitteln. Ich glaube, dass dieser Trend männlich ist. Frauen neigen im Urlaub zur Faulheit, zur Apnoe, einem Zustand, den Taucher erleben, die sich ohne Sauerstoffflasche in die Tiefe begeben. Kaum Atmung, geringe Körpertemperatur, das Stammhirn ist der Chef. Frauen machen es richtig.

Männer neigen zur Aktivität. Sie überambitionieren im Urlaub. Sie entdecken ihre Jugend wieder, besser gesagt, sie suchen nach ihr und machen deshalb bescheuerte Reisen. In Indien kann man Abenteuer-Elefanten-Trekking machen. Zwei Wochen. Man sitzt täglich auf einem Elefanten, was eine Qual ist, wackelt durch eine Hochebene und lässt sich abends den Hexenschuss behandeln. In Australien kann man das Gleiche mit Kamelen machen. Vor meiner Abfahrt habe ich von einem deutschen Ehepaar erfahren, das im Planwagen durch die USA gereist ist. Die Abende verbrachte der verzweifelte Mann damit, einem Farmer Hafer für die Pferde abzuschwatzen. Die Frau machte in der Zwischenzeit das Essen und dachte an Scheidung.

Männer und Frauen sollten nicht gemeinsam in den Urlaub fahren. Das ist mein Ratschlag. Frauen sollten alleine fahren, auf irgendeine Insel. Sie nehmen ihren Bademantel, vielleicht noch ihre beste Freundin mit. Den Verstand können sie daheim lassen, den braucht es nicht, um sich die eine Hälfte des Tages massieren zu lassen und die andere am Strand zu liegen. Männer sollten Urlaub immer auf Tieren machen. Dromedaren, Elchen, Ponys. Damit können sie durch Burma, Surinam oder Österreich reiten und sich jung und verwegen fühlen. Mann und Tier. Verstand ist auch hier nicht nötig. Es reicht, wenn einer von beiden welchen dabeihat. Zwei Wochen später kommen sie zurück, ziehen den Bauch ein und behaupten, sie seien erholt.

Niemand kann mehr verlangen.

Fairlie, Neuseeland

Drei Dinge sind gerade in Neuseeland sehr wichtig. Zum einen die Sache mit der Schafmafia. Ein Merinofeinwollschaf, mager, kaum Scherwunden, sonniges Gemüt, bringt auf der Nordinsel etwa zwanzig Prozent mehr als auf der Südinsel. Die Schafproduzenten im Süden finden das unfair und haben sich bei der Regierung beschwert. Da aber Bauernproteste in Neuseeland genauso wenig bewirken wie Bauernproteste im Rest der Welt – ausgenommen Bayern –, haben sich südliche Schafeigner überlegt, ihre Ware in den Norden zu schaffen, wo sie mehr Geld bringt. Die Schafbauern im Norden sind empört. Schafdumping, brüllen sie, Scheiß-Gastarbeiterschafe, ein Fragenkatalog muss her!

In einem Leserbrief sprach jemand von unverantwortlichem Schafschmuggel, den man unterbinden müsse. Der Mann klang besorgt. Beim Lesen fragte ich mich, wie man das macht, wie also unterbindet man unverantwortlichen Schafschmuggel? Mir fiel nicht wirklich etwas ein, außer vielleicht, das kleine Formular zu verändern, das alle Flugreisenden vor der Ankunft in Neuseeland ausfüllen müssen: Hat Ihnen jemand vor der Abreise ein Paket gegeben, in das ein Schaf passen könnte, oder bestand zu irgendeinem Zeitpunkt die Möglichkeit, dass jemand ohne Ihr Wissen ein Schaf in Ihren Koffer getan hat? Solche Dinge.

Das zweite Hauptnachrichtenthema ist schaffrei. Es geht um Schwule, und zwar um schwule Samenspender. In Wellington hat man kürzlich einem Mann die Samenspende verboten, weil er homosexuell ist. Ein Universitätsdozent hat diese Aktion begrüßt, weil er behauptet, dass Homosexualität genetisch bedingt sei. In der konservativen Presse jubeln sie dem Mann zu. Ein Paar, das sich für eine künstliche Befruchtung entscheide, sollte wissen, ob der Samenspender homosexuell sei. Ein Ehepaar, das ein Kind bekomme, wolle ja schließlich auch irgendwann Enkel, und das sei nicht drin, wenn der Kleine wegen seiner Gene auf Tutu macht. So das sogenannte Argument.

Mir fallen zu dem Thema zwei Dinge ein. Dem Universitätsdozenten würde ich sagen, dass er sich entspannen sollte. Manche Männer haben Sex mit Frauen, andere haben Sex mit Männern, andere Sex mit Frauen und Männern, und wieder andere haben gar keinen Sex, die werden dann Universitätsdozenten und starten idiotische Debatten. Der Presse würde ich eine andere Debatte empfehlen, eine Diskussion über die Mindestqualifikation von Universitätsdozenten an neuseeländischen Universitäten.

Das dritte Thema, das die vergangenen Tage dominiert hat, hat mir wieder gezeigt, warum ich Neuseeländer mag. Es geht um Australien. Die Anmoderation eines Sportreporters erklärt das ganz gut. «Guten Abend, heute war wieder ein wunderbarer Tag für den neuseeländischen Sport bei den Commonwealth-Games. Ein herrlicher Tag. Zum ersten Mal seit mehr als vierzig Jahren hat die australische 100-Meter-Schwimmstaffel kein Gold geholt. Und ich frage Sie, ist das nicht wunderbar?»

Lake Wanaka, Neuseeland

Kevin brachte mir einen grünen Tee. Er setzte sich neben mich auf die Bank vor der Jugendherberge, wir schauten auf den Lake Wanaka. Ein großer See, tiefblau, mit unverbauten Ufern. Segelboote zerrten an Bojen, an denen sie vertäut

waren. Auf manchen Booten standen Männer mit Kapitäns-
mützen und weißen Hosen. Sie schauten immer wieder den
Mast hoch, dann Richtung Sonne, schließlich brüllten sie
ihre Frauen an, die dann irgendwas verzurrten. Es ist ein See,
dachte ich, es weht kein bisschen Wind, und die machen auf
Kap Hoorn. See-Segler sind nautische Laubenpieper, dachte
ich.

«Schön hier», sagte Kevin. Er hatte recht, Lake Wanaka
ist ein schöner Ort. Roland Emmerich wird hier in ein paar
Wochen einen Film mit Omar Sharif drehen. Der Film wird
«10 000 BC» – 10 000 vor Christus – heißen. Er spielt also vor
12 006 Jahren. Die gute Nachricht: Es geht um ein Mammut.
Wahrscheinlich kann man die meisten Tricks von «King
Kong» wiederverwenden und die eine oder andere Keule
von «Herr der Ringe». Die schlechte Nachricht: Omar Sharif
wird im Lendenschurz zu sehen sein.

Kevin tippte eine SMS in sein Handy. Er ist Mitte zwanzig
und aus New York. Seine Freundin ist aus Pinneberg. Kampf
der Welten! Kevin ist Geograph, und weil er mir zwar lange
versucht hat zu erklären, was das bedeutet, und ich es aber
nicht verstanden habe, hat er es mir dann so erklärt: Geo-
graphen sind Blender, sie haben von nichts wirklich Ahnung,
können aber anderen Wissenschaftlern Fragen stellen, die
sie in Verlegenheit bringen. Ich sagte, dass ich sie nicht Blender nennen würde, sondern Journalisten. Kevin ist geflohen,
weil es die Eltern seiner Pinneberger Freundin für eine gute
Idee hielten, nach Neuseeland zu kommen, sich einen Wohnwagen zu mieten und drei Wochen vor dem Studentenwohn-
heim ihrer Tochter zu campen.

«Meinst du, ich hätte bleiben sollen?», fragte er.

«Weiß nicht.»

«Wie sind deutsche Schwiegereltern?»

«Keine Ahnung», sagte ich, «ich habe keine.»

«Aber du lebst in Deutschland.»

«Und?»

«Da hört man doch was, oder?»

«Wie sind denn amerikanische?»

«Wenn du in Yale studiert hast, dein Vater golft und du versprichst, die Pfoten bis nach der Hochzeit still zu halten, dann gibt es keine besseren.»

«Ich weiß so wenig über Deutsche, Kevin! Ich kenne mich nicht mit Schwiegereltern aus. Aber ich kann dir sagen, dass Deutsche in Ordnung sind. Nette Leute. Sie mögen spanische Strände, können kein Fleisch ohne Soße essen, und manchmal machen sie sogar Witze und andere Deutsche lachen darüber. Und den Hitlergruß macht eigentlich auch keiner mehr.» Ich erwähnte das, weil ich mittlerweile von einem Kellner, zwei Pensionsbesitzern und einem Typen im Pub so begrüßt wurde, nachdem sie erfahren hatten, dass ich ein in Deutschland lebender Spanier bin.

«Du meinst, sie sind in Ordnung, Juan?»

«Sicher, Kevin, weißt du, Schwiegereltern sind wie Regierungen: Jeder bekommt die, die er verdient.»

Kevin schaute noch sehr lange auf den Lake Wanaka.

Havelock, Neuseeland

Ich habe diese Reise lange geplant. Ich habe atmungsaktive Unterhosen gekauft, einen Kompass und eine Trillerpfeife, die ich manchmal nachts anschaue, und mich frage, warum ich sie um den Globus schleppe. Auf meiner Jacke steht Mammut, sie ist bunt. Es ist die teuerste Jacke, die ich bisher gekauft habe. Man könnte vermutlich im Notfall Eier auf ihr braten. Dazu trage ich einen Bart, benutze nur Kernseife, trinke Tee. Ich verleugne mich während dieser Reise. Nur um vorbereitet zu sein, um ein Weltreisender zu sein, der für alle Fälle gerüstet ist. Dann sprach ich mit Mister Knackstedt.

«Guten Tag, ich würde gerne meinen Flug von Auckland nach Fidschi rückbestätigen.»

Knackstedt zeigte auf einen Stuhl. Ich setzte mich. An den Wänden hingen Poster mit Flugrouten.

«In Ihrem Ticket sehe ich, dass Sie nach Costa Rica möchten.»

«Ja», sagte ich.

«Sind Sie sicher?»

«Ich habe das Ticket bezahlt, wäre blöd, wenn ich nicht sicher wäre.»

«Waren Sie schon mal in Kolumbien?», fragte Knackstedt.

«Kolumbien», sagte ich, «nein.»

«Was halten Sie von Kolumbien?»

«Ich habe keine Meinung zu Kolumbien.»

«Na, jeder hat doch eine Meinung zu Kolumbien.»

Ich fragte mich, was mir zu Kolumbien einfiel. Ich weiß, dass in Medellín jeden Freitag eine Radiosendung läuft, in der Entführungsopfer von ihrem Versteck aus mit ihren Angehörigen sprechen können.

«Kolumbien ist nicht schlecht», sagte Knackstedt.

«Sicher, aber ich möchte nach Costa Rica.»

«Das geht nicht», sagte Knackstedt.

«Ich habe ein Ticket, auf dem steht, dass das geht», sagte ich.

«Die Fluggesellschaft, bei der Sie das Ticket gekauft haben, fliegt nicht mehr nach Costa Rica. Die haben die Strecke eingestellt. Ich biete Ihnen aber Kolumbien an, wie wäre das?»

Ein Jahr lang hatte ich geplant, welche Länder ich besuchen wollte und welche nicht. Ich hatte eine Liste gemacht. Afghanistan, Irak, Somalia, Kolumbien wollte ich mir für die Zeit aufheben, wenn Westerwelle Regierungsverantwortung übernimmt.

Ich wollte nach Costa Rica. Die Menschen dort lieben Dollars, und sie holen sie sich durch überhöhte Zimmerpreise. Nicht durch Schusswaffengebrauch.

Knackstedt schaute auf den Schirm. «Guatemala», sagte er.

«Was ist mit Guatemala?»

«Gefällt Ihnen Guatemala?»

«Mir gefällt Costa Rica. Das Land ist völlig in Ordnung für mich.»

«Guatemala oder Kolumbien», sagte Knackstedt.

Das Gespräch ging noch lange hin und her, und am Ende gewann Knackstedt. In vier Wochen lande ich in Guatemala City.

Cook Strait, Neuseeland

Passagierdeck der Fähre Picton–Wellington. Ich sitze in einem luftig gepolsterten Sessel aus braunem Cord. Die Einrichtung hat was von westfälischem Partykeller, Naturfreundehaus und Palast der Republik, gefällt mir aber. Um mich herum sitzen Backpacker, früher hätte man Rucksacktouristen gesagt, aber jetzt heißen sie Backpacker. Ich weiß nicht, wann das passiert ist, wann aus Rucksacktouristen Backpacker wurden, ich weiß nur, dass es Rucksacktouristen nicht mehr gibt. Sie sind verlorengegangen, verschwunden wie der Opel Ascona, Klaus Schlappner oder die Compact Cassette. Die Zeit hat sie verschluckt. Rucksacktouristen hatten was Zotteliges, manche verkauften im Winter Kandiszucker auf dem Weihnachtsmarkt und nervten im Sommer Mönche in Bhutan mit Erlösungsfragen, andere unterrichteten einfach ganzjährig Erdkunde an Gesamtschulen oder gründeten die Grünen.

Heute ist das anders.

Ich muss mich nur auf der Fähre umschauen. Strickpullifrei. Manche der Backpacker schlafen, andere lesen, spielen mit dem Handy, die meisten aber laufen herum und ziehen sich immer wieder ihre superweiten Skater-Baggy-Hosen bis zur Hüfte hoch, eine Tätigkeit, der sie meiner Meinung nach weite Teile ihrer Jugend widmen. Sie tun das ständig. Zwei Schritte, Pause, Hose hochziehen, wieder zwei Schritte, Pause, Hose hochziehen, immer weiter. Ein Wunder, dass sie es bis nach Neuseeland geschafft haben.

Ich dachte immer, dass Ökos mit einem Rucksack reisen und Skater auf dem Parkplatz von Aldi immer wieder denselben Bordstein hoch- und runterhopsen. Aber das ist verkehrt. Die Zeiten ändern sich. Skater, oder junge Leute, die so aussehen, wie ich mir Skater vorstelle, machen Rucksackurlaub. Mir war das neu, und mir gefällt es nicht, denn ich fühle mich alt in ihrer Nähe. Wenn ich mich für ein Gefühl entscheiden müsste, das ich die meiste Zeit über in neuseeländischen Backpacker-Unterkünften hatte, dann dieses: Ich bin alt, ich gehöre nicht mehr dazu. Ich höre mich Witze über die Jugend machen, über die weiten Hosen, die in den meisten Erdbebengebieten dieser Welt prima Notunterkünfte hergeben würden, über das Phänomen, jeden Morgen eine halbe Packung Gel zu verbrauchen, um so auszusehen, wie man bereits nach dem Aufstehen aussah. Blöde Witze,

Kommentare von der Art, wie sie früher die Alten über mich und meine Freunde gemacht haben.

Jugend ist eine schwierige Zeit. Eine Zeit, in der man sich noch freut, wenn das Telefon klingelt, Mutter rangeht und schließlich sagt, ist für dich. Vielleicht die einzige Zeit im Leben, in der man sich freut, dass jemand anruft und irgendwas von einem will. Ich gehöre nicht mehr dazu. Ich bin froh, wenn es nicht für mich ist, ich kaufe Hosen, die passen, ich bin froh, wenn meine Aufstehfrisur und mein Bürolook nicht identisch sind.

Ich gehöre nicht mehr dazu.

Ganz egal, ob mit oder ohne Rucksack.

Nadi, Fidschi

Es ist meine Herkunft. Südspanier in Deutschland. Ich habe schlechte Erfahrungen mit Folkloregruppen gemacht. Folkloregruppen sind terroristische Vereinigungen, sie sollten nur in Gefängnissen auftreten dürfen, als Teil der Bestrafung. Wie gesagt, das hat mit meiner Herkunft zu tun. Zu meiner Zeit waren die meisten Ausländerkinder in Deutschland in Folkloregruppen. Ich als eines der wenigen nicht. Ich war ein fettes Kind, und Flamencoanzüge sind eng. Moreno, die tanzende Presswurst. Ich tat mir und der Welt den Gefallen, nicht zu tanzen.

Meine Brüder waren schlank. Beide in Folkloregruppen. Jaime, gutaussehend, dunkle Augen, mehr Pomade im Haar als ganz Süditalien, er konnte Flamenco tanzen und gleichzeitig mit allen Vierzehnjährigen im Raum flirten. Paco tanzte zu galizischen Volksliedern. Gott weiß, warum.

Galizische Volkslieder sind der epileptische Anfall unter den Volkstänzen. Männer und Frauen stehen im Kreis und hopsen. Im Hintergrund Dudelsäcke. Aber auch Paco lernte auf diese Weise Mädchen kennen. Meistens die, die beim Flamenco leer ausgegangen waren. Bei meinen Brüdern ging es also um Frauen, darum tanzten sie. Ein guter Grund. Ich habe meine Wochenenden damit verbracht, ihnen beim Tanzen zuzuschauen.

Meine Kindheit vergammelte in Hanauer Mehrzweckhallen, auf DGB-Straßenfesten und bei multikulturellen Rahmenprogrammen von Parteitagen. Es war immer gleich. Erst die Türken, dann die Griechen, schließlich wir. Italiener tanzen nicht. Unsere halbe Nachbarschaft war aus Italien, aber keiner von denen machte sich in Folkloregruppen lächerlich. Italiener hatten Würde, wir hatten Getränkebons, die wir gegen Fanta eintauschen durften. Das Schlimmste waren die Reden der deutschen Politiker kurz vor dem Auftritt. Lange Reden, in denen die Politiker sagten, dass wir Deutschland bunter machen. Wir waren für die Farbe da. Ausländer sind für Politiker entweder arbeitslos oder Lackierer.

Vor einer Stunde saß ich in einem billigen indischen Restaurant. Es ist Samstag, und Samstag machen sogar die billigen Restaurants einen Folkloreabend für die Touristen. Polynesischmacronesische Tanzperformance, sagte der Kellner. Die Tanzgruppe bestand aus zwei Männern, einer Frau und einem Transvestiten. Ich war das Publikum, denn ich war der einzige Gast.

Der Transvestit sagte mit einer Stimme, die Heino gehören könnte, dass er sich sehr freue, heute hier zu sein, und dass es jetzt losgehe. Die beiden Männer tanzten, als seien ihre Gelenke aneinandergelötet. Die Frau schaute die ganze Zeit auf den Boden. Der Transvestit war der Einzige, der die

Sache ernst nahm. Als Einziger kannte er die Schrittfolge und versuchte, so etwas wie Freude zu versprühen. Das Ganze war so furchtbar. Es dauerte zwanzig Minuten, und nie waren eine Hanauer Mehrzweckhalle und ein DGB-Straßenfest Fidschi so nah.

Die Künstler und ihr Publikum, also ich, wir waren alle dankbar, als es vorbei war.

Suva, Fidschi

Vor einiger Zeit habe ich geschrieben, ich sei paradiesophob. Untalentiert fürs Paradies. Das war in Thailand so, das ist hier nicht anders. Als Adam hätte ich nach zwei Tagen in so ziemlich alles gebissen, um wegzukommen. Nicht nur in den Apfel. Hätte Gott mir eine zweite Chance gegeben, was offenbar nicht seine Art zu sein scheint – ich hätte jeden Tag Apfelstrudel gemacht. Spätestens nach einer Woche hätte ich das erste Äppelwoi-Fest organisiert.

Dabei liegt es nicht an Fidschi. Fidschi ist genauso, wie man sich Fidschi vorstellt. Das Wetter ist das Gegenteil von schlecht. Es ist sonnig und mild. Und die Fidschianer sind auch nicht mehr das, was sie mal waren. Ich begrüße das sehr. Ein Beispiel. Der Missionar Thomas Baker wurde 1869 von den Bewohnern des Dorfes Nabutautau bestraft, weil er die Haare ihres Häuptlings berührt hatte. Man griffelte hier nicht einfach so in fremder Leute Locken herum, da waren die hier kitzelig. Baker wurde mit der üblichen Strafe bedacht. Er war das Abendessen. Missionar an Yamswurzel. Baker wurde im Erdofen gegart. Neben der Yamswurzel gab es als Sättigungsbeilage angeblich Süßkartoffeln. Die

Füße waren als Erstes weg. Sollte man irgendwann in einem Flugzeug über den Anden abstürzen oder auf hoher See auf einem Floß mit einigen Mitverschollenen treiben, hier mein Rat: erst die Füße. Wenn schon Mensch, dann die Füße. Die Azteken hatten ihre Feindesfüße am liebsten gegart, leicht gesalzen und mit etwas gekochtem Mais. Keinen Pfeffer. Nur Barbaren pfeffern.

Die Wahrheit ist, es gibt keinen Grund, Fidschi nicht zu mögen. Das gesamte Kriegsgerät Fidschis besteht aus zwei Hubschraubern. Die Palastwachen tragen Röcke. Die landesweite Höchstgeschwindigkeit liegt bei achtzig Stundenkilometern. Die Ausrede eines Taxifahrers, der mich drei Stunden zu spät abgeholt hat, lautete: Ich war sehr müde und habe mich etwas hingelegt.

Ein Land mit solchen Menschen kann nicht unsympathisch sein. Trotzdem fühle ich mich nicht wohl. Vor ein paar Tagen war ich in einem Dorf. Keine Kanalisation, kein Strom, fließendes Wasser nur, wenn es geregnet hat und der Bach also etwas befeuchtet wurde. Auf der Insel gibt es vier Dörfer, also viermal Steinzeit. Auf dem Weg zurück zur Hauptinsel fuhr ich an einigen Privatinseln vorbei. Eine von denen gehört Mel Gibson. Dreißig Millionen Dollar kostet sie. Unbewohnt, denn er ist so gut wie nie da. Vermutlich gibt es aber Strom, ein Klo, und es ist auch egal, ob es da regnet.

Mel Gibson ist extrovertierter Christ, sehr gläubig, sehr missionarisch, sein jüngster Film hieß «The Passion of the Christ», und der Vatikan fand ihn ausgesprochen prima. Womit wir wieder beim Paradies wären und den Schwierigkeiten, die ich mit Orten habe, die wir Paradies nennen. Ich weiß nicht, wie es im Paradies aussieht, aber ich habe Mindestanforderungen.

Dazu gehören Stromanschlüsse, Warmwasserboiler und Toilettenspülungen. Für alle Menschen. Nicht nur für extrovertierte Christen.

Los Angeles, USA

Der Sportteil der «Los Angeles Times» hat vor ein paar Tagen mit einer großen Geschichte über den am schnellsten wachsenden Merchandising-Sektor aufgemacht: Frauen-Fanbekleidung. Frauen-Fanbekleidung ist das Ding hier. Frauen-Fanbekleidung geht wie verrückt, sagt die «Times». Der Frauen-Fanbekleidung gehört die Zukunft.

Ich war ein bisschen traurig, als ich das las. Nach Champagner, Schnittchen, VIP-Logen kommt jetzt erneut etwas, das da nicht hingehört: Mode. Stadien waren bisher modefrei. Eine Bastion. Saumlänge, Sockenfarbe, Nylonanteil, alles egal, wenn man an der richtigen Stelle jubelt. Im Stadion spielt Aussehen keine Rolle, jeder Zwischenschnitt während der Sportschau daheim in Deutschland bewies das doch Samstag für Samstag. Ein Ort der Taten, der Werte. Rau, ungefiltert, deofrei.

Leider ist das nun vorbei. Wenn ich den Artikel richtig verstanden habe, kann man den Geschmack amerikanischer Frauen mit dem von Siegfried und Roy vergleichen. Verspielt barockig, plüschorientiert, puffig in der Tendenz. Die Mannschaftskappen sollten rosa sein, die Trikots haben Glitter-Applikationen, der Mannschaftsschal ist aus Samt und hat Bommeln. Ich fragte mich beim Lesen, wie so ein Schal mit der Aufschrift «Tod dem TSV» aussieht.

Ich muss zugeben, dass ich bisher nur wenig über Stadionfrauen nachgedacht habe. Ich hielt das Thema Stadionfrauen für Zeitverschwendung. Wenn sie gut aussahen, waren es Spielerfrauen, und Spielerfrauen sind für immer verloren. Sie sind wie Zahnarztfrauen. Einmal Zahnarzt, immer Zahnarzt. Für Spielerfrauen gilt das Gleiche, die sind treu, wechseln nicht. Klempner, Kolumnisten und alle Spieler, die in schlechteren Mannschaften kicken als Greuther Fürth, können sich bei denen die Mühe sparen. Für die sind wir Luft. Die andere Gruppe der Stadionfrauen habe ich vor zwei Jahren auf einem portugiesischen Campingplatz während der Europameisterschaft kennengelernt. Sie verstanden mehr von Fußball als ich, hätten mir jederzeit beim Armdrücken das Handgelenk gebrochen und trugen Jeanswesten, auf denen stand: «Geh doch nach Hause, du alte Scheiße.» Solche Frauen sind nichts für mich. Angst ist keine gute Basis für eine gemeinsame Zukunft. Ich kann nicht viel über diese Frauen sagen, nur dass sie antiplüschig waren und als Zielgruppe für die neuen weiblichen Fanartikel nicht in Frage kommen.

Wahrscheinlich muss man sich einfach damit abfinden. Die Zeiten ändern sich. Während des WM-Finales werden Menschen im Olympiastadion sitzen, die lieber auf dem Golfplatz wären, die fragen, wie lange so ein Spiel dauert. Ich finde dennoch, dass ein Stadion ein Ort des Körpergeruchs, der weißen Socken, der Lederblousons und der Jeanswesten sein sollte. Wer sie trägt, ist egal, Mann oder Frau, es sollte keine Rolle spielen.

Antigua, Guatemala

Wenn ich das richtig verstanden habe, was Bush vor ein paar Tagen zum Thema Einwanderung gesagt hat, dann bleibt offenbar nur noch ein Weg, um legal Bürger der USA zu werden: Adoption durch Angelina Jolie.

Ich war letzte Woche drei Tage in Los Angeles. 48 Prozent Latinos. Ich habe kein einziges Mal Englisch gesprochen. Die meiste Zeit genügte Spanisch. Albanisch wäre nützlich gewesen, vielleicht Russisch, aber Englisch braucht diese Stadt nicht, um zu funktionieren. So viel kann ich sagen. In den USA herrscht gerade diese Es-muss-was-passieren-Stimmung. Es ist die Zeit der vollen Boote. Ich mag solche Zeiten nicht. Nicht bei uns, nicht in Amerika. Derselbe bibelfeste Politiker, der mir sofort sagen könnte, wo genau im Matthäus-Evangelium steht: Ich war fremd, und ihr habt mich aufgenommen – er fordert nun den Einsatz von Awacs-Flugzeugen an der Grenze zu Mexiko.

Seit ein paar Tagen bin ich nun auf der anderen Seite. Guatemala. Wenn Gott wirklich der beste Landschaftsgärtner ist, dann hatte er in Guatemala einen seiner besten Tage. Dieses Land ist fast beleidigend schön. Grün, bergig, nie zu warm, nie zu kalt. Wenn es regnet, dann offenbar um Punkt sechs. Der Regen ist hier höflich, immer um sechs, man kann sich darauf einstellen.

Eine andere Sache, auf die man sich einstellen kann, ist, mit Leuten zu sprechen, die Guatemala verlassen wollen. Ich hätte das nicht gedacht, aber es ist nicht immer ein Vorteil, die Sprache seines Reiselandes zu sprechen. Die Leute können einem erzählen, wie es ihnen geht. Im Grunde herrscht hier die gleiche Stimmung wie in Nordamerika. Es reicht, sagen sie, es kann nicht sein, dass ein Mittagessen fünf Dollar kostet und man mit ehrlicher Arbeit genau fünf Dollar am Tag verdient. Es kann nicht sein, dass der Cola-Lieferant von einem bewaffneten Wachmann begleitet werden muss, weil er sonst überfallen wird.

Am Anfang sagte ich noch, dass es ja auch bei uns nicht so leicht sei, auch wir hätten Probleme. Erste-Welt-Argumentation, sehr beliebt bei uns. Ich habe das auch getan, bis zu jenem Moment, in dem mich eine Indiofrau fragte, wann ich das letzte Mal in meinem Land einen Vierjährigen Schuhe putzen gesehen habe, um Geld für Bohnen zu verdienen. Ich halte jetzt meine Klappe und gebe keine Ratschläge, etwas, was sich alle Touristen angewöhnen sollten. Ich habe keine Ahnung, was es bedeutet, hier zu leben. Ich habe keine Ahnung, was man tun soll. Aber einige Dinge scheinen ziemlich klar zu sein. George W. Bush kann eine Million Nationalgardisten an die Grenze stellen, er kann die Todesstrafe für illegalen Grenzübertritt einführen – die Menschen hier werden weiterhin alles tun, um in die USA zu gelangen. Ganz gleich, wie schön die Berge Guatemalas sind, gegen eine amerikanische Arbeitserlaubnis haben sie keine Chance. Jeder muss für sein Glück kämpfen, hilf dir, dann hilft dir Gott, solche Dinge sagen sie hier. Die Menschen hier sind zu sehr Amerikaner, um sich von der Nationalgarde abschrecken zu lassen.

San Pedro Sula, Honduras

Zu den großen Ungerechtigkeiten dieser Welt gehört, dass Deutschland und nicht Honduras dieses Jahr die Weltmeisterschaft ausrichten darf. Wir sind keine Fußballfans, jedenfalls keine richtigen. Wir sind lächerlich, wir sind eine Erbärmlichkeit mit einem umgewickelten Fußballschal.

Ich bin seit zwei Tagen in Honduras, ich kenne wenig, aber das ist phantastisch. Zum Beispiel das Bier. Ich habe zwei Marken probiert. Die eine heißt Export, das ist selbstverständlich ein Pils. Die andere nennt sich Salvavidas, das heißt wörtlich übersetzt: Lebensretter. Auf dem Etikett ist ein Rettungsring, links und rechts davon eine wehende Flagge Honduras. Sollte ich das Etikett deuten, würde ich sagen, dass laut Salvavidas für Honduras das Gleiche gilt wie für das Verhältnis CSU-Mitglied und Angela Merkel, Saufen hält uns zusammen.

Zurück zum Fußball, und warum wir Amateure in Sachen Fußballverehrung sind. Im Jahre 1969 brach zwischen Honduras und El Salvador ein Krieg aus. Zwischen den Ländern hatte es Spannungen gegeben, weil Bauern aus El Salvador auf der Suche nach Land die Grenze zu Honduras überschritten hatten. Die honduranische Regierung schob die Bauern ab, zum Teil mit Gewalt. Viele sind sich sicher, dass es nie zum Krieg gekommen wäre, wenn nicht in diesem Jahr im Rahmen der Qualifikation zur Weltmeisterschaft 1970 Honduras und El Salvador gegeneinander hätten antreten müssen. Nach zwei Spielen voller Ausschreitungen wurde ein Entscheidungsspiel angesetzt, zu dem es nie kam. Die Armee von El Salvador fiel in Honduras ein. Drei Tage später waren zweitausend Menschen tot. Der sogenannte Fußballkrieg, er war vorbei.

Ich bin friedensbewegt, durch und durch, und ich sage auch nicht, dass wir Bayern besetzen sollten, wenn die nächstes Jahr wieder Meister werden, aber vielleicht genügt es ja, wenn sie wissen, dass es so etwas wie einen Fußballkrieg schon mal gab.

Ein anderes Beispiel.

Zwei Dinge seien hier am Wochenende passiert, wie mir ein Mann im Bus erzählte. Etwas Wichtiges und etwas Unwichtiges. Das Wichtige sei das Pokalhinspiel zwischen Victoria und Olimpia. Er habe es im Radio gehört. Es sei 3:3 ausgegangen, und wie üblich habe er den Radiokommentar aufgenommen, um ihn sich während der Woche noch einige Male anzuhören.

Und die unwichtige Sache?, fragte ich.

Ach, sagte er, wie sich jetzt wohl herausgestellt hat, fälscht die Generalstaatsanwaltschaft des Landes Beweise, aber wie gesagt, es ist wichtiger, dass Olimpia nicht verloren hat. Ich finde, solange für uns eine ehrliche Staatsanwaltschaft wichtiger ist als der Ausgang eines Pokalspiels, solange haben wir eine WM nicht verdient.

Tegucigalpa, Honduras

Vor einiger Zeit ist Thorsten, mein anstrengender Freund, den ich vermisse, nach Amerika gezogen. Thorsten wollte raus, sagte er damals. Deutschland sei ein Käfig. Er könne nicht sagen, was genau man hier tue, aber Leben sei das nicht. Ihn erinnere das alles an Hühnerhaltung, groß angelegte Hühnerhaltung, und die wenigsten merkten es. Die Menschen seien gefangen, in Wiederholungen, in Routine, in Gegacker. Irgendwann hackten alle aufeinander ein. «Endlosschleifenleben im Hühnerstall Deutschland», sagte Thorsten und legte die Füße mit den dreckigen Stiefeln auf meinen neuen Sessel. «Andere Stadt, anderes Leben, anderer Thorsten», sagte Thorsten.

«So der Plan?», fragte ich.

«Genau», sagte er, «mein Leben.»

Ich weiß nicht, was Thorsten erwartet hat. Vielleicht etwas wie: Glück hat nichts mit der Postanschrift zu tun, mein Freund! Oder: Glück ist im Leben nicht vorgesehen, Tod und Sex und Ziegenpeter sind vorgesehen, aber Glück? Vielleicht hätte ihm die Geschichte der Tasaday gefallen. Höhlenmenschen, die noch in den Siebzigern im philippinischen Regenwald gelebt haben. Sie kannten in ihrer Sprache weder das Wort Waffe noch das Wort Krieg. Sie hatten Steinäxte, Haare bis zur Hüfte, Kleidung aus Orchideenblättern und ansonsten keine Ahnung. Als man sie 1971 fand, hieß es, dass diese Menschen die zufriedensten der Welt seien.

Das alles antwortete ich nicht. Ich weiß aber noch, was ich dachte: Wie kriege ich den Dreck aus dem weißen Sesselvelours?

Ich bin seit acht Monaten unterwegs, und meine Antworten werden nicht besser. Wenn ich die Stempel in meinem Pass zähle, komme ich auf dreizehn Länder. Die meisten sind schön und arm. Vergangene Woche habe ich einen Mann, der auf der Deponie von Tegucigalpa im Müll wühlte, gefragt, ob er Angst vor der Zukunft habe. Selten hat ein Journalist etwas Dümmeres gefragt. Er hat mir nicht geantwortet, sondern nur den Kopf geschüttelt.

Die Angst vor der Zukunft muss man sich leisten können. Ebenso existenzialistische Hühnerstallgedanken. Zukunftsangst ist etwas, das ich vielen dieser Menschen hier von Herzen wünsche. Sie haben Gegenwartsangst. Sie sind zu arm für eine Zukunft.

Man lernt in Wahrheit nicht wirklich viel auf einer Weltreise. Meist nur einfache Dinge. Zu den wichtigsten gehört, dass man nicht nach Glück suchen sollte. In Europa muss uns unser Glück zum Hals raushängen. Jedenfalls denken das viele außerhalb Europas. Es öffnet einem die Augen, sich mit diesen Leuten zu unterhalten. Dennoch bin ich sicher, dass mich spätestens vier Wochen nach meiner Rückkehr mein Sesselvelours wieder eher um den Schlaf bringen wird als der stolze Mann hier in Tegucigalpa, der mir die Frage nach seiner Zukunft nicht beantworten wollte.

Wir sind eben Menschen, nicht Hühner.

Managua, Nicaragua

Ich sitze in einem Bus. Ein Benz. Er schnurrt sich seinen Weg durch die schönen Berge Nicaraguas, und er wird mich sicher nach Costa Rica schaukeln. Am Schalter hatte mich der Fahrkartenverkäufer gefragt, ob ich etwas dagegen hätte, in der Nähe der Toilette zu sitzen.

Ich schaute ihn ernst an und sagte: Definieren Sie Nähe!

Er streckte seine Arme auseinander und machte eine Bewegung, die ich als mindestens zwei Meter, eher mehr, interpretierte, was sich als richtig herausstellen sollte. Leider war das die falsche Frage, die richtige hätte lauten müssen: Definieren Sie Toilette!

Ich sitze über zwei Meter von der Toilette entfernt, leider wird vielen im Bus irgendwann von den Kurven schlecht, und sie müssen sich übergeben. In die sehr moderne Bordtoilette, ja, in die sehr moderne Bordtoilette – der jemand die Tür geklaut hat.

Ansonsten aber ist alles fein. Am Steuer ist Fernando Alonso, der Formel-1-Weltmeister, gefangen im Körper von Manolo Venegas Pérez, einem übergewichtigen Mann mit

Oberlippenbart aus Trujillo, Honduras. Manolo hat mir beim Einsteigen zugenickt, es war dieses Busfahrernicken, dieses Nicken ist international. Dieses schlecht gelaunte Komm-mach-hinne-geh-mir-aus-dem-Gang-Busfahrernicken. Jeder weiß, was ich meine, ist auf der ganzen Welt gleich. Man fühlt sich besser nach dem Nicken.

Was es meiner Meinung nach nicht überall gibt, sind die Regeln, die Manolos Firma für das Betreten des Busses aufgestellt hat. Drei Dinge sind in diesem Bus verboten: das Tragen von ärmelloser Oberbekleidung, kurze Fußballhosen und eine Reihe von Flüchen, die – kein Witz – wörtlich auf einem Zettel aufgeführt sind. Sinngemäß steht da, es ist verboten, Arschloch, Schwanz und Hurensohn zu sagen. Klare Ansage.

Der Ärmelzwang hat mich nicht überrascht. Meines Wissens darf man ärmellos auch nicht in den Petersdom, die katholische Kirche hat gewissermaßen ein traditionelles Schulterproblem, und Manolos Firma hat dies für das gläubige Nicaragua übernommen. Für das Verbot von kurzen Sporthosen bin ich sogar dankbar, ein Kotzklo und drei Dutzend behaarte Männerbeine wären wirklich zu viel gewesen. Auch das Fluchverbot hat mich nicht gewundert. In den Straßenbahnen von Sydney ist Fluchen ebenfalls verboten. Das kann da bis zu 1100 Dollar kosten. Füße auf die Sitze legen macht übrigens 550 Dollar. In Seattle ist es Frauen verboten, sich in einem Bus auf den Schoß eines Mannes zu setzen. Allerdings können Frauen, die vorhaben, sich während einer Busfahrt auf einen Männerschoß zu setzen, der Strafe entgehen, indem sie ein Kissen benutzen. Das müssen sie zwischen sich und den Mann schieben.

Mich beruhigen diese Regeln. Alles hat seine Ordnung. Ich fordere für diesen Bus hier eine Verbotserweiterung. Verbote kann es meiner Meinung nach in Bussen nicht genug geben. Wer Bordtoiletten-Türen klaut, wird sein Leben lang als ärmelloser Antichrist in kurzen Sporthosen behandelt.

San Isidro de El General, Costa Rica

Über eine Sache denke ich seit einiger Zeit nach. Ich sehe im Fernsehen die Berichte, die Interviews, die Porträts, die Gedanken zu Deutschland und spüre Veränderung. Es muss passiert sein, während ich nicht da war. Ich meine die Perücken, dieses schwarz-rot-goldene Haarmeer während des Eröffnungsspiels, im Stadion, vor den Leinwänden, überall. So viel Haar, so viel Freude.

Ich habe ein bisschen darüber nachgedacht und denke, dass dies nur der Anfang ist. Die Zeiten ändern sich. Die Perücken werden bald die Fahnen verdrängt haben, keine Frage, und ehrlich gesagt überrascht mich das auch nicht. So eine Fahne ist groß, sperrig, sie passt kaum ins Auto, und in der Wohnung muss sie in den modrigen Keller oder unters Bett, weil es sich irgendwie dann doch blöd macht, wenn man so ein Ding in die Wohnzimmerecke stellt und der Nachbar reinkommt und fair gehandelten Kaffee haben möchte.

Genau genommen ist eine Fahne für die deutsche Situation ungeeignet. Eine Perücke ist genau richtig. Man kann sie sich aufsetzen, wenn man einen kurzen Nationalstolzschub hat, sich im Badezimmerspiegel anschauen oder schnell ein Foto für die Geldbörse machen, und ansonsten liegt sie in der Schublade und macht keinen Ärger. Immer zur Hand, wenn man sie braucht, aber nie störend. Perücken sind genügsam, bescheiden. Schwer zu beschreiben. Irgendwie dänisch, würde ich sagen.

Die Perücke hat noch einen anderen Vorteil.

Sie ist ein bisschen lächerlich, und das ist gerade für Deutschland wichtig. Unprätentiöser Patriotismus. Sympathischer Nationalstolz. Putzige Zirkusclowns, die Deutschland mögen. Jahrzehnte hat sich das Feuilleton gefragt, wie man stolz auf dieses Land sein kann, ohne gleich verdächtigt zu werden, Polens territoriale Integrität gefährden zu wollen. Das ist nun vorbei. Lasst Haare sprechen, sagen sich die Menschen, ein Schnitt geht durch Deutschland.

Natürlich gibt es Nachteile, immer gibt es sie. Es geht nicht ohne. Um als Deutscher sein Nationalgefühl zu zeigen, muss man zurzeit leider bereit sein, sich bei dreißig Grad im Schatten mit einem schwarz-rot-goldenen, leicht entflammbaren, völlig luftdichten Kunstfaserfell auf der Birne neunzig Minuten in die pralle Sonne eines Stadions zu setzen. Ein wenig erniedrigend, ja sicher, aber wir wussten alle, es würde nicht leicht werden. Es heißt Nationalstolz, nicht Nationalwürde. Blöd, dass die WM im Sommer ist, aber vielleicht kann Beckenbauer da das nächste Mal, wenn wir wieder dran sind, was drehen.

Ich bin trotzdem froh, dass es so gekommen ist.

Wer hätte das gedacht? Die Perücke ist die Antwort. Die Patriotismusperücke. Ein Land vereint im Haar.

Und ich bin nicht da.

Puerto Viejo de Talamanca, Costa Rica

Wie freundlich die Menschen in Costa Rica sind, merkt man zum Beispiel daran, dass sie, wenn sie mal bei fremden Leuten auf die Toilette müssen, nicht sagen: «Entschuldigung, ich müsste mal, darf ich auf Ihre Toilette?» Der Ausspruch «Darf ich auf Ihre Toilette?» ist unendlich deutsch. So wie der Ausspruch «Geben Sie mir bitte das Beschwerdebuch» sehr amerikanisch ist und der Satz «Nein, es gibt keine öffentlichen Verkehrsmittel, ich habe das einzige Taxi in Bombay» sehr indisch. Der Satz «Wir erreichen trotzdem nicht das Halbfinale» übrigens ist sehr spanisch, aber das heute mal nur nebenbei.

An dem Satz «Ich muss mal auf die Toilette» stört viele Menschen auf der Welt nur ein einziges Wort: das «auf». Nur Deutsche sagen, was sie auf der Toilette machen werden, nur sie teilen mit, dass sie sich draufsetzen werden, was schon etwas impliziert, an das man gar nicht denken will, nämlich an das, was sich vom Draufsitzenden ins Klo begibt.

Schön, dass sie das extra erwähnen, die Deutschen, denken sich die Menschen in anderen Ländern und fühlen sich mindestens in ihrem Vorurteil vom korrekten Deutschen bestätigt. In vielen Ländern klingt so ein Satz tatsächlich nach: «Guten Tag, wäre es möglich, dass ich mal in Ihr Klo kacke?»

In Costa Rica zum Beispiel.

Sicher, der Nationalmannschaft dieses Landes zuzuschauen, ist eine ziemliche Qual, aber die Freundlichkeit dieser Menschen ist unglaublich, durch und durch, gewissermaßen linguistisch evident.

Wie gesagt, «Entschuldigung, ich müsste mal, darf ich auf Ihre Toilette?» ist undenkbar. Wenn der Tico bei fremden

Leuten ist und mal muss, sagt er: «Entschuldigung, wäre es vielleicht möglich, dass Sie mir Ihre Toilette leihen, bitte?» Eine solche Frage in Berlin und die Antwort lautet: «Klar, brauchste 'nen Engländer zum Abmontieren, oder kommste klar?»

Hier in Costa Rica passiert das nicht. Das Wort Leihen hat etwas Großzügiges. Es wird auch niemand mit einem einfachen Ja antworten. Deutsche antworten häufig auf Fragen mit Ja oder Nein. Ich finde das völlig in Ordnung. Aber in den vergangenen Monaten habe ich lernen müssen, dass kurze Antworten weltweit als unfreundlich gelten. In unserem Falle wird der Kloverleiher vermutlich mit einem freundlichen «Pura vida, cara de barro» antworten, was wörtlich übersetzt so was wie «Volle Kanne Leben, Matschgesicht!» bedeutet. Sinngemäß aber: «Na klar, mein Bester.»

Ich weiß nicht, wie man das beschreiben soll, diese freundliche, oberflächliche, sprachliche Schmiere, ein Quassel-Fettfilm, der das große Ganze am Laufen hält. Was sagt ein Mann in Costa Rica, wenn er in einer Kneipe ein Bier bestellt? Er sagt: «Schenkst du mir ein Bier, bitte?»

Die Antwort: «Aber natürlich, das macht einen Dollar, Matschgesicht.»

Und beide sind zufrieden.

San José, Costa Rica

Ich solle ihn Johnny nennen, und vermutlich wolle ich wissen, wie alt er sei, nicht wahr?

«Johnny, wie alt bist du?», sagte ich.

Er drehte sich um und zeigte auf seine weinrote Kappe, die

er verkehrt herum trug. Older than shit, stand da. Älter als Scheiße.

«Das ist alt», sagte ich.

«Achtundachtzig, wenn du es genau wissen willst.»

Ich wusste nicht, ob ich es genau wissen wollte. Seltsam. Einerseits hatte ich mit Johnny eine hübsche Geschichte, die sich prima machen würde, wenn meine Freunde mich fragen, was ich auf der Reise erlebt habe. Andererseits stand da ein Mann vor mir, der am Ende des Ersten Weltkriegs geboren wurde und gerade gesagt hatte, hi, schön, dich kennenzulernen, ich bin dein Tauchlehrer.

Mein Tauchlehrer wurde geboren, als das Radio noch Detektor hieß, man bei Bauhaus nicht an Heimwerker dachte und so was wie Tonfilm vom Feuilleton für völligen Unfug gehalten wurde.

«Ist mein Alter ein Problem?», fragte Johnny und schlug mir auf die Schulter.

«Äh, nein», sagte ich. Johnny lachte, schlug mir auf die Schulter und versprach, in den nächsten vier Tagen nicht zu sterben.

Ich hatte falsche Vorstellungen vom Tauchen. Im Kleingedruckten meiner Reiseversicherung steht, dass Tauchen ein Extremsport sei und die Versicherung deshalb die Kosten im Falle eines Unfalls nicht übernimmt. Johnny erklärte mir, dass mehr Menschen auf der Welt sterben, weil sie von einer Kuh über den Haufen gerannt werden als beim Tauchen. Ich fragte mich, ob die Statistik auch Stierkämpfe, Rodeos und indischen Straßenverkehr einschloss, denn das würde Tauchen schweinegefährlich machen, hielt aber den Mund.

«Das andere Ding», sagte Johnny, «wann bist du ein guter Taucher? Wenn du dich entspannst und kaum Luft verbrauchst.»

Ich überlegte. Ein Sport, in dem es darum geht, möglichst wenig zu tun. Aus dem Wasser zu kommen und von Haien, Feuerquallen und Todesströmungen zu erzählen. Und man verbraucht weniger Kalorien als beim Malen nach Zahlen. Okay, Tauchen ist nicht verkehrt.

Johnny war ein guter Lehrer. Unter Wasser braucht man keine Kraft, man braucht Gefühl, Gelassenheit und Erfahrung. Man redet nicht, was Johnnys Meinung nach erklärt, warum so wenige Frauen tauchen. Ich verstand das nicht, denn Johnny sagte auch, dass das Land mit den meisten Tauchern Italien sei. Ein Sport, bei dem man sich nicht anstrengen muss, okay, das passt, aber dass Italiener eine Beschäftigung lieben, bei der Quatschen unmöglich ist, das machte mich fertig. Ich lernte viel von Johnny. Zum Beispiel, dass man unter Wasser ein Mann ohne Schatten ist, man unter Wasser nicht lacht, weil die Maske vollläuft, aber dass Weinen kein Problem sei, dass man so etwas wie Vollkommenheit durchaus im Körper eines Thunfischs erkennen könne, viele Dinge.

Dass es möglich ist, mit achtundachtzig ein Käppi falsch herum zu tragen, weil man sich weigert, alt zu werden, ohne lächerlich zu wirken.

Puerto Armuelles, Panama

Die Moskitos hier sind Monster. Stechfaschisten. Das ist wie mit der australischen Fliege. Total verrückt. Der Unterschied zwischen der australischen und der deutschen Fliege ist die Verzweiflung. In Deutschland leben Wohlstandsfliegen. Der Schöpfungssinn der deutschen Fliege ist es, den

Deutschen zu nerven. Sie fliegt ein bisschen um die Nase, krabbelt am Arm herum, wackelt mit dem Arsch. Sie provoziert so lange, bis man versucht, sie zu fangen. Wir schlagen uns auf die Oberschenkel, die Stelle wird rot, die Fliege lacht sich schlapp. Kein Insekt nimmt uns ernst. Reflexe wie nasse Bierdeckel. Irgendwann fliegt sie weg, und ihre Freundinnen sagen Dinge wie: Ich verstehe nicht, dass du noch immer mit den Menschen spielst. Du bist so was von retro.

Die Hauptbeschäftigung australischer Fliegen hingegen ist es, Australiern Feuchtigkeit aus den Augenwinkeln zu saugen. Anders als die deutsche Fliege lassen sich australische Fliegen leicht fangen. Man muss nur blinzeln. Kaum hat man die Augen geschlossen, spürt man, wie ihre Beine zwischen den Augenlidern zappeln. Fliege tot, Problem beginnt. Eine tote Augensaugerin führt dazu, dass alle Fliegen im Umkreis an dieselbe Stelle fliegen. Und es gibt Milliarden von ihnen. Australische Fliegen fliegen am liebsten in Körperöffnungen, und der Platz zwischen Braue und Augapfel ist für eine australische Fliege eine Körperöffnung. Sie sind die Hölle, die australischen Fliegen, aber nichts, verglichen mit den Monstern, die mich hier in Panama umgeben.

Meiner Meinung nach beweist die Existenz südamerikanischer Moskitos, dass Gott ein Scherzkeks ist, in dem Sinne von: Lass uns was in die Welt setzen, was einfach nur scheiße ist, eine biologische Niete, fliegt rum, sticht, versaut den Leuten den Tag, ist doch witzig.

Die Moskitos hier haben Ehre, das muss man ihnen lassen. Sie stechen nicht einfach. Sie schwirren vorher immer erst am Ohr herum. Feige sind sie nicht. Sie warten nicht, bis man schläft, sie wollen einen wach haben. Man kann sie hören, immer. Du bist fällig, sagen sie. Wenn man das Licht anmacht, landen sie sofort auf etwas Schwarzem, damit man sie nicht sieht. Sie wissen, dass man nicht ewig suchen wird. Moskitos haben Zeit. Sie leben nur einen Tag, aber sie haben Zeit. Dann stechen sie zu. Ungern in die Oberschenkel, lieber in die Knöchel. Viel höhere Schmerzwerte. Handgelenke sind auch gut. Gehörgang. Unglaubliches Leid.

Mein Leben gehorcht dem Biorhythmus der Moskitos. Ich laufe in weißen Leinenhemden herum, obwohl ich darin aussehe wie ein schwuler Ibicenco. Während der schönsten Zeit des Tages, der Dämmerung, sitze ich im Zimmer und habe Angst. Vor allem, seit mir ein Tropenarzt in Honduras erzählt hat, dass keiner seiner Kollegen Malaria meldet. Das sei schlecht für den Tourismus.

Mein Leben ist das Leben, das mir die Moskitos zugestehen. Sie haben das Sagen. Ich bin nichts, sie sind alles. Sobald man das verstanden hat, fängt man an, sich hier heimisch zu fühlen.

David, Panama

Die beiden einzigen Länder, die sich Reiseweltmeister nennen dürfen, sind die Schweiz und Israel. Ich weiß nicht, woran es liegt, aber die meisten Leute, die ich kennenlerne und die länger als drei Monate unterwegs sind, kommen entweder aus der Schweiz oder aus Israel: Weltreiseländer.

In Israel gehört die Weltreise zum Erwachsenwerden. So wie bei uns mit sechzehn die Busfahrt nach Lloret de Mar, in der man lernt, dass es möglich ist, das Verhältnis Blut zu Bier im Körper auf eins zu eins zu bringen. Wenn ich das richtig verstanden habe, läuft das in Israel so: Man geht zur Schule, dann drei Jahre zur Armee, versucht, nicht erschossen zu werden, und bevor man zur Universität geht, schaut man sich die Welt an und achtet darauf, all das zu machen, was in den drei Jahren beim Militär zu sofortiger Einzelhaft geführt hätte. Die meisten Israelis, die ich kennengelernt habe, waren in dieser Phase. Männliche Israelis erkennt man daran, dass sie lange Haare haben, alles angraben, was blond ist, und die besten schmutzigen Witze erzählen. Israelische Frauen sind einfach zu erkennen. Sie sind, wie Spanierinnen, so schön, dass es weh tut, flirten toll und haben eine leichte Tendenz zum Oberlippenbart. Es ist schwer, Menschen zu finden, mit denen man mehr Spaß haben kann. Manche Israelis feiern, als wäre ab morgen Tanzen verboten. Vor ein paar Tagen habe ich einen gefragt, ob das daran liege, was gerade daheim passiert. Ich solle lieber mal die Klappe halten und beweisen, dass ich im Land der Bierweltmeister lebe, sagte er. Ich hatte wieder bewiesen, dass ich Weltmeister im dumm Daherfragen bin.

Die Schweizer, nun, die sind anders. Auch in diesem Land nehmen sich viele ein Jahr frei und fahren um die Welt. Gehört auch hier irgendwie dazu. Fast alle kennen einen, der fährt, fahren will, gefahren ist oder seit Monaten mit dem Thema nervt. Schweizer ähneln Israelis ein bisschen. Auch sie verhalten sich unterwegs anders als daheim, unschweizerisch. Zum Beispiel, ausnahmslos alle Schweizer, die ich in Costa Rica getroffen habe, waren Surfer. Surfende Schweizer, das klingt nach dem Anfang eines Witzes, aber es gibt sie, und es sind Legionen. Und ehrlich gesagt, zählt die Beschreibung der Pazifikbrandung auf Schwyzerdütsch, wie sie ein Knabe aus Winterthur geliefert hat, zum Besten, was ich je hörte.

Das friedlichste Land der Welt und das Land, das nicht weiter davon entfernt sein könnte: In beiden Ländern fahren die jungen Leute weg. Nicht für ein paar Wochen, sondern für ein Jahr. Die Welt sehen, eine andere Welt. Kein Krieg, kein Frieden, keine Aufregung, keine Ruhe. Aus ganz verschiedenen Gründen das Gleiche tun, und in beiden Fällen scheint es zu funktionieren. Ich hätte nie gedacht, dass mir ein Israeli erklären würde, wie man sorglos und ungepflegt die Sau rauslässt, genauso wenig, wie ich von einem Schweizer erwartet hätte, dass er mir erklärt, warum der Pazifik so schön ist. Aber so war es. Und es war einer dieser seltenen Momente, in denen man sicher war, einen guten Grund gefunden zu haben, ein Jahr lang um die Welt zu reisen.

Am Mehr (Überall)

Ich bin ausgestiegen. So sagt man doch, wenn man genug hat und hinschmeißt. Aussteigen klingt ein wenig nach Busfahren. Ich dachte an Asien, Australien, Amerika, kaufte acht, neun, zehn Reiseführer, las, las noch mehr, überlegte, wägte ab und drückte dann den Halteknopf.

Fahrer hielt.

Weltreise.

Viele haben schon an einen Ausstieg gedacht, eigentlich alle, mit denen ich spreche. Es muss was passieren im Leben, man hat doch nur eins. Routine, ein Kreis, immer gleich – keine Gerade. Auf einer Geraden wiederholt sich nichts, da geht es weiter und weiter. Das wäre mal was, alles auf Anfang, alles von vorne.

Für viele ist eine solche Reise ein Traum, in ein paar Minuten geboren, Jahre vor sich hergeschoben. Es gibt Bücher zu dem Thema. Zuletzt immer mehr, hat mir mal ein Verleger erzählt. Fast alle diese Bücher sagen, dass Aussteigen schön sei: Machen, heißt es. Die Welt sehen, das Fremde, mindestens ein Ozean und eine Kontinentalplatte zwischen dem, was man kennt, und dem, was man sucht. Palmen, Täler, Salz auf unserer Haut. Es ist müßig, sich zu fragen, ob das Fremde einen anzieht oder das Bekannte einen wegschiebt. Wahr ist, dass viele Menschen das Gefühl haben, dass da mehr sein muss. Und dass man das Mehr mit einem

Rucksack, einem Flugticket und einem Reiseführer suchen kann.

Jetzt, nach meiner Rückkehr, sollte ich mir vermutlich die Frage stellen, ob es richtig war, eine solche Reise zu machen. Ob ich sagen soll: Überlegt es euch, es ist phantastisch! Harald Schmidt und Sandra Maischberger haben es auch gemacht. «Die beste Entscheidung meines Lebens», sagte Maischberger. Sie fand es großartig, auf einer Geraden zu gehen, statt sich nur im Kreis zu drehen.

Also, war es richtig?

Sagen wir so, es ist nicht so leicht. Seit meiner Rückkehr fordern mich Freunde auf, ich solle mal erzählen, und sie meinen es aufrichtig, aber ich merke dennoch schnell, dass ich nicht zu lange erzählen sollte. Reiseberichte ermüden Dagebliebene. Niemand möchte seinen Traum von jemand anderem beschrieben sehen.

Ich weiß nicht, ob ich eine Weltreise empfehlen kann. Ich sehe nach dem Jahr nicht klarer, ich weiß nicht, ob ich zufriedener bin, ob ich weniger oder mehr Zweifel habe. Vielleicht lässt es sich so ausdrücken: Ich glaube, dass nach diesem Jahr die Qualität meiner Zweifel besser ist.

Achtzehn Länder waren es. Mehr als elf Monate hat das alles gedauert. 3600 Euro kostet so ein Ticket, «Round-the-World» steht drauf, man darf immer nur in eine Richtung, sagt die Fluggesellschaft. Wenn man sich dafür entscheidet, immer nach Osten zu reisen, wie in meinem Fall, kriegt man kurz hinter Fidschi einen Tag geschenkt. Man fliegt in Fidschi heute los und kommt gestern in Los Angeles an. Ich habe in meinem Tagebuch den 8. Mai 2006 zweimal ziemlich ausführlich beschrieben.

Rund 25 000 Euro habe ich in dem Jahr ausgegeben. Das ist viel Geld. Ich hätte es für die Rente sparen können. Für das Geld bekommt man ein gebrauchtes Cabrio. Oder zehn Frontzahnimplantate. Muss jeder selbst wissen.

Man kann auch weniger ausgeben, aber nicht viel weniger. Gute Hotels sind einsam, wie gute Restaurants. Darum meidet man sie nach einer Zeit, selbst wenn man sie sich leisten könnte. Das Leben ist in den billigen Läden, wo es stinkt, wo niemand wischt, fegt oder spült. Das ist überall auf der Welt gleich. Genauso wie der Luxus. Auch der ist auf der ganzen Welt gleich. Er ist vereinheitlicht, ein bisschen langweilig, so wie das Leben, das man gerade verlassen hat. Darum weicht man dem Luxus irgendwann aus, jedenfalls meistens. Die Armut hingegen? Sie ist nirgendwo gleich, jedes Land ist auf seine eigene Art und Weise arm.

Da ich ein Egoist bin und das andere Leben kennenlernen wollte, schlief und aß ich in den Schenken, den Posadas, den Dorms, wo Leben war, wo die Armen waren. Ich wollte allerdings dieses andere Leben nur kennenlernen, ich wollte es nicht leben. Man sollte sich nicht einreden, dass man während einer Reise versteht, wie andere Menschen leben oder was Armut bedeutet. Auch wenn viele gut meinende Touristen das versuchen.

Der Unterschied zwischen den armen Menschen, mit denen ich gesprochen habe, und mir ist die Wahl, die ich habe und die sie nicht haben. Ich habe die Wahl, zwei Monate jeden Tag Reis mit Bohnen zu essen. Ich habe die Wahl, über die Zufriedenheit mit meinem Leben nachzudenken. Ich habe die Wahl, den Fahrer zu bitten, meinen Lebensbus anzuhalten, damit ich aussteigen kann. Andere haben diese Wahl nicht.

Armut ist der Mangel an Alternativen, und dass ich mich in vielen Restaurants nur für Reis mit Gemüse ohne Fleisch entschieden habe, heißt nicht, dass ich wüsste, wie es ist, immer nur Reis mit Bohnen essen zu müssen. Ich hätte mir auch Fleisch leisten können, und dass ich es nicht gemacht habe, verstehen die Menschen hier, meine Freunde, die mich um die Zeit beneiden. Die Leute, in deren Leben ich zu Besuch war, verstehen das nicht.

Viele Weltreisende glauben, dass sie während der Reise möglichst einfach leben müssen, um diesen Menschen nah zu sein. Manche gehen so weit, es ganz ohne Geld zu versuchen, sie betteln. Wenige Dinge haben mich auf der Reise mehr verstört als der Aussteiger mit Bildungsbürgerbiographie, der barfuß durch Asien läuft und nur von dem lebt, was andere ihm geben. Ich war wirklich überrascht, wie viele das machen. Westeuropäer, die von Gleichheit und Brüderlichkeit reden und bettelnd durch die ärmsten Länder der Welt tingeln. Mit einem habe ich in Nepal geredet: «Diese Konsumgesellschaft, ich wollte sie einfach für ein paar Monate hinter mir lassen. Hier, in Nepal, sind die Menschen anders. Sie brauchen nicht viel. Sie sind auch ohne großes Auto glücklich. Ohne neues Handy.» Ich fragte ihn, ob er von den sozialen Konflikten gehört habe, von dem König, den Kämpfen in den Bergen. Hatte er nicht. Dann erzählte er, dass er nach der Reise sein Lehramtsstudium beenden wolle, um hoffentlich nach dem Referendariat eine krisenfeste Stelle im Schuldienst anzutreten. Er werde Lehrer, weil er möglichst viel reisen wolle. Ich hätte ihn am liebsten angeschrien. Urlaubsarmut ist Armutssimulation, sie ist nicht real. Niemand ist arm, nicht in Indien, nicht im Kongo, nicht in Nepal, wenn er einen deutschen Reisepass und ein Rückflugticket nach Deutschland in der Tasche hat.

Reisende sind meines Erachtens Zuschauer, und das Beste, was sie tun können, ist zu versuchen, gute Zuschauer zu sein. Dazu gehört, dass man Eintritt bezahlt und, falls möglich, ein bisschen Geld in der Pause ausgibt. Auch, dass man sich auf das Stück einlässt, interessiert ist, freundlich, respektvoll. In dieser Beziehung funktionieren Länder wie Berliner Polizisten. Ist man freundlich und umgänglich, kommt man in der Regel ordentlich miteinander klar. Ist man unhöflich, sollte man sich auf Ärger gefasst machen. Länder spiegeln das Wesen ihrer Besucher. Gott bestraft bösartige Menschen, indem er sie nie ein Reiseland finden lässt, das ihnen gefällt. Freundliche Menschen, sie haben tatsächlich den besseren Urlaub.

Viel, wie gesagt, kann man als Reisender ohnehin nicht tun. Zugucken, zahlen, sich benehmen, sich freuen, dass man zuschauen darf, ganz wichtig: Klappe halten. Ich glaube, das habe ich gelernt. Nach den elf Monaten, die ich unterwegs war, bin ich ganz sicher kein besserer Mensch geworden, nein, wahrlich nicht. Aber vielleicht ein etwas besserer Tourist. Japans Umgang mit Einwanderern, Nepals Haltung zu Schwulen, Brasiliens Sicht auf den Regenwald, ich habe zu all diesen Sachen im Kern eine ziemlich erwartbare Prenzlauer-Berg-Meinung, aber ich weiß nicht, ob ich sie wirklich sofort jedem in den Ländern mitteilen muss.

Sollte man Brasilianer verurteilen, weil sie den Amazonas nicht genug schützen? Aber selbstverständlich, könnte ich sagen, ohne darüber nachzudenken, dass in Deutschland, dem Land, in dem ich lebe, nur etwa 0,3 Prozent der Fläche naturbelassene Wälder sind. Ich war im Amazonas, bei illegalen Holzfällern. Ich habe selten Menschen erlebt, die so ein hartes, gefährliches und, ehrlich gesagt, auch trauriges Leben führen. Wie erkläre ich denen, dass sie Verbrecher sind, weil sie den Regenwald abfackeln, wenn meine Vorfahren in Europa alles niedergehackt haben, was ihnen in die Quere kam? Reisen ist wie das Verlassen einer dieser Filterblasen im Internet. Wie erklärt man einem Mexikaner, dass Hahnenkämpfe eine barbarische Quälerei sind – was sie sind –, wenn man aus einem Land kommt, in dem man auf der Autobahn dreihundert Stundenkilometer fahren darf? Wer wissentlich Hühner quält, ist ein Barbar, wer Achtzehnjährigen erlaubt, mit fünfhundert PS auf der A1 zu fahren, ist das nicht? Wer ein Korallenriff zerstört, um für Touristen Halsketten zu machen, ist ein Umweltsünder, aber die rund sieben Tonnen CO_2, die ein Hin- und Rückflug nach Indonesien produziert, dienen der politisch korrekten Völkerverständigung?

Man fährt in die Welt und stellt fest, dass, wenn man erst zuhört und dann urteilt, alles nicht so einfach ist. Nichts ist schwarz oder weiß. Die bunte Welt da draußen, sie ist grau.

Am Anfang der Reise dachte ich noch, dass ich in Wahrheit nur wegfahre, um es daheim wieder schön zu finden. Und es stimmt, ich finde es daheim schön. Ich weiß jetzt auch ein bisschen genauer, was daheim bedeutet. Daheim ist in Berlin, wo Freunde leben, die eine Überraschungsfeier für einen machen, wenn man wieder da ist. Daheim ist in Andalusien, wo eine Großfamilie ist, die ein ganzes Jahr lang nicht entspannt Auslandsnachrichten schaut, weil sie sich um einen sorgt. Daheim ist, wo man sich über die Einführung von Einbürgerungstests für Menschen ärgert, die schon Jahrzehnte in dem Land leben. Daheim ist, wo man nicht versteht, warum der Stierkampf nicht verboten wird. Man kann das auch anders sagen: Für mich – und zwar nur für mich – ist Daheim kein Ort. Und Glück ist es somit auch nicht.

Was aber eine solche Reise mit einem macht, ist nur schwer fassbar. Sie verändert, natürlich tut sie das. Manches wird klarer. Nepal, Thailand, Laos, Vietnam, Kambodscha, Hongkong, Japan, Korea, Australien, Neuseeland, Fidschi, USA,

Guatemala, Honduras, Nicaragua, Costa Rica, Panama, Kolumbien, Venezuela, Brasilien. Mir hat ein maoistischer Freiheitskämpfer eine Waffe vors Gesicht gehalten, um eine revolutionäre Spende einzutreiben, die vermutlich ein paar Tage später in Munition angelegt wurde (Nepal). Ich stand drei Meter neben einer Schießerei zwischen einem Ladendieb und einem Wachmann (Venezuela), ich wurde ausgeraubt (Vietnam), ich erlebte eine üble Barprügelei und kann sagen, dass sie nicht wie im Film läuft (Honduras), ich hatte Denguefieber (Panama), und ich habe mit jemandem gesprochen, der für das Recht, auf hundert Quadratmetern Mülldeponie nach Essen suchen zu dürfen, Schutzgeld bezahlt. So etwas nennt man in Nicaragua «Schürfrechte» und ist auch in anderen lateinamerikanischen Ländern keine Seltenheit. So stumpf kann man nicht sein, dass diese Erfahrungen einen nicht verändern.

Natürlich habe ich gemerkt, dass mein Leben, das Leben meiner Freunde, meiner Bekannten, meiner Familie nicht normal ist. Normal im Sinne, dass es die Norm darstellt, dass es vergleichbar wäre mit dem Leben der anderen, in anderen Ländern. Und ich meine nicht nur, dass sich die Kultur unterscheidet, die politischen Überzeugungen, die Religion und das Einkommen. Ich meine das Leben selbst, womit wir es füllen.

Die meisten, die ich auf dieser Reise getroffen habe, würden unseren Alltag nicht Alltag nennen, sondern Flucht. Der Termindruck, die Hetze, die damit verbundene Gereiztheit – natürlich würden Bauern in Lateinamerika, Fischer auf Fidschi, Sherpas in Nepal nicht verstehen, warum man freiwillig so lebt.

Ein Beispiel: Jeder, dem ich auf der Reise erzählt habe, dass es in Deutschland Fahrpläne gibt, die minutengenau vorhersagen, wann der Bus kommt, hielt mich für einen Lügner. Die meisten verstanden nicht mal, warum es so etwas überhaupt geben muss: präzise Busabfahrtszeiten. Was um alles in der Welt könnte so wichtig sein, dass man auf die Minute genau wissen muss, wann man loskommt? Wie wenig Zeit kann man haben, dass Minuten zählen?

Die meisten glaubten mir auch nicht, dass es für uns ein Affront wäre, wenn unser bester Freund spontan zu Besuch käme. Ohne Anmeldung, einfach so. Wir wären irritiert. Vielleicht würden wir uns sogar fragen, ob uns dieser Freund wirklich mag, uns respektiert, wenn er einfach so vorbeikommt. Das ist nicht normal. Jedenfalls für die meisten Menschen, die ich auf der Reise getroffen habe. Sie finden, dass es doch etwas Schönes ist, wenn ein Freund spontan und ohne besonderen Grund vorbeikommt. So verrückt es klingt, aber der gänzlich andere Umgang mit Zeit war so ziemlich der größte Unterschied, den ich feststellen konnte. Menschen, die auf einer Bank sitzen können, ohne das Gefühl zu haben, dass sie Zeit verschwenden. Oder das Handy zücken zu müssen.

Vor zehn Tagen bin ich gelandet, was etwas anderes ist, als zu sagen, dass ich seit zehn Tagen hier bin. Ich rede jetzt wieder den ganzen Tag lang Deutsch, meine Sprache, die ich so sehr liebe. Eine wunderschöne Sprache, wirklich, und es ist traurig, dass sie niemand auf der Welt spricht. Nicht mal die Deutschen. Wenn sie ins Ausland gehen, sprechen sie untereinander Englisch.

Ich bin noch nicht in der Verklärungsphase, die nach solchen Reisen eintritt. Es ist noch alles präsent. Die furchtbaren Dinge und die großartigen. Die Vulkane Guatemalas, die blauen Seesterne Panamas, die Gletscher Neuseelands, die Hügel in Laos, Tom, der mit einem kleinen Boot aus einem alten Garagentor Tigerhaie fängt, um Geld fürs Studium seines Sohnes zu verdienen.

Ich sehe noch die Blutflecken auf den Kopfkissen der Hotelzimmer, das Tropenkrankenhaus, das nach Leichen roch, die Schlange in meinem Rucksack, die Kinder in Nicaragua, die auf mein Essen starrten, die Frau, die in einer Hütte lebte, die komplett aus Pepsi-Dosen gebaut war. An solche Dinge denkt man, wenn ein Kollege davon berichtet, dass seine Vermieterin ein langes Gespräch mit ihm geführt hat, in dem es um die Frage ging, ob für die Mietwohnung eine Flachspüler-Toilette oder eine Tiefspüler-Toilette angeschafft werden sollte. Preis vierhundert Euro. Bei einem Flachspüler würde man «sein Geschäft» noch sehen, nachdem man es erledigt habe. Das sei einigen Menschen wichtig. Bei einem Tiefspüler sei es hingegen weg. Sie sei da offen, sagte die Vermieterin. Also, was nun? Sei er eher der Tiefspüler- oder der Flachspüler-Typ?

Vielleicht hilft es zu wissen, dass viele Weltreisende ein solches Jahr nicht wiederholen. Sie machen es einmal und fahren dann immer nur noch einige Monate weg. Ideal scheinen drei Monate zu sein. Aber die Meinungen gehen da auseinander. Eine andere Sache ist, dass viele zwar eine Weltreise planen, die Tickets vorher kaufen, das Ganze aber dann doch eher eine Art Umzug wird. Sie reisen vier Monate und bleiben dann den Rest der Zeit auf Goa, Ko Phi Phi, Utila stecken. Müde Nomaden. Reisen strengt an, man braucht Disziplin. Reisen ist Arbeit.

Vermutlich ist es unsinnig, einen Rat zu geben. Wer sich vorgenommen hat, eine solche Reise zu machen, wird sich nicht davon abbringen lassen. Gleich, was er hört. Wer sich nicht sicher ist, der sollte es lassen. Man wird seinen Rucksack hassen, und für jeden schönen Moment, den man erlebt, wird man mit mindestens einem Moment bezahlen, der blanker Irrsinn ist. Alles gleicht sich während einer Reise aus. Man erarbeitet sich schöne Momente. Und oft sind sie erst schön, wenn man sie hinter sich hat.

Ein paar Dinge sollte man sich vor Augen halten, wenn man wieder vom Aussteigen träumt. Daheim ist, wie ich schon sagte, kein Ort, das wird man verstehen, wenn man zurückkommt. Das heißt nicht, dass man das Daheim nicht fühlen kann, wenn man durch die Wohnungstür eines Freundes kommt. Und Glück, wie gesagt, Glück ist auch kein Ort. Wenn man sein Leben nicht mag, ist nicht Deutschland daran schuld. Woanders hinfahren bringt in dieser Hinsicht nichts, man hat sich selbst ja doch immer dabei. Wenn es so etwas wie ein Ergebnis, eine Zusammenfassung gibt, dann vielleicht ein Gefühl der Dankbarkeit. Das sollten die meisten Menschen in Deutschland sein, dankbar, dass man da geboren wurde, wo man die Wahl hat zwischen diesem und jenem, dankbar, dass man fünfundfünfzig Hartz-IV-Sätze in einem Jahr für eine solche Reise ausgeben konnte, dankbar, dass man jetzt ein paar Fragen besser formulieren kann, ohne dass man den Antworten entscheidend nähergekommen wäre.

Wenn sich so ein Gefühl nach einer Weltreise einstellt – dann war es wahrscheinlich richtig, für eine Weile auszusteigen.

Mein fremdes Land (Spanien)

Vor gut zehn Jahren interviewte mich ein kleiner, runder Mann. Ein spanischer Moderator, von dem ich noch nie gehört hatte, den aber in Spanien jedes Kind kennt. Sein Name ist Jordi Évole. Er war lange Jahre der Sidekick eines berühmten Late-Night-Talkers und hatte irgendwann seine eigene Sendung bekommen.

Wir trafen uns an einem nasskalten Samstagnachmittag am Brandenburger Tor. Évole bat mich, über Deutschland und Spanien zu sprechen – als Sohn spanischer Einwanderer, vor allem aber als Deutscher. Ich sollte erklären, was wir, die Deutschen, richtig und was sie, die Spanier, falsch machen. Évole ist ein Star im spanischen Fernsehen. Das Konzept stammt aus den USA. Man nehme einen ehemaligen Komiker, räume einen guten Sendeplatz frei und lasse ihn ironisch, schlagfertig und gut informiert ernste politische Themen behandeln. John Oliver und Trevor Noah sind einige der amerikanischen Vorbilder. In Deutschland macht das mittlerweile Jan Böhmermann sehr ordentlich. Solange der Komiker nicht Mario Barth heißt, kann mit diesem Format meines Erachtens nichts schiefgehen.

Évole machte mir klar, dass Deutschland, das blendend durch die Wirtschaftskrise von 2008 gekommen war und vor Kraft nur so strotzte, gerade wieder sehr bewundert werde in Spanien. Das hat sich meiner Meinung nach bis heute nicht geändert. Deutschland funkelt, wenn man vom Süden Europas darauf schaut. Es ist wie früher, als meine Eltern ihr Dorf verließen, um ihr teutonisches Glück zu suchen. Es war die Zeit, als man hierzulande noch keine gebildeten Kräfte brauchte, sondern nur ungebildete Kräftige.

Was also sollte ich diesem Journalistenkomiker und den Millionen Spaniern, die seine Sendung sehen würden, sagen? Was war die richtige Antwort? Er war nicht der Erste, der mich gefragt hatte. Immer wieder wollten Leute von mir wissen, was ich, der Spanier, der in Deutschland lebt, vom Land meiner Eltern halte. Mir ging viel durch den Kopf. Seit ich Journalist bin, schreibe ich immer wieder über Spanien.

Mein Verhältnis zu dem Land ist nicht ganz einfach, sagte ich Évole. Ich bin in Spanien geboren, habe einen spanischen Namen, ein spanisches Sprechtempo, einen spanischen Pass und freue mich, wenn Spanien im Fußball gewinnt. Aber ich lebe in Deutschland, bin hier zur Schule gegangen, meine Kinder sind Deutsche, auch meine besten Freunde, ich liebe die deutsche Sprache, arbeite hier. Natürlich erwähnte ich, wie liebenswert Spanier sind. Wie großzügig, wie wichtig ihnen Geselligkeit, Familie, Freundschaften sind. Sie lieben Kinder. Ich kann nicht mal sagen, wo die vielbeschworene Lebensqualität höher ist. Wenn man sie an Geld, medizinischer Versorgung und Arbeitsplatzsicherheit festmacht, dann vermutlich in Deutschland. Wenn man sie aber wörtlich versteht, es um die Frage geht, wo man besser lebt, weil mehr gelacht, mehr ausgeruht, mehr gealbert wird – dann bin ich mir nicht sicher.

Meine intensivsten Erinnerungen an Spanien sind, trotz der vielen Besuche danach, über dreißig Jahre alt. Es sind die verklärten Sommererinnerungen eines Kindes. Meine Eltern stammen aus Andalusien, sie kamen in den Siebzigern nach Deutschland und arbeiteten bis zur Rente in einer Reifenfabrik in Hanau. Meine Familie war Teil der Gastarbeiterkarawanen, die sich jedes Jahr von Deutschland aus in den Süden begaben. Meine türkischen Schulfreunde fuhren Richtung Südosten, wir nach Südwesten. Erst mit einem vollgepackten Opel durch Frankreich, dann am Mittelmeer entlang bis ins Dorf meiner Eltern. Dreißig Stunden im Auto, Pausen nur zum Tanken, Vater Kettenraucher. Die Rückbank war für mich, meine beiden Brüder und einen Koffer da. Kindersitze gab es nicht, sie wären aber auch sinnlos gewesen, weil mein Vater die Sicherheitsgurte hinter der Rückbank hatte verschwinden lassen. Brauchte niemand, und wir würden nur mit ihnen spielen und sie kaputt machen, was den Wiederverkaufswert des Wagens gemindert hätte.

Damals, nach dem Gespräch mit Évole, beschloss ich, die Reise erneut zu machen. Wieder die Küste entlang, nur mit mehr Zeit, um mit Leuten zu sprechen. Sie sollten mir erklären, was aus diesem Land geworden war. Wie gesagt, das ist gut zehn Jahre her. Man muss aber genau diese Zeit verstehen, um das Spanien von heute, im Jahr 2021, einordnen zu können. Man kann Spanien, die spanische Politik, die komplett gewandelte Parteienlandschaft nicht begreifen, ohne die Auswirkungen der Weltwirtschaftskrise zu betrachten, die mit dem Zusammenbruch der amerikanischen Investmentbank Lehman Brothers im September 2008 ihren Anfang nahm. Die Folgejahre der Rezession, der langsame Abstieg Spaniens vom Musterschüler zum Problemkind Europas haben das Land verändert. Nicht unbedingt zum Besseren.

Die erste richtige spanische Großstadt, an die ich mich erinnern kann, ist Barcelona. Hier begann meine Reise. Sie war damals nicht die Stadt der Designhotels und der Tapas im Barri Gòtic, der sinnsuchenden Romanistikstudentinnen, die hier Spanisch lernen wollen. In meiner Kindheit war es die Stadt ohne Autobahnring. Er war noch nicht gebaut. Mein Vater hasste die Anarchie des Verkehrs, die Seats, die Guardia Civil, die in den Achtzigern Francos Schutz, nicht aber ihre widerliche Arroganz verloren hatte. Meine Mutter zwang uns, trotz der Hitze, die Fenster hochzukurbeln. An den Ampeln warten Trickdiebe auf deutsche Autos, sagte sie. Ich hasste Barcelona.

2012, bei meinem damaligen Besuch, war das anders. Ich kam an, nachdem der damalige spanische Ministerpräsident Mariano Rajoy Europa darauf vorbereitet hatte, dass die Rettung der spanischen Banken hundert Milliarden Euro kosten könnte. Er hatte davor behauptet, Spanien werde nie Hilfe benötigen. Aber das hatten einige deutsche Banken auch gesagt.

Im Hotel schaute ich Fernsehnachrichten. Sie bestanden wie auch heute noch aus zwei Teilen. Dem Horrorfilm und der Märchenstunde. Damals hieß es, dass immer mehr Sparer ihre Sparkonten räumten, dass die Provinz Castilla-La Mancha reihenweise Schulen schließe, weil das Geld fehle, die Arbeitslosenquote lag bei fünfundzwanzig Prozent. Heute steht die Zahl bei rund sechzehn Prozent, bei den unter Fünfundzwanzigjährigen sind es vierzig. Musste ein Arbeiter unter dreißig damals etwa die Hälfte seines Einkommens für Miete ausgeben, sind es heute sagenhafte fünfundachtzig Prozent. Es erklärt, warum die Kinder in Spanien im Schnitt mit neunundzwanzig Jahren ausziehen. Das, wie gesagt, ist der erste Teil der Nachrichten, der Horrorfilm. In der Märchenstunde geht es um Fußball. Real Madrid, Barcelona, Handball, Basketball, Radrennen, Formel 1, Golf. Spanien ist eine phantastische Sportnation, darum lautet auch einer der idiotischsten Sprüche spanischer Sportfans: Hey, ich bin Spanier, in welcher Sportart soll ich dich besiegen?

Die Wahrheit war allerdings auch: Wer damals längere Zeit Nachrichten schaute, verstand, warum die Hälfte der Sendezeit dem Sport gewidmet wurde. Man wäre andernfalls verrückt geworden. 2011, drei Jahre nach Lehman und während es in Deutschland schon wieder aufwärtsging, drehte sich alles um die Wirtschaftskrise. Wirklich alles: Ein Baumarkt schrieb zweihundert Stellen aus, zwölftausend Bewerber. Akademiker neigten dazu, ihre Abschlüsse bei Bewerbungen zu verschweigen, um gegen Geringqualifizierte zu bestehen. Streikende Minenarbeiter in Asturien lieferten sich Straßenschlachten mit der Polizei. Der Verkauf von Tresoren nahm zu. Das waren keine Nachrichten, das war Terror.

Barcelona war 2011 voller Touristen. Die Übernachtungszahlen hatten während der Boomjahre enorm zugenommen. Die Cafés rund um die Plaça de Catalunya servierten weiterhin überteuerten Kaffee. Die Polizei verscheuchte die Bettler. Man musste die Krise ein paar Querstraßen weiter suchen.

An einer Kreuzung auf der Avinguda Diagonal traf ich Pedro Panlador, einen schmächtigen Mann, der sich vor eine Filiale von Bankia gestellt hatte. Er wollte sie stürmen. Einige Gleichgesinnte begleiteten ihn. Sie hatten Zeitungsredaktionen angerufen, damit sie über die Aktion berichteten, aber die hatten abgewunken. In Spanien waren damals Demos vor Bankfilialen an der Tagesordnung.

Bankia, eine Bank aus Madrid, hatte Pedro Panlador aus der Wohnung geworfen, weil er seinen Kredit nicht mehr bedienen konnte. Er kam aus Kolumbien, lebte damals seit zwölf Jahren in Spanien. Er hatte 242 000 Euro Schulden.

Vor der Krise war er Chauffeur, als ich ihn traf, war er seit über zwei Jahren arbeitslos.

Passanten liefen vorbei, einige sprachen Panlador Mut zu, andere applaudierten. Nicht einer fand es verkehrt, dass man sich vor eine Bank stellt und «Verbrecher» skandiert. Denn genau das waren sie für viele Spanier, die Banken. Panlador sagte, dass er «friedlich» vorgehen werde, er wolle «nur den Direktor sprechen».

2011 machte Bankia drei Milliarden Euro Verlust. Die Bank benötigte über zwanzig Milliarden Euro an Staatshilfen, um nicht pleitezugehen und damit das spanische Finanzsystem mit in den Abgrund zu reißen. Der letzte Chef damals hieß Rodrigo Rato, ehemaliger Finanzminister unter dem Ministerpräsidenten José María Aznar. Bis 2007 war Rato Chef des Internationalen Währungsfonds. Es war dann auch kurz darauf unter anderem genau dieser IWF, der Spaniens Finanzsystem retten – und im Gegenzug die Senkung der Löhne und Renten fordern würde. Heute verdient ein junger Arbeiter in Spanien im Monat rund zweihundert Euro weniger als noch vor zehn Jahren.

Ich weiß noch, dass mir Panlador und seine Mitdemonstranten leidtaten. Ich war dabei, als die «Erstürmung» beginnen sollte. Davor hatte Panlador bereits vor einer Bankia-Filiale gezeltet, aber eine Erstürmung würde mehr Eindruck machen. Er nahm seinen Mut zusammen und ging zum Eingang. Da sah er, dass die Filiale eine Sicherheitstür und eine Klingel hatte.

Panlador klingelte.

Bankia öffnete nicht.

Panlador drehte sich zu den anderen. Sie schauten etwas ratlos. Schließlich pustete einer in eine Trillerpfeife. Dann klebte er ein paar Aufkleber auf die Scheibe. Die Banken sollten aufhören, säumige Kunden aus den Wohnungen zu werfen, stand da. Spanien war zum Land der traurigen Demos geworden.

Zwei Jahre später forderten auf einer Großdemo rund eine Million Menschen die Regierung auf, die Schulden Spaniens nicht zurückzuzahlen. Die Troika bestehend aus Internationalem Währungsfonds, EU-Kommission und Europäischer Zentralbank hatte Spanien Milliardenkredite zur Bankenrettung bereitgestellt. Im Gegenzug musste das Land massiv Sozialausgaben kürzen. Die diktierten Bedingungen waren hart. Die Lohnkosten sanken, und die Wirtschaft erholte sich ein wenig, aber das Leben wurde immer schwieriger. Gerade für die Jungen. «Märsche der Würde» wurden die Demos damals genannt. Spaniens konservative Regierung ignorierte die Proteste und hat wiederholt ausstehende Kredite beim Euro-Rettungsschirm vorzeitig zurückgezahlt.

Panlador machte ein paar Schritte zurück. «Ich bin müde», sagte er. Es gibt keine Privatinsolvenz in Spanien, Panlador würde die 242000 Euro Schulden behalten, solange er lebte.

Ich stellte mir damals genau die Frage, die Spaniens politische Debatte über Jahre dominieren sollte. Wer war an dieser monumentalen Krise des Landes schuld? Die Krise, die alles durchdrang, die praktisch jeden Tag betraf. Die Banken, weil sie einem Mann wie Panlador, der 940 Euro netto im Monat verdiente, eine Viertelmillion Euro gaben – und damit sein Leben für immer ruinierten? Oder Panlador selbst, der so einen Kredit aufgenommen hatte? Niemand hatte ihn gezwungen, dieses Risiko einzugehen. Schwer zu sagen, man muss dafür die Jahre vor der Krise verstehen.

Spanien war bis 2008 ein Wirtschaftswunder-Spielkasino gewesen, auf das die Welt voller Anerkennung schaute.

Überall im Land wurde gebaut, überall Geld verdient. Billiges Geld aus Europa, eine neue, sichere Währung, Banken, die es zu Minizinsen praktisch verschenkten, und nicht zu vergessen: Wohnungen, die sich selbst zu finanzieren schienen, weil die Immobilienpreise stetig stiegen. «La casa no baja», Häuserpreise fallen nicht, die perfekte Investition. Natürlich würden die Preise fallen, aber daran glaubte Anfang des neuen Jahrtausends niemand. Der Bauboom befeuerte andere Branchen, es entstanden massenweise Jobs – dieser Mix verwandelte die Spanier in Spielsüchtige und das Land in ein Casino. Niemand musste mehr ertragen, dass der Nachbar ein Wochenendhaus in Conil an der Costa de la Luz hatte und man selbst nur einen Wohnwagen auf einem Campingplatz. Es wurde ja überall gebaut, also kaufte man sich auch ein Häuschen am Meer, oder in den Bergen, am besten beides.

Ich gab Panlador die Hand, wünschte ihm Glück und lief durch die Straßen. Barcelona ist wunderschön, viel schöner als Berlin, Frankfurt oder München. Trotz der «Zu verkaufen»-Schilder an den Balkonen, trotz der Goldhändler, die überall Läden bezogen hatten, in denen sie den Schmuck der Verzweifelten aufkaufen. Die Stadt kam mir vor wie die Frau des Fabrikdirektors, die noch nicht glauben will, dass die Firma bankrott ist. Der Pelz ist noch da, der Diamantring, das Porzellan, aber alle wissen, dass es bald vorbei sein wird. Die Arbeitslosenquote in Barcelona lag damals bei 17,7 Prozent. Sie war in kürzester Zeit um gut zehn Prozent gestiegen. 17,7 Prozent ohne Arbeit in der reichsten Stadt Spaniens.

Ich stieg ins Auto und verließ Barcelona. Ich hatte einen Termin in Sabadell, einer ehemaligen Textilstadt. Ich war mit Antonio, einem Familienvater, verabredet. Auch er hatte seine Wohnung verloren. Er wollte aber keine Bank stürmen, er wehrte sich wirklich. Er hatte eine Wohnung besetzt.

Es war früher Nachmittag, Antonio bat mich herein. Ich betrat einen schmalen Flur. Er zeigte mir ein winziges Bad, eine Wohnküche mit großem Kühlschrank, ein Schlafzimmer, in dem zwei Betten standen, auf denen jeweils ein Plüschtier lag.

«Das ist es», sagte Antonio, das neue Zuhause. Im Klo stapelten sich ein paar Kartons.

«Wie lange bist du schon hier?»

«Zwei Tage.»

«Wie bist du reingekommen?»

«Sag ich nicht, aber ich war mal Schweißer. Morgen schlafen meine Mädchen das erste Mal hier.»

Antonio hatte zwei Töchter, vierzehn und siebzehn. Die jüngere ging zur Schule, die ältere machte eine Ausbildung zur Friseuse, wurde aber wegen der Krise nicht bezahlt. Sie war dennoch froh, denn sie war die Einzige aus ihrer ehemaligen Klasse, die überhaupt eine Stelle gefunden hatte.

Antonio Zamora Hidalgo, siebenundvierzig Jahre, verschlossener Typ, hatte zwei Tage zuvor seinen Kampf gegen das System gestartet. Er hatte über zwanzig Jahre lang in einer Metallfabrik gearbeitet, zwölf Jahre lang an jedem Monatsanfang den Kredit für seine Wohnung bei der Großbank BBVA bedient. Dann wurde er entlassen. Als er die Raten nicht mehr zahlte, verlor er alles. Es gibt kein Hartz IV in Spanien, nur Hilfen, die auf wenige Monate beschränkt und an strenge Bedingungen gebunden sind. Was es gibt, ist eine Regelung, die vorsieht, dass der Kreditnehmer nicht einfach die Immobilie zurückgeben kann, um seine Schuld zu begleichen. Im Zweifel verliert er die Wohnung und schuldet dennoch den vollen Kaufpreis.

Antonio wusste nicht, wohin er mit den Kindern sollte. Seine Frau hatte die Familie gerade verlassen, weil sie nicht ertrug, wie tief sie gesunken waren. Antonio wandte sich an eine Bürgerinitiative in Barcelona. Dort sagten sie, dass zwanzig Prozent der spanischen Wohnungen leer stünden. Darunter auch eine in Sabadell, seit fünf Jahren. Die wäre ideal für ihn.

Die kleine Wohnung lag in einer ruhigen Seitenstraße im Stadtteil Ca n'Oriac und gehörte der Caixa Catalunya, einer dieser größenwahnsinnigen Provinzsparkassen in Spanien, die wie entfesselt Immobilienkredite vergeben hatten und nun mit Steuergeld gerettet werden mussten. Mittlerweile heißt sie Catalunya Caixa und wurde von einer Großbank geschluckt.

«Hast du sie dir so vorgestellt?», fragte mich Antonio.

Ich schaute mich im winzigen Zimmer um. Die beiden Betten füllten es fast vollständig aus.

«Wenn du schon illegal eine Wohnung besetzt, warum nicht eine größere?»

Antonio musste lachen, aber er meinte nicht die Wohnung, er meinte die Lage in Spanien. Dann sagte er etwas, was ich nie vergessen werde: «Juan, ich kann dir sagen, wie die Lage in diesem Land ist, die Lage ist so, dass Typen wie ich Wohnungen besetzen.»

Also noch mal, wer ist schuld an der Misere? Antonio hatte noch nie Ärger mit der Polizei gehabt. Er trank nicht, war kein Anarchist, kein Linker, er schaute nicht mal Nachrichten. Jetzt war er Hausbesetzer. Womöglich hatte er einfach nur Pech gehabt und wurde mitgerissen, als dieses Schneeballsystem aus billigen Krediten und steigenden Wohnungspreisen, das spanisches Wirtschaftswunder genannt wurde, zusammenbrach. Es war die Zeit, als das «Time»-Magazin aus New York «Spain rocks» titelte und die deutsche Politik, deutsche Volkswirte und der IWF Spaniens Wirtschaft lobten.

Zehn Jahre nach meinem Besuch ist Antonio wieder ausgezogen. Er hält sich mit Gelegenheitsjobs über Wasser. Er hat sich nie wirklich erholt von dem Schlag. Das Geld für die alte Wohnung schuldet er der Bank noch immer. Es gibt keine genauen Daten, aber Schätzungen zufolge sind bis heute rund achtzigtausend Wohnungen in Spanien besetzt. Die meisten davon gehören Banken.

Ich setzte meine Reise fort, nach Castellón, einer etwas trägen Küstenstadt am Mittelmeer, geprägt von einem schönen Park und einem phänomenal hässlichen Kaufhaus im Zentrum. Als Kind mochte ich Castellón, den letzten Tankstopp vor unserem Dorf.

Ich fuhr in die Stadt, weil ich wissen wollte, warum Castellón einen Flughafen gebaut hatte, von dem keine Flüge starteten. Einen Flughafen, der 150 Millionen Euro gekostet hat und der zu einer Stadt gehört, die 65 Kilometer von Valencia entfernt liegt, wo es bereits einen viel zu großen Flughafen gibt. An der Zufahrt zum Flughafen steht eine Skulptur, die ein guter Freund eines Lokalpolitikers angefertigt hat. Sie ist unfassbar hässlich und soll dreihunderttausend Euro gekostet haben. Hinter den Zäunen erkannte ich einen Teil der dreitausend Flughafenparkplätze und der 2700 Meter langen Startbahn. Doch Castellón ist nicht mal der sinnloseste, auch nicht der teuerste Neuflughafen Spaniens. In Ciudad Real, 160 Kilometer von Madrid, wurde ein Flughafen für eine Milliarde Euro gebaut. Castellón und Ciudad Real fanden eigentlich so richtig erst zehn Jahre später Verwendung. Während der Coronakrise parkten hier Fluglinien ihre nicht gebrauchten Boeings und Airbusse.

Ich finde bis heute, dass Castellón ein ideales Beispiel für den Irrsinn ist, den Spanien vor der Wirtschaftskrise erlebte. Die Stadt litt lange unter dem Komplex, nicht so bedeutend, nicht so reich, nicht so bekannt wie Valencia oder Alicante zu sein, die ganz in der Nähe liegen. Irgendjemand hatte die Idee, das durch den Bau von siebzehn Golfplätzen in der Region zu ändern. Man habe stets gutes Wetter, und Golftouristen würden viel Geld dalassen, überzeugte jemand die Lokalpolitik. Siebzehn Golfplätze à achtzehn Löcher macht viele Golfer, darum sei ein Flughafen nötig. Die privat finanzierten Golfplätze wurden nie gebaut. Der Flughafen schon.

Die Stadt verhielt sich im Kleinen wie Spanien im Großen. Das Land wollte nicht der kleine Bruder Europas sein. Man wollte richtige Flughäfen, richtige Autobahnen, richtige Golfplätze. Die Zeiten, in denen Leute wie mein Vater mit einer zu dünnen Jacke an einem deutschen Bahnhof ankamen, waren vorbei. Das neue Spanien konnte Fußball spielen, hatte Konzerne wie Telefónica und Köche wie Ferran Adrià. Die Jahre vor dem Crash, sie waren für viele Spanier die Party ihres Lebens. Ein Rausch, eine Zeit ohne Maß, ohne Verstand. Viele Politiker mussten für eine Wiederwahl irgendein Projekt vorweisen, am besten aus Stein. Überall entstanden Sportplätze, Theater, Schwimmbäder, Straßenbahnen. Die Wirtschaft war verrückt geworden, auch die Politik. Die Demokratie aber, die funktionierte. Die Spanier hätten fragen können, woher das ganze Geld kommt, sie hätten fragen können, warum die Straßen besser, die Züge schneller, die Schulleistungen ihrer Kinder aber laut Pisa-Tests schlechter wurden. Sie hätten andere Politiker wählen können. Weniger verrückte. Taten sie aber nicht. Offenbar fand die Mehrheit, dass alles auf einem guten Weg war.

Meine letzte Station damals war das Dorf meiner Eltern, Huércal-Overa, eine Gemeinde mit achtzehntausend Einwohnern, die Provinz heißt Almería. Die Gegend wird die Wüste Europas genannt, trocken und im Sommer unerträglich heiß. Bully Herbig hat in Almería den «Schuh des Manitu» gedreht.

Früher blieben wir im Haus meiner Großeltern, etwas außerhalb. Es gab keine Toilette und keinen Strom. Das war in den Achtzigern. Nun hat das Städtchen ein öffentliches Theater, eine neue Plaza Mayor, ein überdachtes öffentliches Schwimmbad, ein neues Freibad, einen Zoo, einen Park, einen neugestalteten Stadtkern und reihenweise halbfertige Wohnblöcke.

Das Haus meiner Eltern liegt am nördlichen Ende der Stadt. Es ist ein schlichtes, eher hässliches Haus. Alles, was sie je gespart haben, ist in diese hundertdreißig Quadratmeter geflossen. Der einzige Luxus ist eine absurd überdimensionierte Klimaanlage auf dem Dach, die unser Wohnzimmer problemlos in eine Polarlandschaft verwandeln kann.

Ich bat meine Eltern, ein paar meiner Familienmitglieder anzurufen, um mit mir über ihr Leben in Spanien zu sprechen. Mein Onkel Juan arbeitet seit vielen Jahren in einem Agrarbetrieb. Er setzt Tomatenpflanzen, geht mit Dünger durch die Gewächshäuser, hilft bei der Ernte. Ein knochenharter Job, über den er sich in meinem Beisein nie beschwert hat. Er verdiente vor dem Boom ungefähr drei Euro die Stunde, es sind noch immer keine vier. Juan sagte mir, dass er die Krise nicht gebraucht habe, um zu wissen, dass er nicht zum reichen Europa gehöre. Er sei nun mal arm, er sei aus dem Süden.

Pepe, mein Cousin, war anders. Als Jugendlicher verkaufte er Schuhe auf den Wochenmärkten der Gegend, später Chips und Erdnüsse, irgendwann machte er den Lkw-Führerschein und versuchte sich als Transportunternehmer. Vor hundertfünfzig Jahren wäre er Goldgräber geworden. Es kamen die Boomjahre und die Zeiten für Leute wie Pepe. Leute, die nicht arm bleiben wollten. Anfangs saß er selbst am Steuer und hatte einen Lkw, später waren es zwei, danach drei, irgendwann acht oder neun. Es gab genug zu tun, immer wieder neue Kunden. Eine Brauerei, ein Autozulieferer, das Zwischenlager eines Großhändlers. Zum vierzigsten Geburtstag, ich war zu dem Fest eingeladen, schenkte er seiner Frau einen schwarzen Audi A6. Pepe hätte an diesem Tag vor Glück platzen können. Sie hatten es geschafft. Das Haus war abbezahlt, sie fuhren ein deutsches Auto, seine Tochter hatte gerade das Medizinstudium begonnen.

Pepe war einer der lustigsten Menschen, die ich kenne. Niemand riss öfter schmutzige Witze. Diesen Pepe gibt es nicht mehr. Die Krise hat ihn für immer verschluckt.

Mein Cousin ist heute ein kranker Mann. Er sagt niemandem in unserer Familie, wie viel Schulden er hat, aber wir haben uns damit abgefunden, dass er nie wieder schuldenfrei sein wird. Er zahlt noch immer für die Lkws die er längst zurückgegeben hat. Er ist arbeitsunfähig, ich würde sagen, er ist stark depressiv. Seine Tochter hat das Medizinstudium mittlerweile beendet, sie arbeitet in einem Krankenhaus in Barcelona. Sie wohnt nach wie vor zu Hause bei den Eltern. Sie unterstützt jetzt die Familie, ausziehen wird sie vorerst nicht. Später vielleicht, sagt sie, wenn es dem Vater besser geht, was meines Erachtens nie der Fall sein wird. Gespräche mit ihrem Vater laufen seit einigen Jahren immer gleich ab. Im Grunde sind es Monologe. Man redet mit sich selbst, und es ist nicht klar, ob Pepe zuhört. Er sagt genau zwei Wörter. Am Anfang «Hola», am Ende «Adios».

Die Krise hat ihn verändert, sie hat alles verändert. Anfangs, nach meiner Spanienreise, war ich noch wütend. Ich schrieb einen verärgerten Text in einem Magazin, der ziemliche Wellen in Spanien schlug. Eine Zeitung übersetzte ihn. Ich schimpfte über Castellón und seinen sinnlosen Flughafen, über die Jugendarbeitslosigkeit, die Tiraden gegen Deutschland in der spanischen Presse. Ich kam richtig in Fahrt. Wie kann es sein, dass sich zeitweise zweihundert spanische Politiker wegen Korruption verantworten müssen? Zweihundert? Wie kann es sein, dass der größte Dopingskandal der spanischen Sportgeschichte mit einer Bewährungsstrafe endet? Und die Richterin in diesem Prozess die Vernichtung der Blutproben anordnet, um die Persönlichkeitsrechte der Doper zu schützen? Wie kann man ernsthaft von der Schönheit Spaniens sprechen, die in Sachen Tourismus die Zukunft sein soll? Wenn man mich in Deutschland fragt, welchen Ort ich als Spanier für Mittelmeerurlaub empfehle, sage ich regelmäßig Griechenland. Die spanische Mittelmeerküste ist komplett zubetoniert, sie wurde von Bauspekulanten und ihren willigen Helfern in den örtlichen Rathäusern für immer ruiniert. Und was unternimmt die spanische Regierung? Sie beschließt nach der Krise ein «Küstenschutzgesetz», das 24 000 illegale Strandhäuser vor dem Abriss schützt, und versucht, noch mehr Häuser zu bauen, indem sie jedem Ausländer, der 160 000 Euro für eine Immobilie ausgibt, eine unbefristete Aufenthaltsgenehmigung in Aussicht stellt. Was soll ich davon halten, dass eine Staatssekretärin der konservativen Regierung die Abwanderung von Tausenden jungen Menschen nach Deutschland und Großbritannien mit der «Abenteuerlust der jungen Leute» erklärt? Wirklich? Junge, gut ausgebildete Ärzte, Philologen, Techniker ziehen von Madrid nach Delmenhorst, weil sie es mal so richtig krachen lassen wollen?

Spanien habe meines Erachtens genau die Politiker, die es verdient, schrieb ich in meinem Artikel. Nicht ein einziger spanischer Politiker habe sich an die Macht geputscht. Bürgermeister wüssten, dass sie Wahlen gewinnen, wenn sie populäre Bands für ihre Dorffeste engagieren oder Straßenbahnen bauen lassen, die ihre Gemeinden niemals würden unterhalten können. Spanien sei ein Land, in dem selbst Klöster ihre Gärtner schwarz bezahlen. Ein Land, in dem es Dörfer wie das meiner Eltern gäbe, in denen die Mehrheit der Bewohner schwarzarbeitet, nie korrekt Steuern gezahlt hat oder ihre Jobs Politikerfreunden verdankt. Ich schrieb, dass mich das alles so ankotze, dass ich überlege, meinen Pass zurückzugeben.

Es folgte ein Shitstorm. In Zeitungen, Blogs, Radiosendungen, Talkshows wurde mein Wutanfall aufgegriffen. Mein Telefon stand nicht mehr still. «Schwein», «Verräter», «Schuft» empörten sich Kommentare im Internet. Reporter standen bei meinen Eltern vor der Tür. Eine Zeitung erinnerte daran, dass die «Admiral Scheer», ein Panzerschiff der deutschen Kriegsmarine, im Mai 1937 Südspanien bombardiert habe – und jetzt das, der nächste Angriff der Deutschen! Ein Mitarbeiter der deutschen Botschaft musste mich während einer Podiumsdiskussion verteidigen. Sogar mein Bruder, er lebte damals in Kolumbien, bekam die Debatte in den Nachrichten mit. Entnervter Spanier will Pass zurückgeben, hieß es. Die Nachbarn im Dorf schnitten eine Weile meine Eltern. Es hatte nicht geholfen, dass ich den Artikel mit den Worten begonnen hatte: «Ich heiße Juan Moreno und komme aus einem kleinen andalusischen Dorf, in dem die Männer noch Männer sind und die Schafe deswegen Angst haben müssen.» Irgendwann legte sich die Aufregung. Nach der ersten Welle nahmen mich ein paar Prominente in Schutz und gaben mir recht. Die Sache beruhigte sich.

Es war interessant – und letztlich frustrierend –, was in den kommenden Jahren passieren sollte. Überall im Land taten sich junge Menschen zusammen und gingen auf die Straße, es gab Proteste, die «Empörten» wurden sie genannt. Sie zelteten in den Innenstädten und besetzten die Marktplätze des Landes. Ich konnte ihre Frustration nachvollziehen. Spaniens Politik hatte ihnen gegenüber alle Versprechen gebrochen. Das Einzige, was man mit Gewissheit über diese Generation sagen konnte, war, dass sie die erste nach dem Krieg war, der es schlechter gehen würde als der Generation davor.

Die Proteste ebbten ab mit der Zeit, und Spanien radikalisierte sich. Aus der Protestbewegung der Empörten wurde Podemos, eine linke Partei, die heute in der Regierung sitzt. Daneben entstand Ciudadanos, eine Art Podemos von rechts. Eher moderat gestartet, merkte die Partei schnell, dass man mit rechter Hetze auch in Spanien Stimmen gewinnen kann. Schnell fragten sich Wähler aber, warum sie mit Ciudadanos lauwarmen rechten Chauvinismus wählen sollten, wenn mit Vox ein durch und durch radikales Original bereitstand. Die ganze Wut, die Unzufriedenheit, die zerstörten Träume, sie mussten irgendwo hin. Vox ist offen ausländerfeindlich, fordert die Bewaffnung der Bevölkerung, ist königstreu, steht gegen jegliche Art der Emanzipation. Der übliche braune Cocktail. Heute ist Vox die drittstärkste politische Kraft im

Land. Als ich 2011 nach Spanien fuhr, vereinten die beiden Volksparteien, die Sozialisten vom Partido Socialista Obrero Español und die Konservativen vom Partido Popular, fünfundachtzig Prozent der Stimmen. Zehn Jahre später ist es nicht mal die Hälfte.

Spanien hat heute das, was die Argentinier «la grieta» nennen, «den Riss». Eine extreme Polarisierung zwischen zwei politischen Lagern. Am deutlichsten sieht man die Folgen wohl an der dramatischen Verschärfung des Katalonienkonflikts. Auch er hängt meiner Meinung nach mit der Krise von 2008 zusammen.

Als das katalanische Parlament 2017 die juristisch bedeutungslose Unabhängigkeit Kataloniens ausrief, war ich vor Ort, um darüber zu berichten. Spanien drohte auseinanderzubrechen. Ein kaputtes Land, im Wortsinn. Ich konnte nicht fassen, was ich da gerade erlebte. Mich wunderte nicht, dass die Regierung Kataloniens ihre Unabhängigkeitserklärung auf ein Referendum stützte, das sogar die von ihr bestellten internationalen Beobachter für unzulässig hielten. Nicht mal, dass das Mandat der Regierung auf achtundvierzig Prozent der Stimmen bei den letzten Wahlen basierte. Oder dass womöglich die Mehrheit der Katalanen die Abspaltung überhaupt nicht will und ich ohnehin der Meinung bin, dass fünfzig Prozent der Stimmen für so einen enormen Schritt zu wenig sind. Das wären alles rationale Argumente gewesen, und die führten zu nichts. Ich fragte mich, warum niemand sah, dass es in Katalonien, wie so oft, vor allem um Gefühle ging. Die Gefühle, die entstehen, wenn Menschen sich als Verlierer, als Besiegte fühlen. Trump, Brexit, AfD, Katalonien – im Kern vier Befunde mit ähnlicher Grunderkrankung.

Wenn ich mit Katalanen sprach, war immer viel von Würde die Rede. Von Respekt, von Stolz, erstaunlich oft von Liebe. Die Katalanen, die für die Unabhängigkeit waren, sagten mir, dass sie keine Spanier seien. Sie liebten Katalonien. Nicht Spanien. Mir war es immer völlig egal, ob Katalonien unabhängig wird oder nicht. Mein Problem war, dass ich die Lovestory nicht glaubte. Ein paar Jahre zuvor, als Spanien boomte, war die überwältigende Mehrheit der Katalanen nicht für die Unabhängigkeit. Die Krise von 2008 änderte auch das.

Es gibt ein einfaches Gedankenexperiment, das meine Zweifel illustriert. Angenommen, der Vorstand des deutschen VW-Konzerns würde Folgendes schreiben: «Im Rahmen unserer Verantwortung ... bla, bla, bla ... und unter Berücksichtigung ... bla, bla, bla ... teilen wir mit, dass unsere Tochter, die Seat S. A., im Falle einer Unabhängigkeit Kataloniens und dem damit verbundenen Austritt Kataloniens aus dem EU-Binnenmarkt, ihren Hauptsitz samt Produktionskapazitäten von Barcelona nach Parderrubias in Galicien verlegt.» Ich garantiere, dass die Zustimmung zur Unabhängigkeit schlagartig sinken würde. Der so besondere, weil angeblich linke, fröhliche, im Grunde solidarische katalanische Nationalismus wäre sofort weg. Keine Chance auf fünfzig Prozent der Stimmen. Jeder, wirklich jeder, mit dem ich in Katalonien geredet habe, gibt mir recht. 14 500 Leute arbeiten für Seat in Barcelona.

Worum geht es also? Wirklich um die katalanische Kultur? Katalonien hat den Stierkampf verboten, was ich für richtig halte, aber nicht, weil das Töten von Stieren in der Arena barbarisch ist. Sonst würden sie auch die traditionellen Feste Kataloniens verbieten, in denen Stiere mit brennenden Hörnern durch Dörfer gejagt werden. Er wurde verboten, weil es in Madrid die Leute ärgert. Der katalanische Nationalismus ist vielleicht hübscher lackiert als andere, aber im Grunde das alte, asoziale Modell. Verbohrt, unsolidarisch, kleingeistig. Unser Geld soll nicht nach Andalusien, darum geht es. Dahlem in Berlin, Grünwald in München, Eppendorf in Hamburg: Ich könnte wetten, die würden ihre Steuern auch gern behalten.

Ich lebe in Berlin. Ich kann nicht sagen, wie viele junge spanische Anwälte, Betriebswirte und Soziologen mir in einem Café in Prenzlauer Berg einen Cappuccino serviert haben. Die meisten sagen mir, dass sie Spanien verlassen haben, weil sie nicht wüssten, was sie dort sollen. Man könne dort nicht leben. Es gebe keine Arbeit, eine Familie zu gründen sei unverantwortlich, wenn man sie nicht ernähren könne. Deutschland habe Zukunft, Spanien Strände. Ich habe das alles genau so schon mal gehört. Fast wortwörtlich. Es sind genau die Worte, die sich meine Eltern vor fünfzig Jahren gesagt haben.

Die große Höhlenshow (Thailand)

Anfangs denke ich mir nichts dabei. Anfangs, bei der Ankunft an der Höhle, stellt sich ein thailändischer Polizist in den Weg, hält mir sein Handy vors Gesicht und macht Fotos. Wird schon seinen Grund haben. Die anderen Polizisten sind nett, bieten Wasser gegen die Hitze an. Sie lächeln. Es sieht aus, als wolle der Mann nur ein Erinnerungsfoto. Ist ja auch aufregend hier. Gibt es nicht alle Tage, so eine dramatische Höhlenrettung. Die Welt schaut zu. Kinder rannten in einen Berg, dann regnete es, Wasser versperrte erst den Rückweg, jetzt besteht die Gefahr, dass es die Höhle flutet und die Kleinen tötet – ein Rennen gegen die Zeit.

Ich komme zum Eingang der mittlerweile weltberühmten Höhle. Erster Eindruck: Hier wird alles getan, um die Kinder zu retten. Auf der großen Freifläche, die sich zum Höhleneingang hin verjüngt, haben die Rettungskräfte das Pressezentrum errichtet. Offensichtlich sehr hastig, wacklige Zelte und Plastikstühle, aber ausreichend groß. Stabiles Internet gibt es auch. Neben der Presse ist das Lager für die Rettungstaucher, auf der anderen Seite die Garküchen, in denen kostenlos Essen verteilt wird. Dazwischen auffallend viele Soldaten, Polizisten, sonstige Uniformierte. Im Hintergrund ein halbes Dutzend Übertragungswagen, davor dramatisch blickende Fernsehreporter. Aus den USA, Großbritannien, Frankreich, Deutschland, Italien, Indien, Chile, Neuseeland.

Ich frage mich, ob es hier wirklich um die Rettung von zwölf vermissten Kindern und ihrem Fußballtrainer geht. Im Innern des Berges, vier Kilometer von hier, spielt das Drama des Jahres 2018. Ein Medienspektakel, wie vor einigen Jahren in Chile, als Minenarbeiter in der Atacama-Wüste verschüttet wurden. Damals war ich auch schon vor Ort. Das Magazin, für das ich arbeite, hatte mich hingeschickt.

Der erste skeptische Gedanke kommt, als Pablo verschwindet. Pablo ist mein Fotograf, jemand, der seit vielen Jahren in Thailand lebt, jemand, der sich auskennt. Er packt nach ein paar Stunden sein Equipment zusammen und sagt: «Ist mir zu heiß hier. Wenn du einen kritischen Text zur Rettungsaktion schreibst und die herausbekommen, dass ich die Fotos gemacht habe, schmeißen die mich aus dem Land. Ich verschwinde.»

Pablo hatte sich einige meiner alten Texte angeschaut und war wohl der Meinung, dass ich nicht nur einfach schreiben würde, wie aufregend das doch alles sei. Ich hatte ihm gesagt, dass ich nicht mit Angehörigen sprechen wolle. Das Letzte, was eine Mutter jetzt tun sollte, ist, mir, einem Reporter, zu erzählen, wie schlimm es ist, dass ihr Kind vielleicht nie aus der Höhle kommt. Ich habe selbst Kinder, keiner muss mir erklären, wie das ist. «Lass uns eine Geschichte finden, die nicht nur über die Kinder in der Höhle, sondern auch etwas über Thailand erzählt», hatte ich zu Pablo gesagt. Kurz darauf war er weg.

Gerade hat ein anderer Polizist erneut fotografiert. Ich versuche noch, Pablo zu überzeugen: «Was ist denn schon passiert? Ein paar Selfies mit Polizisten, das ist doch nicht schlimm.» Er solle sich mal umschauen, sage ich. Sei doch alles perfekt organisiert. Arbeitsplätze für die Presse, freies Essen, freies Trinken, sogar ein Espressostand inklusive

Milchaufschäumer und Eismaschine. Dazu kostenlose Thaimassagen und Haarschnitte. Pablo lässt sich nicht abbringen. Er geht.

Ich setze mich an einen der Tische im Pressezelt. Neben mir tippen Dutzende Journalisten in ihre Laptops. Also, was passiert hier eigentlich gerade, frage ich mich. Um es gleich zu sagen: Ich weiß nicht, was ich schreiben werde. Eine Reportage baut sich langsam zusammen. Wie ein Puzzle. Es dauert Tage. Der Text hat mehrere Ebenen, mehrere Kapitel, wenn man so will. Kapitel eins geht so: Zwölf Kicker einer Jugendmannschaft, elf bis sechzehn Jahre alt, und ihr Trainer, sechsundzwanzig, machen einen Ausflug in eine Höhle, obwohl sie wissen, dass man das in der Regenzeit nicht tun sollte. Aber sie kennen die Gänge, waren schon oft in der Höhle, auch in der Jahreszeit. Ging immer gut. Doch dann wird die Gruppe von einer Sturzflut überrascht. Die Wassermassen drängen die Jungs immer weiter ins Innere des Höhlensystems. Irgendwann sitzen sie in einer Falle. Sind umgeben von Wasser. Draußen beginnt ein Rennen gegen die Zeit. Rettungstrupps eilen herbei, Rettungstaucher, erst aus der Gegend, dann aus der Hauptstadt; später werden sogar welche aus England eingeflogen. Britische Taucher finden nach neun Tagen die Kinder. Entkräftet, verängstigt, aber am Leben.

Zweites Kapitel: Aus dem Rennen gegen die Zeit wird ein Rennen gegen das Wasser. Falls, wie angekündigt, der Monsun kommt, könnte die Höhle weiter geflutet werden. Die Kinder könnten ertrinken. Gigantische Pumpen werden herangeschafft, Wasserleitungen ins Freie gelegt. Ein steter Wasserlauf rauscht die Zufahrtsstraße hinunter, als ich zum Höhleneingang hinaufgehe. Das Wasser wird auf die umliegenden Reisfelder gepumpt, kilometerweit. Keiner denkt sich etwas dabei.

Drittes Kapitel: Der Sauerstoffgehalt in der Luftblase, in der sich die Gruppe befindet, fällt stetig. Auf 15 Prozent. 21 Prozent sind normal, bei 12 Prozent werden Menschen ohnmächtig. Ein Rettungstaucher stirbt beim Versuch, die Kinder zu erreichen, ein ehemaliger Elitesoldat der Thai Navy Seals. Spätestens jetzt ist jedem klar, wie gefährlich die Mission ist. Experten erklären, per Ferndiagnose und im Fernsehen, es sei Wahnsinn, den Kindern beibringen zu wollen, da selbst herauszutauchen. Völlige Dunkelheit, Erschöpfung, Nadelöhre, durch die man sich zwängen muss. Eine Panikattacke, ein winziger Fehler, und das war's. Das sei eine Rettung, die leicht in einer Katastrophe enden könnte.

Fassen wir zusammen: Helden, Kampf gegen die Elemente, Todesgefahr, ertrunkener Taucher, Kinder. Romanstoff. Die Onlineredaktionen merken es als Erste. Die Klickzahlen gehen durch die Decke, alles über die Höhle in Thailand wird gelesen, jedes Video wird angeschaut.

«Mehr, mehr», rufen die Heimatredaktionen ihren Reportern vor der Höhle zu. Auch mir. Da mein Fotograf verschwunden ist, frage ich einen thailändischen Koch, ob er kurz mein Handy halten kann und mich bei einem Aufsager für die Internetseite meines Magazins filmt. Da ich auch mal fürs Radio gearbeitet habe, gebe ich für verschiedene Radiosender Interviews. Die immer gleichen Fragen: Wie ist die Stimmung, reicht die Luft, kommt das Wasser, was wird aus dem Leichnam des toten Thai-Seals? Werden die Kinder es schaffen? Die einzig aufrichtige Antwort, nämlich: wie zum Henker soll ich das denn wissen, geht nicht. Also beschreibt man wahrheitsgemäß, was man sieht, und wiederholt, was die Offiziellen einem gesagt haben. Ich habe das schon ein paarmal erlebt.

Jürgen Klopp, kein Höhlentaucher, sendet eine Videobotschaft, und Elon Musk, der amerikanische Milliardär, ist zwar auch keiner, schickt aber ein Mini-U-Boot, das kein Mensch braucht. Die Fifa lädt die Kinder zu einem Fußballspiel ein. Vielleicht schaffen sie es rechtzeitig.

Die Maschine läuft jetzt. CNN schafft haufenweise Kollegen mit perfekten Zähnen und knitterfreiem Dschungel-Outfit heran. Reporter und Reporterinnen aus der ganzen Welt treffen ein. Reihenweise finden sich thailändische Helfer – Fixer oder Stringer genannt –, die gegen Dollars «super Kontakte» zu den Angehörigen versprechen. Für mehr Dollars sogar «Zugang zur Höhle». Beides ist Unfug, weil sowohl die Angehörigen als auch die Höhle von Militärs bewacht werden.

Dann die erste Pressekonferenz; das merkwürdige Gefühl, das aufgekommen war, als mein Fotograf Pablo seine Sachen packte, wird stärker. An einem leicht erhöhten Tisch sitzen Männer in Militäruniformen. Vor ihnen eine Hundertschaft Kameramänner. Es sprechen: ein ehemaliger Gouverneur, ein Soldat, jemand von den Nationalparks, aber niemand, der Experte für Höhlenrettungen ist. Nacheinander erklären sie, dass alles getan werde, um die Kinder zu retten, berichten von Fortschritten, davon, was weiter geplant sei. Das dauert zwanzig Minuten. Das Camp, sonst wuselig und nervös, hält inne. Nur das Flüstern der thailändischen Simultanübersetzer ist zu hören. Leider übersetzen einige von ihnen frei erfundenes Zeug, was reihenweise zu Falschmeldungen führen wird.

Als ein ausländischer Reporter eine etwas kritische, aber im Kern doch belanglose Frage stellt, stehen die Männer am Tisch auf. Sie verlassen die Bühne ohne ein weiteres Wort. Man lernt: Pressekonferenzen in Thailand sind nicht das, was man sich bei uns darunter vorstellt. Also ein Frage-und-

Antwort-Spiel. Nein, in Thailand ist es eher ein Diktat. Man darf mitschreiben. Nicht fragen. Im Anschluss gibt es eine Fotogelegenheit. Alte Männer, die nicht wirklich vom Fach sind, an einem Tisch.

Dabei hätte es Fragen gegeben, zum Beispiel: Wenn seit Jahren bekannt ist, dass die Kinder aus der Gegend auch in der Regenzeit in die Höhle gehen, hätten die Behörden nicht auf die Idee kommen können, vielleicht etwas mehr als ein mäßig lesbares Schild an den Höhleneingang zu setzen? Warum hat man sie nicht einfach verschlossen?

Ein Kollege, der seit Jahren hier lebt und gerade für einen deutschen Radiosender im Einsatz ist, gibt einen gut gemeinten Rat: «Stellt keine Fragen, schon gar nicht diese. Für harmlosere Dinge wurden schon Kollegen verhaftet.»

In all den Tagen, in denen ich zu dieser Pressekonferenz gehe, wird kein Journalist den Mund aufmachen. Kritische Nachfragen machen nur Ärger. Ein Journalist aus Deutschland meint: «Kenne ich. Ist hier wie beim DFB.»

Ich spreche mit anderen Kollegen, Deutschen, Briten, Australiern, Italienern, die seit Jahren in Thailand arbeiten, Korrespondenten. Erkenntnis: Pablo, der misstrauische Fotograf, wusste, was er tat. Wenn man seinen Lebensunterhalt mit Artikeln über Thailand verdient, sollte man sich genau überlegen, was man berichtet. Und was besser nicht. Eine freie Presse gibt es in Thailand nicht. Auch keine freie ausländische Presse. Ein regierungskritischer Satz kann die berufliche Existenz kosten. Wer als ausländischer Journalist in Thailand arbeitet, muss alle neunzig Tage bei den Behörden vorstellig werden. Seine Texte werden später von der thailändischen Botschaft kontrolliert. Überschreitet ein Artikel eine Grenze, von der niemand weiß, wo sie liegt, kann man des Landes verwiesen werden. Ganz gleich, ob man mit der

Familie hier lebt, Kinder in der Schule hat, gerade ein Haus gekauft hat, egal, wie lange man im Land ist – die Gefahr, ausgewiesen zu werden, ist immer präsent. Seit Jahren herrscht eine Militärjunta im Land. Seit Jahren verspricht sie, bald demokratische Wahlen abzuhalten.

Das politische Spektrum unterteilt sich nicht in links und rechts, sondern in oben und unten. Hier die konservativen Eliten, die wohlhabenden Bürgerschichten, das Militär, vor allem im reichen Süden. Dort die Bauern, die Tagelöhner, die Arbeiter, die für den Mindestlohn von dreihundert Baht am Tag, rund acht Euro, arbeiten, das ist der Norden, die Reiskammer des Landes, die Gegend um die Höhle.

Hier entscheidet das Militär. Die Verfassung wurde so verändert, dass, falls jemals das Versprechen der Wahlen eingehalten wird, die neue Regierung kaum relevante Entscheidungen treffen kann. Es gibt einen festgelegten «20-Jahres-Plan». Praktisch unveränderbar. Eigentlich ist es egal, ob Wahlen abgehalten werden oder nicht.

Geht es hier darum, Kinder aus einer Höhle zu holen? Oder liegt für die Militärs in dem Drama auch eine Chance? Die Gelegenheit zu einer großen Inszenierung. Thailand, nicht nur ein schönes, freundliches Land, sondern auch ein funktionierendes, effizientes, entschlossenes. Ein Land, das alles unter Kontrolle hat.

Ich spreche mit Miiko Paasi, einem finnischen Taucher, der zur Rettung angereist ist. Als er aus seinem Zelt kommt, ist er schnell von Journalisten umgeben, die wissen wollen, wie es wirklich ist. Es ist eine der seltenen Gelegenheiten, mit einem unmittelbar Beteiligten zu sprechen, der keine Militäruniform trägt. Paasi, ein kräftiger Mann mit blonden, langen Haaren, ist freiwillig hier, auf eigene Kosten. Als er anfängt zu reden, drängt sich ein thailändischer Soldat durch die Kamerateams und stellt sich vor den Taucher. Er zieht sein Handy heraus und filmt, was der Finne sagt. Paasi blickt den Soldaten einen Moment lang an, dann bricht er seine Rede ab und geht zurück in sein Zelt. Der Soldat läuft mit seinen Filmaufnahmen zu einem Vorgesetzten.

Ich gehe zurück ins Pressezelt, in dem der Handyempfang deutlich besser ist als in meiner Heimatstadt Berlin, und suche nach Tauchschulen in Thailand. Recht schnell habe ich jemanden in der Leitung, der im thailändischen Tauchparadies Ko Samui arbeitet. Der deutsche Leiter einer Schule erzählt mir, was manche der Taucher erlebt haben, die gerade in der Welt als Helden gefeiert werden. Einige, die in der Höhle gewesen seien, hätten ihren Einsatz abgebrochen, weil sie sich nicht vom thailändischen Militär schikanieren lassen wollten. Sie hätten sich nach Phuket aufgemacht, um Wasserleichen aus dem Meer zu holen. Zur selben Zeit nämlich, als sich in Nordthailand ein Weltdrama entfaltet, sind in Phuket bei einem Bootsunglück einundvierzig Menschen ums Leben gekommen. Aber das war eine Kurznachricht unter vielen. Nur eine Katastrophe, die nicht weiter beachtet wurde. Kein Romanstoff mit eingesperrten Kindern.

Im Camp bekommt man davon nichts mit. Und ich scheitere trotz gewisser Hartnäckigkeit an den einfachsten Fragen. Zum Beispiel die nach der Verantwortung des Trainers. Die Kinder sind schließlich mit ihm in der Höhle. Hat er nun einen Fehler gemacht oder nicht? Stimmt die Version, die besagt, der Lehrer sei mit den Kindern in die Höhle gegangen? Oder stimmt die – in den thailändischen Medien verbreitete und deshalb vermutlich vom Militär genehmigte – Variante, dass der Lehrer erst zur Höhle eilte, als die Kinder schon drin waren? Ist der Mann nun ein Held, wie man es in Thailand lesen kann, oder ein leichtsinniger Idiot? Hunderte Reporter vor Ort, und es scheint unmöglich, das verlässlich zu recherchieren.

Informationen sind Regierungsbesitz. Sie werden verwaltet, wie andere Ressourcen auch. Den Eltern wird verboten, mit den Medien zu reden, Soldaten bewachen sie rund um die Uhr. Ich würde als Elternteil nicht mit Journalisten reden wollen, aber ich würde mir verbitten, dass sich ein Regierungsvertreter in diese Entscheidung einmischt. Später, als die ersten Kinder aus der Höhle geborgen werden, erfahre ich, dass den Eltern nicht gesagt wird, ob ihr Kind dabei ist. Sie dürfen auch nicht in das Krankenhaus, in das die Geretteten gebracht werden. Erst als der Ministerpräsident anreist, können auch die Eltern kommen. Die Bilder zeigen einen glücklichen Politiker, nicht glückliche Eltern.

Ich halte das irgendwann nicht mehr aus vor dieser Höhle. Ich mache mich auf den Weg zu dem Dorf, aus dem die Kinder kommen. Zur Schule, zum Trainingsplatz. Ich versuche, mit den Dorfbewohnern zu sprechen, aber offenbar waren die Uniformierten schneller. Kaum jemand redet, und falls doch, kann man mehrere Tage Recherche in einem Satz zusammenfassen: «Das ist die beste Regierung, die man sich vorstellen kann.» Scheinen alle bestens vorbereitet, wissen genau, was zu sagen ist. Organisieren, das kann das Militär.

Die Schule beruft eine Pressekonferenz ein. Genau genommen sind es zwei. Eine am Morgen, eine am Nachmittag. Man hat keinen Raum, der groß genug wäre für all die Reporter, die dieselbe Idee hatten wie ich. Also werden zwei Termine angesetzt. In beiden Terminen wird genau darauf geachtet, dass nicht wirklich etwas gesagt wird. Auch das beherrscht das Militär: sprechen und nichts sagen.

Am Ende hilft, wie immer, der beste Freund, den man als

Reporter haben kann. Man muss nur lange genug dranbleiben, irgendwann hilft er. Der Zufall. Weil mein engagierter Übersetzer, der in Schweden aufgewachsen ist und perfekt Englisch spricht, leider vergessen hat zu erwähnen, dass er kein Thai liest, suche ich mir jemanden im Heimatdorf der Kinder, der einige Zeitungsartikel übersetzt.

Mià, eine schöne, resolute Frau, ist Lehrerin. Sie kann helfen. Mit der Übersetzung und bei meiner Recherche. Die meisten Kinder, die in der Höhle sind, kennt sie. Der Sprachunterricht in der Schule sei nicht gut. «Darum kommen die Kinder jeden Nachmittag zu mir. Ich bringe ihnen Englisch bei.» Das Militär hat für Journalisten zwar den Zugang zu den Lehrern geblockt, aber sie haben den Nachhilfeunterricht am Nachmittag vergessen, den viele nehmen müssen, weil die Regierung nicht in der Lage ist, vernünftigen Unterricht am Morgen anzubieten.

Mia weiß, dass die Kinder schon oft in der Höhle waren. So ein «Jungs-Ding», sagt sie. Eine Art Mutprobe. Sie erzählt, dass der Jüngste, gerade mal elf, eigentlich nicht mitgehen wollte, weil er Angst hatte, sich aber nicht traute, das den anderen zu sagen. Und sie kann auch etwas zu der Frage sagen, welche Verantwortung der Trainer hat. Der Held, der gerade von der Regierung gefeiert wird. «Er hat am Vortag darum gebeten, dass die Kinder Taschenlampen mitnehmen.»

Mia übersetzt wie verabredet einige Texte aus den Zeitungen. Ihr Englisch ist perfekt. In einem Artikel heißt es, dass die Bauern in der Gegend gerade ihre Jahresernte verlieren, weil das viele Wasser aus der Höhle auf die Felder läuft. «Aber das ist nur Reis. Kinder sind wichtiger. Ich helfe der Regierung gern», sagt einer der Bauern in dem Artikel. Drei von ihnen kommen zu Wort, alle haben ihre Ernte verloren. Und alle sagen, dass sie das Opfer gern bringen. Für die Kinder. Für Thailand. Über hundert Bauern aus der Gegend sind betroffen.

Ich bitte die Lehrerin, mir den Artikel noch mal vorzulesen. Sie soll jedes Wort genau übersetzen. Das tut sie, und ich stelle mir vor, was in Deutschland passieren würde in einem solchen Fall. Ein Bauer verliert die Ernte, weil seine Felder von der Bundeswehr geflutet werden. Dann kommt RTL, und der deutsche Bauer, der seine Jahresernte verloren hat, sagt in die Kamera: «Easy, sind doch nur Zuckerrüben.»

Thanat Kanpai ist ein schmaler Mann mit kräftigen Armen, einundvierzig Jahre alt. Seine Felder liegen gut fünf Kilometer von der Höhle entfernt. Er zeigt auf eine große Fläche hinter ihm. Es sieht aus wie ein See. «Drei Tage, so lange sind die Felder normalerweise nach Regen überflutet, dann versickert das Wasser», sagt Kanpai. In diesem Jahr passiere das nicht. «Es kommt ja immer neues Wasser aus der Höhle nach. Das hat die Ernte komplett zerstört.»

Er hat zwei Kinder. Einen dreijährigen Sohn und eine neunjährige Tochter. Er hat noch Schulden bei den Tagelöhnern, die er für die Aussaat bezahlt hat. Jetzt hat er keine Ernte mehr und keine Ahnung, wie er seine Schulden bezahlen soll.

Die Regierung hat versucht, ihn zu beruhigen, und Entschädigungen angeboten. Das stand jedenfalls in der Zeitung. «Das ist sehr großzügig von der Regierung», sagt Kanpai, «aber mir reicht es, wenn sie mir einfach etwas Reis zum Überleben geben.»

Ich verstehe gar nichts mehr. Er will lieber Reis als eine Entschädigung für den Ernteausfall?

Ich bitte meinen Übersetzer, da etwas nachzuhaken, und nach einer Weile stellt sich heraus, dass die Sache nicht so einfach ist. Thanat Kanpai sagt das, weil er keinen Ärger haben will. Was er eigentlich sagen müsste, ist: Die «Entschädigung» wird in Form von Pestiziden erfolgen. Sie sollen gegen die Schnecken eingesetzt werden, die die jungen Reispflanzen zerstören.

Kanpai hat allerdings keine Reispflanzen mehr. Seine Ernte ist verloren. Er braucht also auch keine Pestizide, um Schnecken zu vernichten. Er braucht etwas zu essen. Kanpai steht vor seinem Feld wie ein Angler und sagt: «Ich habe natürlich auch gern für die Kinder in der Höhle gegeben.»

Der nächste Satz, den ich nicht verstehe. Was hat der Reisbauer denn gegeben?

Wie sich herausstellt, haben die «Dorfältesten» der umliegenden Gemeinden, offensichtlich auf Wunsch der Behörden, die Bauern aufgefordert, Lebensmittel zu spenden. Und Helfer zur Verfügung zu stellen. Wobei die Möglichkeit, der Aufforderung nicht nachzukommen, nicht vorgesehen war. Die freundlich lächelnden Thailänder im Pressecamp, die über Tage die Hundertschaften von Journalisten versorgt haben, waren also zu einem großen Teil Bauern aus der Gegend. Bauern, die gerade alles verloren und ihre letzten Reserven jetzt der Weltpresse gegeben haben.

Ich kehre zurück ins Camp vor der Höhle. Ich sehe Menschen, die auf alten Mofas angefahren kommen, sich an den Polizisten und Soldaten vorbeidrängen und vollgepackte Tüten abgeben. Reis, Kartoffeln, Zwiebeln.

Es ist der Tag, an dem die letzten fünf aus der Höhle geborgen werden. Journalisten liegen sich in den Armen. Die Stimmung unter den Uniformierten ist hervorragend. Einige der Crews packen Equipment zusammen. Wir werden ins Pressezentrum gebeten. Die Männer in den Militäruniformen setzen sich an den Tisch. Sie haben eine gute Geschichte zu erzählen.

Ich, Mike Tyson (Las Vegas)

Mike Tyson ist Anfang fünfzig, aber heute ist einer dieser Tage, an denen er sich wie Muhammad Ali mit siebzig bewegt. Ein alter, müder Mann in grauen Jeans und weißen Turnschuhen, der in seinem eigenen Haus verloren wirkt. Kein guter Tag.

Gestern war es noch schlimmer. Er war beim Zahnarzt, ein Backenzahn musste raus. Tyson hasst Zahnärzte. Ihm sind im Ring genug Schmerzen zugefügt worden. Kiki, seine Ehefrau, überzeugte die Klinik, Tyson unter Vollnarkose zu setzen. Heute hat er zur Erleichterung aller wieder gut gegessen. Rühreier, eine große Portion Eis, dann drei Teller Pasta mit Tomatensoße. In genau dieser Reihenfolge.

«Mike kommt gleich. Er ist groß in Deutschland, nicht wahr?», fragt David, den man besser Farid nennt, seitdem er im Knast zum Islam konvertiert ist. Farid ist ein alter Zellenkumpel aus der Zeit, als Tyson wegen Vergewaltigung einsaß und mit Mitte zwanzig seine besten Tage als Boxer schon hinter sich hatte. Farid saß wegen Kokainhandels. Er ist jetzt Mikes privater Assistent.

Farid steht im Eingangsbereich einer dieser Villen, die man aus amerikanischen Serien kennt. Selbst wenn man drinsteht, die Kronleuchter, die Säulen, die geschwungenen Marmortreppen sieht, denkt man, es sei eine Kulisse. Downtown Las Vegas ist nur zwanzig Kilometer entfernt von hier, und weil der Makler, der Tyson das Haus verkauft hat, damit Werbung macht, weiß man, dass es hier sechs Schlafzimmer und sechs Bäder plus Gästetoilette gibt. 966 Quadratmeter Wohnfläche. Farid, mit verschränkten Armen, wartet noch immer auf eine Antwort.

Mike Tyson hätte der größte Boxer aller Zeiten werden können. Werden müssen. Größer als Ali. Im Boxen klingt das nach Blasphemie, aber in der kurzen Zeit, in der Tyson das tat, wofür er geboren worden war, war er einer der Besten, die jemals einen Ring betreten hatten. Es war, als ließe man einen abgerichteten Hund von der Leine. Tyson war zwanzig und der jüngste Schwergewichtsweltmeister aller Zeiten. Seine Schläge waren hart, schnell, er war beweglich, die Deckung makellos. Eigentlich zu klein fürs Schwergewicht, aber so gut, so wild, dass er unbesiegbar schien. Die ersten neunzehn Kämpfe seiner Profikarriere gewann er durch K. o., zwölf davon in der ersten Runde.

Während Ali aber mit jedem Kampf größer wurde, wurde Tyson mit jedem kleiner. Ali stand für den amerikanischen Traum, Tyson für seine Verlogenheit. Ali stand für Ideale, für Werte, Tyson für Nutten und Koks. Mike, dem verlorenen Jungen aus dem Brownsville-Ghetto in New York, wo man als Schwarzer meist nur in Handschellen oder einer Holzkiste rauskam, gelang die Flucht mit den Fäusten. Und doch endete Mike nicht viel besser als seine frühen Crackhouse-Kumpel. 1992, gut fünf Jahre nach dem ersten Weltmeistertitel, wurde Mike Tyson wegen Vergewaltigung zu sechs Jahren Gefängnis verurteilt. 2003 war er bankrott. 2007 folgte eine Entziehungskur.

Wer diesen Sport liebt, wird den jungen Tyson nie vergessen, und Menschen, die keine Boxfans sind, muss man nur sagen, dass er der Spinner war, der 1997 seinen Gegner

Evander Holyfield ins Ohr biss, dann wissen auch sie, wer gemeint ist: der Mann aus den Klatschspalten. Der Dummkopf aus dem Sportteil, der dreihundert Millionen Dollar in Häuser steckte, die er nicht brauchte, in Autos, die er nicht fuhr, und in Frauen, die ihn nicht liebten; ein Mann, dem Gott genauso viel Talent fürs Boxen wie Dämonen fürs Leben mitgegeben hat.

Das ist es, was viele in Deutschland von Mike Tyson wissen, aber da Farid ein ernstblickender Kerl mit tiefer Stimme ist und außerdem im Gefängnis saß, lautet die beste Antwort: «Ja, logisch, Iron-Mike, der Champ. Die Fans lieben ihn.»

Farid nickt zufrieden. Wusste er es doch. Er zeigt in den Wohnbereich. Darin steht eine breite weiße Ledercouch, unweit davon ein schwarzer Flügel. Man blickt auf den Pool und, weil man in Nevada ist, auch auf Palmenblätter.

Auf dem breiten Hocker vor dem Flügel sitzen zwei weitere Besucher: Radim Tauchen und Pietro Polidori. Beide sind gerade aus Europa eingetroffen, um die Europatour mit Tyson zu besprechen. Sie beginnt kommende Woche. Tauchen, ein kräftiger, gutmütiger Tscheche mit Vollglatze, managt die Tour. Österreich, Deutschland und die Schweiz, zehn Städte in zwölf Tagen. Tyson wird auf der Bühne Fragen beantworten. Die Eintrittspreise liegen zwischen 79 und 809 Euro. Eine Stunde Tysons Lebensgeschichte, dazu gibt es einen Handschlag und ein gemeinsames Foto. Allerdings nur für die Gäste mit den teuren Tickets.

Polidori, der gutaussehende Typ neben ihm, ist Moderator, er ist Südtiroler. Er spricht ein halbes Dutzend Sprachen und dachte ernsthaft, er und Tyson würden ausgiebig über die Show reden. Tyson fand, dass es da nicht viel vorzubereiten gebe, und Polidori merkt gerade, dass er sich die Reise nach Las Vegas vermutlich hätte sparen können.

Die Bühne ist nicht neu für Tyson. Spike Lee, sein alter Freund, hat auf der Grundlage von Tysons Autobiographie «Unbestreitbare Wahrheit» eine Soloshow entwickelt. Tyson tourt damit durch die USA. Lees Idee war, Mike Tyson allein vor eine Leinwand mit Bildern seines Lebens zu stellen. Tyson als Kind, das bis heute nicht weiß, wer sein Vater ist. Tyson neben Cus D'Amato, dem alten, genialen Boxtrainer, der ihn förderte. Tyson mit seiner Familie, als geläuterter Mann.

Manchmal gelingt diese Show. Tyson ist lustig, emotional, glaubhaft, schlagfertig. Er beweist, dass er kein Blödmann ist, auch wenn er sich weite Teile seines Lebens wie einer benommen hat. Die Leute sind begeistert.

Es gibt aber auch schlechte Shows. An einem Tag wie heute wäre ein Auftritt vermutlich eine Katastrophe. Der Text muss ihm dann per Knopf im Ohr vorgelesen werden. Er plappert ihn nach, verliert den Faden, es ist schrecklich künstlich. Man weiß vorher nie, wie es wird.

«So, noch eine Minute, dann geht's los», sagt Farid. Ihm gefällt nicht, dass es keine abgesprochenen Fragen gibt. Mike Tyson, vor allem aber sein Umfeld, mag keine Überraschungen. Am liebsten ist es ihnen, wenn alles genau geplant ist. Man muss das verstehen. Es war nie leicht, mit Mike Tyson zu leben, und ist es bis heute nicht.

Angenommen, heute wäre nicht nur ein eher mäßiger, sondern ein richtig schlechter Tag, dann hätte er vorhin beim Essen, als das Gespräch auf Exodus kam, nicht nur traurig geschaut, er wäre ausgerastet. Exodus war Tysons Tochter. Sie wurde nur vier, weil sie sich 2009 im Kabel eines Laufbandes verheddert und erstickte. Wenn Tyson an diese Zeit denkt, kann es passieren, dass er einen Schrank aus der Wand reißt oder die Mikrowelle durch die Küche schleudert.

Oder dass er die dreißig Minuten runter in die Stadt fährt und in einem der Stripclubs versackt. Da verbringt er die Nacht mit so vielen Nutten, Koks und Whiskey, dass er sogar Exodus vergisst. Las Vegas ist genau der richtige Ort dafür. Eine Stadt wie gemacht fürs Vergessen.

Mike Tyson, das wird oft übersehen, ist ein kranker Mann. Ein trockener Alkoholiker, der zu Rückfällen neigt, ein Ex-Kokainjunkie und, als wäre das alles nicht genug, auch noch manisch-depressiv. Es ist Jahre her, kurz vor dem Kampf gegen Andrew Golota, dass er Reportern entgegenwarf: «Ich bin auf Zoloft, damit ich euch nicht alle umbringe.» Zoloft ist ein Antidepressivum.

«Okay», sagt Tyson leise und setzt sich auf die weiße Couch. Seine Stimme klingt tiefer als im Fernsehen. Nicht so piepsig. Als Erstes fallen seine riesigen Hände und die enormen Füße auf, Schuhgröße 49. Dann der kahlrasierte Kopf und das Maori-Tattoo im Gesicht, das er sich 2003 stechen ließ. Es soll bedrohlich wirken, ist es aber nicht. Tyson wirkt zurückgenommen, ein wenig abwesend. Seine Augen sind die traurigsten, die man seit langem gesehen hat.

Farid sagt: «Keine Fragen zu seinem Leben, nichts Privates, nichts über Politik. Nur Fragen zur Tour.»

Tourmanager Tauchen, der beim Interview dabei sein wollte, schaut auf. Natürlich war das anders vereinbart. Die Tour dreht sich um sein Leben. Nur darum. Es ist das Einzige, was Tyson noch bleibt. Seine Geschichte. Sie ernährt ihn. Polidori, der Moderator, wird ihn nach den Drogen, der Entzugsklinik, der verkorksten Jugend fragen. Wenn man über all das nicht reden kann, warum überhaupt ein Interview?

Eigentlich ist es auch egal. Tyson ist schon jede erdenkliche Frage gestellt worden, und er hat jede erdenkliche Antwort gegeben. Von «Ich bin der letzte Dreck» über «Manchmal denke ich über Selbstmord nach» bis zu «Ich bin der Größte, der jemals gelebt hat».

Nerven ihn diese immer gleichen Fragen?

«Es ist schon okay», sagt Tyson.

Wirklich?

«Es ist, was es ist.»

War er schon mal in Deutschland?

«In Düsseldorf. Die haben Ärzte dort.»

Tyson war wegen seiner Rückenprobleme da. Gibt es eine Botschaft, die er weitergeben will?

«Ich freue mich auf meine Fans.»

Er klingt, als wäre ein großes Tintenfass in seinem Kopf ausgelaufen.

Sie alle, Farid, Tauchen, der Manager, Polidori, der Moderator, sie alle bräuchten heute eigentlich den anderen Mike – der die Bombenshow liefert, der wirklich lustig ist. Es ist der Mike, der mit Anfang vierzig erwachsen wurde und sein Leben in den Griff bekommen hat. Diesen Tyson gibt es. Er ist genauso wahr wie der, der gerade ein Interview nicht gibt, auch wenn er redet. Dieser aufgedrehte Mike, es macht sicher Spaß, ihn kennenzulernen. Es gibt ein paar Interviews im Netz, da kann man sich diesen Mike anschauen. Er ist hinreißend. Diesem Tyson ist die Familie wichtig. Er geht zur Therapie, zu Elternabenden, zum Tennis, wenn seine neunjährige Milan spielt. Er trinkt keinen Alkohol, trainiert regelmäßig, isst vegan, hat Pläne und die Dinge im Griff. Das neue Buch, die «Hangover»-Filme, die Signierstunden in Las Vegas, bei denen ein Autogramm 199 Dollar kostet.

Am meisten freut sich Kiki über diesen Mike. Sie ist gerade in der Küche, eine tolle Frau, wahrscheinlich der Grund, warum Mike Tyson noch am Leben ist. Lakiha Spicer, genannt Kiki, ist Mikes dritte Frau. Sie ist einundvierzig, bildhübsch und kennt Mike, seit sie sechzehn ist. Sie hatten über Jahre eine Affäre, oder wie immer man es nennt, wenn ein besoffener, nach Bordell riechender Typ immer wieder aufkreuzt und man ihn wider besseres Wissen nicht zum Teufel schickt. Liebe, vermutlich nennt man es Liebe.

Kiki war immer da. 2002 wohnten sie schon einmal für kurze Zeit zusammen. Damals verlor Tyson den letzten großen Kampf seiner Karriere, am 8. Juni 2002 in Memphis, Tennessee, gegen Lennox Lewis. Zehn Jahre davor hätte Tyson aus ihm Hackfleisch gemacht.

Es dauerte ein paar Jahre und einige Drogenexzesse, bis Mike sich wieder bei der alten Affäre meldete. Natürlich war Kiki wieder da. Elf Tage nach Exodus' Tod heirateten sie. Seitdem sie da ist, hat er seine Schulden abgezahlt. Irgendwann waren es mal siebenundzwanzig Millionen Dollar. Aber Kiki ist es zu verdanken, dass Tyson von Zwanzigjährigen auf der Straße erkannt wird, weil sie ihn aus dem Kino kennen oder aus der eigenen Comicserie, die man über ihn gemacht hat. Zuletzt hat er sogar einen Werbespot für ein australisches Unternehmen gedreht. Und wie es heißt, will der große Scorsese sein Leben verfilmen. Jamie Foxx soll die Hauptrolle spielen.

Das Interview dauert zwölf Minuten. Mehr ist nicht drin. Seine längste Antwort hatte sieben Wörter. Es ist okay.

Assistent Farid ist froh, dass es vorbei ist. Tauchen, der Tourmanager, sieht etwas traurig aus. Er kennt Tyson seit acht Jahren, er weiß, dass es auch anders laufen kann. Und Polidori, der Moderator, sieht besorgt aus, weil er nicht weiß, was ihn während der Show erwartet. Sie alle sind davon abhängig, wie Tyson in den Tag kommt. Sie packen sein

Leben in Watte, in der Hoffnung, dass er nirgends aneckt. Manchmal klappt es, manchmal nicht. Sie haben es nicht in der Hand.

Niemand hat es.

«Die drei taten mir leid. Wir haben sie erschossen.» (Kolumbien)

Ich hatte vergessen, dass ich ihn kenne. Dass ich ihn vor einigen Jahren getroffen habe. 2016 ist das gewesen, als die Farc-Guerillas ihre Waffen abgaben und der Krieg endlich beendet schien. Kolumbiens Präsident Juan Manuel Santos bekam dafür den Friedensnobelpreis. Er hatte die Verhandlungen geführt. Obama gratulierte. Merkel auch. Santos hielt eine Rede in Stockholm. Sie begann mit den Worten: «Majestäten, Königliche Hoheiten, verehrte Mitglieder des Norwegischen Nobelkomitees, liebe Mitbürger aus Kolumbien, sehr geehrte Bürger aus aller Welt, sehr geehrte Damen und Herren! Noch vor sechs Jahren wagten wir Kolumbianer nicht, uns das Ende eines Krieges vorzustellen, unter dem wir ein halbes Jahrhundert gelitten haben. Für die große Mehrheit von uns schien der Frieden ein unmöglicher Traum zu sein, und aus offensichtlichen Gründen konnten sich nur sehr wenige – fast niemand – daran erinnern, wie es ist, in einem friedlichen Land zu leben.»

Es gab stehende Ovationen. Jahre davor, als Verteidigungsminister, hatte Santos Bomben über den Urwald regnen lassen.

Der Mann, der jetzt, gut drei Jahre später, genau diesen Krieg wieder zurück nach Kolumbien bringen will, heißt Danilo Alvizu. Ich erkenne ihn sofort wieder. Ein freundlicher Kerl mittleren Alters, dunkle Augen. Er trägt Oberlippenbart und eine 9-Millimeter am Gürtel. «Das ist ein historischer Moment, bei dem du dabei sein kannst», sagt Alvizu. Er klingt ein wenig ergriffen von sich selbst.

Ich bin in Kolumbien, in Putumayo, einer unzugänglichen Region im Süden des Landes, die unter Kolumbianern gefürchtet ist. Hier ließ Pablo Escobar in den siebziger Jahren Koka anbauen. Die Gegend eignet sich für illegale Geschäfte. Es gibt nur wenige kleine Städtchen, kaum Straßen, dafür viel Regenwald, Tausende Kilometer Flussarme und fruchtbaren Boden, wie gemacht für die Kokainproduktion.

Alvizu steht an einem Fluss, hinter ihm ein Kapokbaum, der fünfzig, sechzig Meter in die Höhe ragt. Die nächste Ortschaft ist flussabwärts sechs, sieben Stunden entfernt. Die Grenze zu Ecuador ist nicht weit. Alvizu trägt eine Tarnhose, ein Che-Guevara-T-Shirt und wie alle hier Gummistiefel. Er wird in den nächsten fünf Tagen sehr freundlich zu mir sein, aber sollte er nur für einen Moment den Eindruck haben, dass ich nicht der bin, der ich behaupte zu sein, also ein Journalist, der für ein großes internationales Medium schreibt, wird er mich erschießen. Das hat mir einer seiner Helfer klargemacht, als ich am frühen Morgen in das erste Boot stieg.

Alvizu, auch das hat er mir zu verstehen gegeben, möchte, dass ich mit diesem Text Juan Manuel Santos widerspreche. Der Krieg in Kolumbien ist nicht vorbei. Die Farc-Guerilla ist wieder da, der Kampf geht weiter.

«Du darfst alles fragen», sagt Alvizu.

«Wirklich?»

«Ja, du darfst alles fragen und alles sehen.»

«Okay, warum machst du das hier? Den Frieden beenden?»

Alvizu schaut auf den Fluss. «Später», sagt er schließlich.

In diesem Moment kommt ein weiteres Boot an. Der

Bootsmann gibt mir ein Zeichen, dass ich einsteigen soll. Ich nehme meinen Rucksack. Alvizu bleibt zurück. Er wird später nachkommen, heißt es. Wir tuckern einen kleinen Nebenarm hoch, manchmal ist so wenig Wasser im Flusslauf, dass wir aussteigen und das Boot ziehen müssen. Ich habe nicht den geringsten Schimmer, wo ich bin.

Mein erstes Treffen mit Alvizu war vor drei Jahren. Es war eine komische Zeit: Frieden in Kolumbien. Wenn man das Land kennt, weiß man, was für ein seltsamer Satz das ist. Es waren aufgeregte Wochen damals, als versuche sich das Land an einem verrückten Experiment. Der Krieg hatte offiziell am 23. Juni 2016 geendet, mit einem Waffenstillstand zwischen den Farc und der Regierung in Bogotá. Drei Monate später folgte ein Friedensvertrag.

Tausende Farc-Guerillas, Leute wie Alvizu, gaben nach zähen Verhandlungen die Waffen ab. Aus wilden Kriegern sollten vernünftige Bürger werden, eine breit angelegte Friedensmission, an deren Ende das Land kein Schlachthaus mehr sein sollte. Ehemalige Sprengstoffprofis, Scharfschützen, Folterspezialisten. Sie alle hatten seit ihrer Kindheit gegen die Regierung gekämpft, als Mitglieder der Fuerzas Armadas Revolucionarias de Colombia, kurz: Farc, einer linken Guerilla, die seit den 1960er Jahren an eine Revolution nach kubanischem Vorbild glaubte. Das Experiment sah vor, aus dieser Bande marxistisch-leninistischer Staatsfeinde, die ihr Leben lang von der Regierung gejagt worden waren, brave kolumbianische Staatsbürger zu machen.

Ich besuchte damals eine Art «Umerziehungscamp». Die Regierung wollte den Guerilleros den Übergang in die Zivilisation erleichtern und schickte dazu Helfer in den Dschungel. Ich fuhr in eines dieser Lager, vermutlich gar nicht weit entfernt von dem Ort, an dem ich jetzt bin, und verbrachte einige Tage in einem Camp aus Plastikplanen und Bretterbuden, etwa so groß wie ein Fußballfeld. Dort hatten sich rund achtzig Kämpferinnen und Kämpfer versammelt. Darunter Alvizu. Es wimmelte von Ärzten, Pflegern, Lehrern, Psychologen, Sozialarbeitern. Die Experten sollten die Krieger auf die neue Zeit vorbereiten. Viele von ihnen waren mit fünfzehn, sechzehn Jahren in den Krieg gezogen und hatten den Dschungel seither nie verlassen. Einige seit Jahrzehnten nicht. Wer den Farc beitritt, weiß, dass es nur zwei Wege gibt, die Guerilla zu verlassen: Tod im Einsatz oder Sieg der Revolution. Man kann bei den Farc nicht kündigen. Also mussten sie kämpfen. Tag für Tag, Woche für Woche, Jahr für Jahr stellten sie sich gegen das kolumbianische Militär und seine Drohnen. Jeder Guerillero, den ich traf, erzählte dieselbe Geschichte. «Als ich anfing, waren in meiner Einheit hundert Kameraden, jetzt sind nur noch zwei, drei übrig.» Die Guerilleros fielen wie die Fliegen.

Jetzt sollten die Psychologen in diesem Camp die Krieger an die neue Zeit heranführen. Ich beobachtete das Ganze ein paar Tage. Die Therapeuten stellten persönliche Fragen über die Kindheit, die Ärzte schauten sich die Blutbilder an und schüttelten den Kopf, weil kaum etwas so zuverlässig die Gesundheit ruiniert, wie jahrelang im feuchten Dschungel zu leben. Sozialarbeiter hielten Vorträge über Landbau, falls sich einer der Männer eine Zukunft als Bauer vorstellen konnte. Irgendjemand drückte dann den Guerilleros zum ersten Mal in ihrem Leben ein Handy in die Hand und sagte, dass es jetzt viele neue Namen gebe, die man lernen müsse. Namen wie Google, Facebook und Netflix.

Ich weiß noch, was ich damals dachte: Der Krieg, so schien es, war vorbei, und niemand hatte gewonnen. Er trudelte aus wie ein Glücksrad.

Seit 1966 hatten sich der kolumbianische Staat und die Farc bekriegt, der längste Guerillakrieg Lateinamerikas. Ein zermürbender Kampf, entfesselt geführt. Sein wahres Grauen deuten die Zahlen nur an: Mehr als fünf Millionen Menschen wurden vertrieben, zweihunderttausend starben, Zehntausende verschwanden oder wurden entführt. Ein Vielfrontenkrieg – es gab die Farc, das Militär, rechte Paramilitärs, rivalisierende Drogenkartelle, sonstige Kriminelle. Über Jahrzehnte wurde gemeuchelt, und jetzt sollte alles vorbei sein. Das Abkommen sah vor, dass knapp siebentausend Farc-Kämpfer die Waffen abgaben. Dafür würden sie Amnestie erhalten, politische Teilhabe, Rückkehrhilfen. Farc-Chef Jiménez beteuerte, dass man auch «den Geist und die Herzen entwaffnen» werde.

Es gab überhaupt viele Versprechen: Landreform, Friedenstribunale, Wahrheitskommission. Die EU strich die Farc von der Liste der «terroristischen Vereinigungen», und kurz darauf machte die Welt einen großen imaginären Haken hinter das Land, schaute fortan die Serie «Narcos» auf Netflix, die Kolumbien einen Touristenboom bescherte.

Jeder mag Happy Ends.

Wir steigen ins nächste Boot. Bis jetzt habe ich etwa zwanzig Kämpfer gesehen, Männer und Frauen. Die meisten tragen grüne Uniformen und schwarze Stiefel, manche halten Schnellfeuergewehre in den Händen. Die Luft ist brütend heiß, alle schwitzen. Alvizu hat mich mittlerweile wieder eingeholt. Er hat das schnellste Boot, er ist der Kommandant des neu mobilisierten Kampfverbands. Ich frage einen der Männer, warum Alvizu wieder zu den Waffen greift. Er erzählt mir, dass der Comandante in Bogotá lebte, nachdem er das «Umerziehungscamp» verlassen hatte. Alvizu bekam einen Job bei Comunes, der Partei, die sich 2017 als pazifistisch-politische Nachfolgerin der Farc gründete. Alvizu wurde einer der Pressesprecher und konnte aus der Nähe beobachten, wie kolumbianische Politik funktioniert. Ihm gefiel nicht, was er sah.

«Kolumbien ist verwirrt», sagt der Guerillero. «Schau dich um. Drogenbanden beherrschen das Gebiet.» Er zeigt auf den Regenwald. Die Bauern, für die sich die Farc eingesetzt hätten, seien immer noch so arm wie zuvor. Offenbar lernten die Guerilleros etwas, was viele schon lange ahnten: Der Kampf für die eigene Position ist nicht nur im Krieg zermürbend, er ist es auch im Frieden.

Ich war häufiger in Kolumbien. Sollte es Alvizu gelingen, die Farc wiederaufzubauen, alte Kämpfer zu motivieren und neue Rekruten herbeizuholen, dann droht Kolumbien ein Rückfall in dunkle Zeiten. Die meisten Kolumbianer nehmen den Farc das linke Gerede nicht ab. Für sie gehe es den Guerilleros nicht um Ideologie; es gehe um Geld, Waffen, Kokain, kurz: um den geradlinigsten Weg, um sich in Kolumbien Macht zu sichern.

Alvizu tritt auf mich zu. Er wirkt ruhig und fragt mich, was ich denke. «Nichts», sage ich. Es ist eine Lüge, ich verstehe nicht, warum ich hier sein darf. Es ist sicher nicht normal für ihn, einen Journalisten zu empfangen. Mir ist klar, dass er der Regierung in Bogotá, den Militärs, vor allem aber den Drogenkartellen, die sich sofort nach dem Ende des Krieges die Kokainlieferungen in der Gegend gesichert haben – dass er ihnen allen zeigen will, dass die Farc wieder da sind. Sobald ich darüber schreibe, wird in den kolumbianischen Nachrichten laufen, dass sich wieder Farc-Kommandos gebildet haben. Allerdings müsste Alvizu bewusst sein, dass gerade ich als Journalist nicht gut auf seine Guerilla zu sprechen bin. Erst im März des vergangenen Jahres haben ehemalige Guerilleros zwei Journalisten aus Ecuador und ihren Fahrer ermordet.

«Ein Missverständnis», sagt Alvizu.

Das nächste Boot. Ich habe den Eindruck, dass wir im Kreis fahren, aber ich weiß es nicht. Ich schaue ins grüne Dickicht, aus dem ab und an blaue Schmetterlinge flattern. Das Problem an diesem Krieg ist, dass die Fronten nie klar waren. Es war nie ein Konflikt mit zwei Seiten, der Guerilla auf der einen und der kolumbianischen Armee auf der anderen. Hier wird seit einem halben Jahrhundert geballert. Kolumbien versank im Chaos. In Bogotá bekam man das nicht immer mit, aber im armen Putumayo im Süden oder im vergessenen Chocó im Nordwesten war das anders. Und wie oft im Chaos, profitieren die mit den Waffen. Die kolumbianischen Streitkräfte wurden massiv von der US-Regierung aufgerüstet. In Washington glaubte man, so der Kokainepidemie im eigenen Land Herr zu werden. Ein absurder Plan, der aber der heimischen Rüstungsindustrie ein paar gute Deals einbrachte. Die Angriffe der kolumbianischen Armee wurden regelmäßig mit Apache-Hubschraubern geflogen.

Aber es gab Zeiten, in denen auch die Farc Hubschrauber hatten, schließlich verfügten sie über unbeschränkte finanzielle Mittel. Sie kontrollierten die Kokainproduktion. Ob ihr Ziel zuletzt wirklich noch die proletarische Revolution war, ist schwer zu sagen. Die meisten Kolumbianer glauben das nicht. Fakt ist, dass sie eine der mächtigsten Drogenorganisationen des Planeten waren.

Danilo Alvizu setzt sich nach einer Pause neben mich ins Boot. Er ist jetzt bereit zu reden. Ich will wissen, wie er aufgewachsen ist, was seine Eltern gemacht haben, ob er Geschwister hat.

Alvizu gefällt das Thema nicht sonderlich. Ich soll über die

Revolution schreiben, die er plant. Er erzählt mir, dass er seit siebzehn Jahren bei der Farc ist und anfangs skeptisch war, als seine Anführer im Jahr 2012 beschlossen, in Verhandlungen mit der Regierung zu treten. Er war dabei, als Präsident Santos mit führenden Farc-Mitgliedern, unter ihnen Timoleón Jiménez, genannt Timochenko, und Luciano Marín Arango, genannt Iván Márquez, erst in Norwegen und dann in Kuba verhandelte und am Ende ein wackliger Kompromiss stand, den sie Friedensvertrag nannten.

«Ich ahnte schon damals, dass der Frieden frustrierender sein würde als der Krieg, aber ich wollte es versuchen», sagt Alvizu. Er fand eine Freundin, erhielt ein Filmstipendium auf Kuba, das er nie antrat, und bekam schließlich einen Job in der Parteizentrale von Comunes in Bogotá. Zu seinen Aufgaben gehörte es, Fotos seiner einstigen Kameraden zu machen, die in die Politik gewechselt waren und Reden hielten.

Alvizu ging jeden Tag ins kolumbianische Parlament. Er machte Politik und sah, wie Versprechen gebrochen wurden, wie entgegen der Zusicherung der Regierung ehemalige Farc-Kämpfer verfolgt und ermordet wurden, teils von Banden, teils von Auftragskillern, die irgendein Industrieller bezahlte. Für ihn schien es, als würden sich nur seine Leute an den Friedensbeschluss halten. Einige Monate vor unserem Treffen tauchte er unter und ging in den Süden. Er rief ein paar der alten Waffenbrüder an. Die meisten taten sich schwer mit dem neuen Leben. Einige hatten so viele Jahre auf der Erde geschlafen, dass sie ihr Bett aus dem Schlafzimmer geworfen hatten und sich auf den Boden legten. Sie alle schimpften auf die Regierung, und sie alle vermissten den Krieg.

Wenige Wochen später hatte Alvizu die erste Einheit zusammen. Er besorgte sich Waffen, sie zogen in den Urwald, erschossen die Mitglieder eines kleinen lokalen Kartells und sagten den Kokabauern, dass die Farc nun wieder das Gebiet kontrollieren würden. Kein Deal mehr ohne ihre Beteiligung. Keine drei Monate, und Alvizu war wieder im Geschäft.

Wir sind da. Alvizu winkt einen kleinen, drahtigen Mann in einem Real-Madrid-Trikot herbei.

«Ich heiße William Wallace», sagt der Mann. Es ist nicht sein echter Name, sondern der des schottischen Freiheitskämpfers aus dem 13. Jahrhundert. Mel Gibson hat ihn gespielt. «Ich mochte Braveheart», sagt Wallace, darum der Name.

Wallace ist einer von Alvizus Milizionären. So nennen sich Guerillakämpfer, die eine bürgerliche Fassade aufrechterhalten. Wallace ist ein stiller Mann, er hat Familie und lebt als Bauer. Seine Pistole trägt er mal in der Hand, mal steckt sie in seiner Unterhose. Er scheint sich zu freuen, dass er die nächsten Tage einem deutschen Reporter seinen Alltag zeigen soll. «Ich werde nichts verstecken», sagt er. Offenbar hat Alvizu mit ihm geredet.

Die Bauern in der Gegend leben fast ausschließlich vom Kokaanbau. In Putumayo ist der Staat kaum präsent. Wallace sagt, dass man von der Regierung nur etwas mitbekomme, wenn sie Soldaten schicke, die Straßensperren errichten und Kokabüsche herausreißen, wofür sie die Leute in der Gegend hassen.

Wallace und ich gehen einen schmalen Weg zum Fluss hinab, wo sein Einbaum mit Außenborder liegt. Er startet den Motor, und wir fahren durch die Nacht bis zu seinem Holzhaus. Auf der Terrasse sitzen seine drei Söhne: Angel, David und Alejandro, alles noch Kinder. Auf dem Boden liegen Waffen. Im Zimmer links pflegt eine junge Guerillera

einen verwundeten Kameraden, der vor zwei Wochen ange-
schossen wurde. Die Kugel schlug seitlich in seiner Brust ein
und trat im Rücken wieder aus. Die Frau reinigt die Wunde
und gibt eine Tetanusspritze.

Der Verletzte erzählt, dass ihn jemand von den «Sinaloas»
erwischt habe, eine Gruppe, die sich nach dem mexika-
nischen Drogenkartell nennt, aber nichts mit dem Original
zu tun hat. Außer natürlich, dass auch sie eiskalte Mörder
sind.

An einem Holztisch daneben sitzt eine andere Guerillera.
Sie ist überrascht, mich zu sehen. Wallace erklärt ihr, dass
der Comandante das Okay gegeben habe. Sie schaut mich
an und fragt mich, ob ich wisse, von wem die Einheit gelernt
habe, Wunden zu versorgen.

«Nein, woher?»

«Drei Ärzte aus der Stadt waren hier, die uns gezeigt haben,
wie man Schusswunden behandelt.»

«Interessant», sage ich, «kommt das häufiger vor?»

Sie antwortet nicht auf meine Frage, sondern erzählt die
Geschichte der Ärzte zu Ende. Einer von ihnen habe nämlich
eine Uhr mit einer GPS-Funktion dabeigehabt. Vermutlich
nicht mal mit Absicht. Wenn er die Daten an die kolumbianische Armee weitergegeben hätte, wäre das Lager in Gefahr
gewesen.

«Die drei waren wirklich nett, wirklich. Sie taten mir leid.
Wir haben sie erschossen.»

Sie sagt das nüchtern. Es klingt nicht mal wie eine Dro-
hung, eher wie eine Selbstverständlichkeit, als sei es normal,
Ärzte zu erschießen.

Es ist offensichtlich, was sie mir sagen will: Die neuen Farc
machen ebenso wenig Kompromisse wie die alten. Wenn
die Farc ein Gebiet übernehmen, hat man zu tun, was sie

verlangen. Dazu gehört, dass die Kokainpaste, die Vorstufe des Endprodukts, nur an Händler verkauft wird, die mit den Farc kooperieren. Die anderen Regeln sind ebenfalls nicht sehr schwer: Wer redet und die Guerilla dadurch in Gefahr bringt, stirbt. Wer vom Alkohol oder Marihuana nicht loskommt, stirbt. Wer Kokain klaut, stirbt. Und wer desertiert, stirbt erst recht.

Früher durften die Bauern nicht wählen gehen. Künftig soll das aber anders werden, schließlich haben die Farc jetzt eine eigene Partei im kolumbianischen Parlament. Die Zeiten sind andere, die Regeln nicht.

Viele in der Partei lehnen die Wiederbewaffnung ab. Jedenfalls offiziell. Alvizu sagt, dass er die meisten gut kenne und die Parlamentarier sich insgeheim freuten, dass er die Guerilla wiederbelebe. Die politische Lage ist schwierig für sie. Viele Kolumbianer haben nicht vergessen, was die Farc in der Vergangenheit angerichtet haben. Voriges Jahr wählte Kolumbien den konservativen Politiker Iván Duque Márquez zum Präsidenten, der das Friedensabkommen am liebsten kippen wollte. Die Regierung tat alles, um das Werk des Vorgängers Santos zu sabotieren. Budgets wurden gekürzt oder gestrichen, vereinbarte Initiativen verzögert. Viele der im Friedensvertrag vorgesehenen Gesetzesentwürfe wurden nie zur Abstimmung im Parlament gebracht. Im Boot hat Alvizu gesagt, dass er nicht freiwillig in den Dschungel zurückgegangen sei. Der neue Präsident habe ihn gezwungen.

Am folgenden Morgen, es ist kurz nach sechs, kommt ein Mann mit schwarzen Mülltüten zu William Wallace. Der Mann ist Bauer, in den Tüten stecken brüchige Klumpen. Es ist Kokapaste, die getrocknet wie weiße Schokolade aussieht.

Wallace zieht eine elektronische Waage aus dem Rucksack und stellt sie auf einen Baumstamm. Kokapaste besteht bis zu siebzig Prozent aus Kokain. Natürlich ist der Handel mit ihr verboten. Wallace und dem Bauern drohen Jahrzehnte im Gefängnis, wenn sie erwischt werden.

Wallaces eigenes Feld liegt direkt hinter seinem Stelenhaus. Er hat es mir gestern gezeigt. Er ist stolz darauf. Es umfasst etwa einen Hektar und ist damit vergleichsweise klein. Ein Hektar wirft alle zwei Monate rund zwei Kilogramm Kokainpaste ab. Den Grammpreis haben die Farc aktuell auf zweitausenddreihundert Peso festgelegt, rund sechzig Cent. Das sind über tausendzweihundert Euro pro Hektar, alle acht Wochen, in Putumayo ein phantastisches Gehalt. Es gibt Bauern in der Gegend, die fünfunddreißig Hektar haben. Erntehelfer kosten zehn Euro am Tag.

Wallace erhitzt einen kleinen Haufen auf einem Löffel, dann tippt er seinen Finger in die Flüssigkeit und wischt damit auf dem Handrücken. Zurück bleibt ein weißer Streifen. Wallace ist zufrieden.

Die Herstellung der Paste ist nicht komplex, erfordert aber den Einsatz von Chemikalien, die richtig gemischt werden müssen. Erst zupfen Erntehelfer die Kokablätter von den dünnen Ästen der Büsche, dann werden die Blätter zerkleinert und unter anderem mit Dünger bestreut. In die Mischung kommt Benzin, nach einer Pressung wird der Brei mit verschiedenen Chemikalien behandelt, aufgekocht und zur Paste getrocknet.

Die Weiterverarbeitung zu Kokainhydrochlorid-Pulver, dem Kokain, erfolgt in größeren Labors. Ein effizientes Labor produziert viele Tonnen im Monat, die ihren Weg über Händler, Transporteure und Dealer in europäische Städte finden. Seit die Farc ihre Waffen abgegeben haben, ist die Kokainproduktion explodiert. Kokain ist derzeit so billig wie lange nicht mehr, die produzierte Menge steigt enorm.

«Das Zeug ist gut», sagt Wallace. Knapp über sieben Kilo zeigt seine Waage an. Er notiert die Zahl, greift in den Rucksack und packt ein Bündel Geldscheine aus. Der Bauer lächelt. Dann fragt Wallace, ob er mehr braucht, einen Kredit? Für eine Anschaffung. Die Farc helfen gern, sagt er.

Wallace war sechzehn, als er der Guerilla beitrat. Als Milizionär ist er jetzt für die Kommunikation zwischen den Kokabauern und den Kämpfern zuständig. Er kontrolliert die Finanzen, eine der wichtigsten Positionen überhaupt. Ohne das Geld, das er für die Rebellen sammelt, gäbe es keine Uniformen, keine Waffen, kein Essen. Ohne ihn gäbe es keine Farc. Wallace ist der Beweis dafür, dass die Logistik der Rebellen allmählich wieder funktioniert. Es zeigt sich zudem, wie brüchig der Frieden von 2016 war. Auch nach dem Abkommen wurde weitergemordet. Am schlimmsten traf es diejenigen, die sich auf den Friedensvertrag beriefen, auf die Reformen. Zu Hunderten wurden Aktivisten, lokale Anführer, Kleinbauernvertreter niedergestreckt. Das Problem war schon vorher bekannt. Im Dschungel ist Kokain das beste Geschäft. Die Bauern wissen, wie man Kokapflanzen anbaut, und die Farc-Rebellen wissen, wie man sie zu Geld macht. Wallace und Alvizu reanimieren das alte Geschäftsmodell.

Natürlich wurde im Rahmen des Friedensabkommens versucht, die Produktion von Kokain unattraktiver zu machen. Die Bauern sollten finanzielle Unterstützung erhalten. In Putumayo sieht man, wie schwer das ist. Kokain ist schlichtweg zu lukrativ.

Der Bauer, der William Wallace die weiße Paste verkauft, ist zufrieden. Er braucht keinen Kredit. In acht Wochen wird er wieder vorbeikommen und die nächste Ladung abgeben.

«Ich finde die Guerilla gut», sagt er. Ich kann nicht genau einschätzen, ob er das nur sagt, weil Wallace dabeisteht. «Seit die Farc wieder die Gegend kontrollieren, herrscht Ordnung.» Er könne nachts sogar die Kettensäge an der Hauswand hängen lassen, ohne dass sie geklaut werde. Wenn der Staat die Menschen hier vergisst, sagt er, klammern sie sich an andere, die für Sicherheit sorgen.

Wallace nimmt die schwarzen Tüten und trägt sie in sein Haus. Erst da sehe ich, dass meine Hängematte, in der ich in der Nacht zuvor geschlafen habe, direkt über einem Berg Kokapaste aufgespannt war.

Am nächsten Morgen ruft Comandante Alvizu seine Truppe zusammen. Der Tag ist voll mit Terminen. Am Abend kommt ein Käufer, der die Kokapaste mitnehmen wird, für zweitausendsechshundert Peso pro Gramm. Den Farc bleiben zehn, fünfzehn Prozent Gewinn. Außerdem haben sich vier weitere Milizionäre angekündigt. Sie sind beauftragt, Geld von Unternehmern zu erpressen, unter anderem von einer Baufirma, die in der nächstgrößeren Stadt eine Straße bauen soll. Alvizu wollte eine Auflistung der Projektkosten, um zu ermitteln, was den Farc zusteht. Bevor es so weit ist, muss er aber noch mit seinen Guerilleros reden.

Früher bekamen die Neuen eine mehrmonatige Grundausbildung, das muss jetzt schneller gehen. Das gilt auch für Indoktrination und Propaganda. Die Guerilleros tragen grüne Uniform, am Arm die klassische Farc-Binde in den kolumbianischen Nationalfarben, Gelb, Blau, Rot, darauf der Name der Kampffront, zu der sie gehören. In diesem Fall benannt nach Carolina Ramirez, eine Ärztin der Farc, die beim letzten Bombardement der Regierung, kurz vor Ende des Krieges, ums Leben kam.

Alvizu stellt sich vor die Guerilleros und redet von der Revolution, die jetzt weitergehe. «Wir dürfen nicht die Herzen der Campesinos vergessen, der Bauern. Solange sie zu den Farc halten, niemanden verraten, solidarisch mit unserer Sache sind, können wir gewinnen. Denn für sie, die Campesinos, ziehen wir in diesen Kampf.»

Er schaut in sehr ernste, sehr junge Gesichter.

Vorne links zum Beispiel, mit festem Blick, steht Lorena, fünfzehn Jahre alt, langes dunkles Haar, die Kalaschnikow in ihren Händen. Sie ist seit acht Monaten dabei und hat in der Zeit mehr Kampferfahrung gesammelt als weite Teile der Bundeswehr.

Daneben steht Alejandra, dreizehn Jahre alt, vor zwei Monaten der Revolution beigetreten, auch sie bewaffnet. Ihre Mutter hat Gebärmutterkrebs und neun weitere Kinder. Sie weiß nicht, wo ihr Vater ist. In die Guerilla ist sie gegangen, weil sie sich in einen jungen Guerillero verliebt hat. Sie kann nicht sagen, wo er jetzt ist. Er wurde von Alvizu versetzt. Ihr steht es nicht zu, nach seinem Verbleib zu fragen. Im Krieg ist wenig Zeit für die Liebe.

Etwas weiter steht Carlos, keine zwanzig Jahre alt. Ihn beschäftigt vor allem, dass er gern eine Kalaschnikow hätte wie Lorena. Ein Kamerad sagte ihm, es gebe kein besseres Gewehr für den Dschungel. Leider seien diese Gewehre derzeit schwer zu kriegen, Carlos muss deshalb mit einem amerikanischen M16 vorliebnehmen.

Frank, vorne links, ist einfach nur froh, dass er hier ist. Er wird steckbrieflich gesucht. Im Suff hat er erzählt, dass er all seinen Opfern zwei Schüsse in den Kopf setze. Einmal Hinterkopf, einmal Schläfe. Das sei sein Markenzeichen. Als dann mehrere Menschen auftauchten, die so ermordet worden waren, sprach sich das herum. Frank tauchte im

Dschungel unter und ging zur Guerilla. Auf die Frage, ob er die Leute wirklich ermordet habe, sagt er: «Nicht alle!»

Danilo Alvizu richtet sich auf. «Kameraden, was die Ausrüstung betrifft, was fehlt noch?»

Lorena und Alejandra melden sich: «Mein Kommandant, wir haben keine Unterwäsche.» Einige der Männer grinsen.

Im Anschluss läuft die Truppe mit Gepäck durch den Dschungel, macht Liegestütze, springt auf der Stelle, in brutaler Hitze. Die Uniformen färben sich dunkelgrün.

Währenddessen bestellt Alvizu die angekündigten Milizionäre ein. Sie sind die Einzigen im Lager, die ich nicht fotografieren darf. Denn sie werden hin und wieder in die nächste Stadt fahren, gute zehn Stunden mit dem Boot, und Aufklärungsmissionen und Spezialaufträge übernehmen. Auftragsmorde gehören explizit dazu.

Es sind vier Männer, Anfang zwanzig. Der Hagerste von ihnen erzählt, dass man unweit von Puerto Asís sechs Millionen Peso von einem Großgrundbesitzer erpresst habe. Der Erpresste lasse ausrichten, er wäre dankbar, wenn die Farc ihm dafür die anderen Verbrecher vom Hals hielten.

«Wir kümmern uns. Was noch?», sagt Alvizu.

Das Straßenprojekt sei schwierig, der Chef der Baufirma wolle direkt mit dem Kommandanten sprechen. Er könne nicht sagen, was die Straße kosten wird. Je teurer das Projekt sei, desto mehr verlangten die Farc als Schutzgeld.

«Er lügt», sagt Alvizu. «Ich kontaktiere ihn.»

Dann will er wissen, was die Farc den Bauern bieten könnten. Einer der Männer scheint auf die Frage gehofft zu haben. Seit Jahren hätten Landwirte in der Gegend auf den Bau einer Holzbrücke gewartet. Nie sei etwas passiert. Er habe das in die Hand genommen, die Brücke sei fertig.

«Phantastisch», sagt Alvizu.

Die Milizionäre sind die Verbindung zu den Bauern. Wer die Bauern kontrolliert, kontrolliert die Gegend. Und wird gewarnt, falls das Militär oder konkurrierende Banden auftauchen.

Abends sitzt Alvizu mit der Kameradin am Flussufer, die sich um die Schusswunde gekümmert hat. Sie ist neunzehn und seine Freundin, obwohl er mit seiner eigentlichen Freundin in Bogotá ein Kind hat, das er noch nie gesehen hat. Alvizu hat sich eine Flasche Havana Club besorgt, kubanischen Rum, anderen würde er nicht trinken, sagt er.

Es ist ein friedlicher Moment. Ich frage Alvizu, ob er glaubt, dass er Weihnachten erlebt. Das wäre in vier Monaten. Er hat mächtige Gegner. Das Militär verfügt über moderne Waffen und Kommunikationstechnik, von der er nicht mal ahnt, dass es sie gibt. Seinen Kämpfern dagegen fehlen Unterhosen.

«Auf meinen Kopf ist eine halbe Milliarde Peso ausgesetzt», sagt Alvizu. «Was macht ein General, der weiß, wo ich bin? Der wartet. Der holt mich nicht. Er wartet, bis ich bekannter, mächtiger werde. Dann ist es eine Milliarde Kopfgeld. Die Hälfte davon kann er nämlich behalten.»

Laut Alvizu haben die Hardliner im Militär großes Interesse an einem neuen Konflikt. «Glaubst du wirklich, dass die Armee auf ihre Hubschrauberflüge und Bombenteppiche verzichten will, weil das Geld jetzt für Sozialprogramme gebraucht wird? Nein, die werden uns in Ruhe wachsen lassen. Die Chance lassen sie sich nicht entgehen.»

«Und was willst du, was wollen die Farc?», frage ich.

«Die Machtübernahme, den Sieg der Massen. Darum geht es.»

Ich schaue ihn an und kann nicht fassen, was er da sagt. Er meint es ernst. Er glaubt wirklich, er sei so eine Art Fidel Castro. Nur eben in Kolumbien.

Alvizu merkt, dass ich mich frage, ob er vielleicht einfach nur verrückt ist. «Die Zeiten ändern sich, das weiß ich auch, darum müssen sich auch die Farc ändern. Vierzig Prozent unserer Kräfte müssen in urbanen Zentren operieren. Als kleine Zellen, die nichts voneinander wissen und unabhängig voneinander Aktionen durchführen.»

«Terrorismus?», sage ich.

«Kampf», sagt Alvizu.

Einen Tag später zirkuliert ein Video im Netz, das in Kolumbien wie eine Bombe einschlägt. Iván Márquez, lange Zeit einer der bekanntesten Köpfe der Guerilla und vor gut einem Jahr untergetaucht, ist umgeben von Uniformierten zu sehen und redet in ein Mikrophon. «Solange es den Willen zum Kampf gibt, gibt es die Hoffnung auf den Sieg», steht auf einem Banner hinter ihm.

Márquez kündigt an, dass die Farc den Friedensprozess beendet haben und wieder zu den Waffen greifen. Noch weiß niemand, ob Márquez allein ist, ob es Gefolgschaft gibt.

Ich bin einer der wenigen, die wissen, dass Iván Márquez, dessen Name jeder in Kolumbien kennt, nicht lügt. Es gibt Leute, die ihm folgen. Leute wie Danilo Alvizu. Darum bin ich hier, um das bekannt zu machen. Alvizu sagt, allein in Putumayo gebe es fünfhundert bewaffnete Guerilleros, zweitausend sollen es im ganzen Land sein. Sie seien bereit.

Kolumbien ist wieder im Krieg.

Großstadtdschungel (Kottbusser Tor)

Das Ganze liegt ein wenig zurück. In der Zeit, als das mediale Böhmermann-Gepolter abebbte. Anlass war das im TV vorgetragene Empörungsgedicht. Die Causa «Erdoğan und sein Verhältnis zu Ziegen» lag damals nach einer Regierungsermächtigung bei einer Staatsanwaltschaft, die sich verständlicherweise fragen mochte, was denn dieser Quatsch jetzt soll. Und Deutschlands bekanntester Poet, Jan Böhmermann, ermattet, geschwächt, geknickt, machte Fernsehpause. Vielleicht ein guter Moment, dachte sich das Blatt, das mich beauftragt hatte, um die lieben türkischen Mitbürger anzusprechen. Vielleicht in Kreuzberg, vielleicht am Kottbusser Tor.

Für Nicht-Berliner: Ästhetisch ist der «Kotti» gemauerte Panikattacke. Eine affenlaute Großkreuzung, umfasst von architektonischen Zumutungen. Als netter Gastgeber hat Deutschland zu Wirtschaftswunderzeiten die Türken hier angesiedelt, unterschätzte dabei aber offensichtlich orientalische Geschäftstüchtigkeit. Was passierte? Bäckereien, Cafés, Restaurants, Banken, Wettbüros, Kioske, Gemüsehändler, Fischhändler, Handyläden, Imbissbuden, Saftstände, alles türkisch. Werbetafeln, Hinweisschilder, Plakate, Leuchtreklamen, türkisch. Die Penner jedoch, gegen zehn am Morgen lediglich halbwach vom gestrigen Vollrausch, biodeutsch. Biowestdeutsch, um ganz genau zu sein.

Der Reporter ging damals also in eine Teestube.

Der Reporter, das muss man wissen, hat Migrationshintergrund. Darum hatte ihn die Redaktion ausgesucht für diese Aufgabe. Allerdings spanischen Migrationshintergrund. Rein geographisch liegt der gemeine Redaktions-Teutone dem gemeinen Kreuzberg-Türken näher.

Ach Gottchen, dachte sich die Redaktion, Südländer halt. Wie auch immer, Auftrag ist: Gesprächspartnersuche in der Teestube.

Vier Männer spielen Okey. Sieht aus wie Domino, ähnelt Rommé. Man kann dabei wunderbar quatschen. Eigentlich. Wegen Böhmermann sei man da, sagt der Reporter. Sofortiges Stumm-Okey. Absolute Ruhe.

Ein Kommentar vielleicht? Ein klitzekleiner? Bitte, bitte.

Ein Mann, wirklich großer Bauch, Schirmmütze, finsterer Blick, schaut auf, schaut lange auf, macht schließlich ein Zeichen. Man solle sich setzen. Reporter setzt sich. Der Mann steht auf, geht zum Tresen, holt einen Tee, legt etwas Würfelzucker bei, stellt das Glas freundlich vor den Reporter und geht wortlos. Den Tee bezahlt er beim Rausgehen.

Nie, wirklich nie, eine elegantere Art erlebt, «Leck mich am Arsch» zu sagen.

Neuer Kommunikationsversuch gleich um die Ecke. Ort: Fischladen Taka. Avni, der Chef, macht eine phantastische Dorade. Künstler am Feuer. Großes, breites Lächeln, das sich mit einem Wort ausknipsen lässt: «Böhmermann».

Avni will nichts sagen. Nichts über Böhmermann, nichts über Erdoğan. Politik ist ganz grundsätzlich schlecht. Für Umsatz und Appetit. Dorade sei lecker. Man sollte nicht über Politik reden, während man sie isst. Sinnloser Doradentod, kann keiner wollen. Gerade, so Avni, essen alle Fisch, alles ist bestens, und das soll bittschön so bleiben.

Kluger Mann, der Avni. Also andere Stube.

Auch schwierig. Auch hier nur das Wort «Böhmermann», das genügt. Als habe man ein Tiefdruckgebiet mitgebracht. Böhmermann ist im April 2016 'ne ganz große Spaßbremse. Wer hätte das gedacht? Aber Türken sind ein höfliches Volk. Außerdem ist der Reporter, wie gesagt, Südländer, irgendwann reden sie also doch.

Grundgefühl? Ja, sie sind beleidigt. Scheißbeleidigt. Sogar die Kurden, vielleicht die größten Erdoğan-Hasser des Planeten, sogar die finden's unmöglich.

Ali Haydar Dumanoglu, dreiundfünfzig, der ganz, ganz sicher nicht wirklich so heißt, auch wenn er das sagt, findet, dass Erdoğan ein Hurensohn sei, ein «Ahmadinedschad für janz Arme». Ali berlinert. Aber Erdoğan, sagt Ali, Erdoğan im Fernsehen Schwuchtel und Ziegenficker zu nennen, das gehe eben trotzdem nicht. Erdoğan, findet der Kurde, hat eine Mutter, hat Kinder. Es soll Leute in der Türkei geben, die ihn für einen Propheten halten, einen Gesandten Gottes, ihre Ikone. Außerdem sei er Präsident der Türkei, ganz einfach, die Mehrheit der Türken hat ihn nun mal gewählt. Also beleidigt man so jemanden nicht mit diesen Worten. Eine Frage des Respekts. Der Intelligenz.

Und als der Reporter zurechtrückt, einordnet und sagt, dass Böhmermann doch nur Satire gemacht habe und eigentlich nur zeigen wolle, was man gerade nicht sagen kann, entgegnet einer, dass man mit der Aktion «Stimmt's, Frau Lehrerin, dass man Sie nicht ‹verfickte Schlampe› nennen darf?» in der Schule auch nicht durchgekommen wäre.

Okay, sagt der Reporter, aber Böhmermann hat doch keineswegs die Türken beschimpft. Nur einen Populisten, einen, der sein eigenes Volk jagt, dazu mit einem Frauenbild, das einem die Sprache verschlägt.

Quatsch, sagt einer, der hat uns alle angesprochen. Sekunden später hat er das Handy gezückt, spielt besagte Moderation ab – mit, na großartig, türkischen Untertiteln. Böhmermann sagt, gut hörbar: «Liebe Türken, also wenn Sie das jetzt ... Hülü (Lachen im Publikum) ... also liebe Türken, wenn Sie das jetzt hören ...» Im Hintergrund weht die türkische Flagge.

Noch eine Teestube. Mirza Çapkin, zweiundfünfzig, deutlich älter aussehend, was nicht überrascht, weil er mit siebzehn bei einer Berliner Ford-Tochter in der Alugießerei anfing und sich seine Lunge ruinierte, liest Zeitung. Frührentner.

Çapkin hat seine Infos aus türkischen Zeitungen, wie die meisten hier. Keine Sau schaut deutsches Fernsehen, gilt auch für Türken. Aber um das gleich zu klären: «Bin kein Erdoğan-Freund. Ich schalte um, wenn der im Fernsehen ist. Mein Blutdruck steigt. Wirklich. Ich reg mich auf.» Am meisten ärgert ihn, dass ausgerechnet er, Mirza Çapkin, den Präsidenten, den er ungefähr so schätzt wie Zysten im Achselbereich, jetzt in Schutz nehmen muss.

Warum? Weil manchmal einfach genug ist, weil Grenzen wichtig sind. Weil es Dinge gibt, die sich Menschen nicht sagen. In welcher Welt ist es richtig, so niederträchtiges Zeugs über einen anderen zu sagen? «Aber ehrlich, ich will nicht mehr darüber reden.»

Man muss ein paar Dinge verstehen in der Teestube. Erstens: Die Türken am Kreuzberger Kotti sind grundgenervt, da durchinterviewt. Der Ort hat seine mediale Vorgeschichte. Jedes Mal, wenn irgendwas mit Türken, Islam, Parallelgesellschaft ist, kommen die Antänzer aus den Redaktionen und stellen Fragen. Gerade ist ein ARD-Team da. Nicht wegen

Böhmermann, wegen einem anderen Comedian: Frau von Storch von der AfD. Die Frau ballert mal wieder gegen den Islam. Der Islam sei nicht mit dem Grundgesetz vereinbar. Schlagzeile schreibt sich von selbst: Moslem qua Geburt verfassungsfeindlich. Klingt Bombe. Und die ARD schickt jemanden, um zu gucken, wie sie wirkt, die Bombe, bei den Moslems.

Eigentlich ist immer jemand mit Mikro oder Notizblock am Kotti und fragt. Unterschriftenaktion, Leitkultur, doppelte Staatsbürgerschaft, Deutschfeindlichkeit, Rütli-Schule, Sarrazin, Islamismus, Moscheebau, die Pegida-Hornochsen, die Hornochsen von der Kölner Domplatte.

Apropos Sarrazin. Dreimal darf man raten, was «Wunschdenken», das soeben erschienene Œuvre des brillanten Turkologen Thilo Sarrazin, auslöst. Der Mann spricht Türken maximale Potenz zu, dafür im Großen und Ganzen die Intelligenz ab. Und wieder wird am Kotti gefragt, «na, Yusuf, vögelst schon gern, aber Kopfrechnen schwierig, wa? Sag jetzt nicht ich, sagt Sarrazin, viel wichtiger aber, was sagst du dazu?»

Was soll er schon sagen, der Yusuf?

Immer fragt einer, immer soll der Kotti-Türke antworten, dann wird's gesendet, und siehe da: Meistens macht der Kotti-Türke eine beschissene Figur. Ossis in, sagen wir, Freital, Bitterfeld und Hoyerswerda wissen an dieser Stelle wohl ziemlich genau, was gemeint ist.

Böhmermann ist für die Türken hier einfach nur die letzte Sau, die durch Deutschlandhausen gejagt wird. Kein neues Lied, nur ein Remix. Klingt immer ähnlich, und am Ende steht: Mann, Mann, der Türke. Zu undemokratisch, zu unintegriert, zu frauenfeindlich, zu undeutsch. Das große, große Ihr-Gefühl. Nie kommt einer mit 'nem Mikro an und sagt,

«Alter, Yusuf, haste gehört? Feridun Zaimoglu hat den Bachmann-Preis gewonnen. Schon geil, wa?»

Zweites Problem in der Teestube: Sie fragen sich, ob es die große Böhmermann-gegen-Erdoğan-Solidarität auch gegeben hätte, wenn er die exakt gleichen Tiraden, sagen wir, gegen Juden und Benjamin Netanjahu gerichtet hätte. So Juden-sind-Raffkes-Witze. Total satirisch natürlich.

Ist ja wohl so was von total anders, empört sich der Reporter. Netanjahu kann man nicht mit Erdoğan vergleichen.

Teestuben-Antwort: Spielt es eine Rolle, wen man satirisch beleidigt? Es geht doch um Satire, um die Freiheit der Kunst. Satire darf also Grenzen überschreiten, sagt ihr, darf eigentlich alles. Gut. Böhmermanns Vati war Polizist. Dürfte man über seinen toten Polizistenvater Gaskammer-Witze machen? So total anspruchsvoll künstlerische? Wir würden sagen, nein, ihr spinnt wohl.

Ja, sagt der Reporter, noch immer mit dem Judenvergleich beschäftigt. Man muss das verstehen, die Deutschen und ihre Geschichte, die verlangen da ein wenig Respekt. Das Nazithema, da sind die kitzelig, sechs Millionen tote Juden, da verstehen die keinen Spaß. So sind die nun mal, die Deutschen, zum Glück.

Antwort: Ihr gutes Recht. Und absolut verständlich, aber wir verstehen nun mal keinen Spaß, wenn es um unser Land geht, unsere Symbole, und Erdoğan, zum Guten oder Schlechten, ist ein Symbol. Der Typ, auf den man sich geeinigt hat.

Der Reporter verlässt die Teestube. So viel steht für ihn fest: Döner sollte Böhmermann in nächster Zeit vielleicht nicht essen. Jedenfalls, wenn er auf Döner ohne Spucke steht. Alle, wirklich alle Türken sind sauer. Ausnahmslos.

Ein junger Mann am Kotti-Café, Deutschtürke, wie übrigens die meisten hier, was man auch schnell vergisst. Lustiger Typ. Offen, schlau, total integriert, mit Basecap und allem. Erzählt von seinem Vater, der auch mächtig wütend ist auf Böhmermann, aber aus anderen Gründen. Es geht um die Ziegenficker-Sache. «Ignorant» sei das, findet Papi.

Warum?

Weil Muslime sich nie, nie, nie an einer Ziege vergehen würden. Ziegen werden gegessen. Wenn schon Triebe im Tierreich, dann Esel. Eselficker okay, aber doch nicht Ziege. Was für eine Niete, ungebildeter Blödmann, Böhmermann!

Der junge Türke liegt fast auf dem Boden vor Lachen, während er das erzählt. Erholt sich nur langsam.

Noch was Richtung Böhmermann?

Denkt kurz nach. «Böhmermann, machst Fernsehpause wegen Stress, weil eine Gerichtsverhandlung kommt, die du gewinnen wirst? Alles klar. Wer hat denn hier Schrumpelklöten?»

Nachtrag: Böhmermann verlor zur Empörung vieler Nicht-Türken mit Medienhintergrund vor Gericht. Achtzehn von vierundzwanzig Zeilen wurden verboten. 250 000 Euro Ordnungsgeld bei Wiederholung. Hätte auch keiner gedacht: Teestuben-Stammtisch und deutsches Rechtssystem, einig in Fragen der Ehre.

60 Grad unter null (Sibirien)

Als Ilya Vinokourov, ein freundlicher wie schweigsamer Milchbauer, zum Kuhstall ging, waren seine Hände intakt. Es war kurz nach fünf an diesem Dezembermorgen. Ilya war noch im Halbschlaf. Dennoch bemerkte er, dass der verzinkte Melkeimer im Freien stand. Wahrscheinlich hatte ihn seine Schwester Evdokiya dort vergessen. Ilya griff den Eimer und fragte sich in diesem Moment, wie dumm man sein muss, um das zu tun. Ilya Vinokourov ist siebenundvierzig. Er wurde hier geboren. Er kennt den Winter. Er hätte es besser wissen müssen.

Der Metalleimer verband sich sofort mit der Hand. Als wäre der Griff mit Sekundenkleber bestrichen. Beim Versuch, ihn wieder loszuwerden, zog sich Ilya großflächig Haut und Fleischfetzen ab. Der feine feuchte Film, der Ilyas noch bettwarme Hand bedeckte, hatte beim Kontakt mit Metall sofort Eiskristalle gebildet. Einem japanischen Touristen, der kürzlich zu Besuch war, passierte etwas Ähnliches mit einer Metallbrille. Er zog sie aus seiner warmen Innentasche und setzte sie auf, ohne darüber nachzudenken. Sie fror sofort an der Haut fest. Das Abziehen wurde zur Tortur. Er sieht jetzt aus, als hätte man ihm eine Brillenfassung ins Gesicht tätowiert.

Das schmale Thermometer an Ilyas Hauswand hatte an jenem Dezembermorgen, als seine Hand sich mit dem

Metallhenkel verband, minus 60 Grad Celsius angezeigt. Heute, Anfang Januar, sind es minus 41 Grad. «Eher mild», sagt Ilya.

Seit gut einer Stunde zeigt er mir, wie man als Milchbauer im Dorf Oimjakon lebt. Oimjakon ist der kälteste ständig bewohnte Ort des Planeten. Am Dorfeingang findet sich ein eingezäuntes Denkmal. Der Stolz der Gemeinde und der Grund, warum regelmäßig Meteorologen und ein paar Touristen anreisen. «-71,2 Grad Celsius. Oimjakon, der Kältepol» steht auf dem Denkmal.

Das Dorf ist nicht groß. Es hat fünfhundert Einwohner, liegt siebenhundert Meter über dem Meeresspiegel und rund tausend Kilometer nordöstlich von Jakutsk, der Hauptstadt der Teilrepublik Sacha im tiefen Osten Russlands. Man könnte auch sagen: Oimjakon liegt mitten im sibirischen Nichts. Es ist umgeben von Bergen, die von oben wie ein Ring aus zusammengeknüllten Zeitungen aussehen. Im Winter bildet sich im Innern des Rings eine Kälteglocke. Eisige Luft setzt sich am Boden fest und kann wegen der Bergkette nicht entweichen. Die wärmere Luft steigt nach oben und schließt die kühleren Luftmassen unter sich ein. Es entsteht eine stabile, frostig-sonnige Wetterlage, die von Ende September bis weit in den April anhält. Das Jahresmittel liegt in Oimjakon bei minus 16 Grad. Im Dezember und Januar sind es häufig minus 50. Es ist nicht der kälteste Ort der Welt. In der Antarktis hat kürzlich ein NASA-Satellit minus 93,2 Grad gemessen. Oimjakon ist aber, wie gesagt, der kälteste ständig bewohnte Ort der Welt. Keine Forschungsstation, keine Expedition. Nur ein normales sibirisches Dorf.

Jedenfalls halten es die Menschen hier für normal. Ich dachte, dass ich wüsste, was Kälte ist. Ich war ein paarmal im Dezember Skifahren und bin bei minus 20 Grad einen

Berg heruntergefahren. Eines lernt man sofort in Sibirien als Mitteleuropäer. Man hat keinen Schimmer, was Kälte ist. Hitze nimmt einem den Atem, Kälte jedoch, Kälte sticht zu. Als würde jemand mit Stecknadeln das Gesicht traktieren. Alles strengt an. Gehen, sprechen, atmen. Der erste Gedanke beim Verlassen eines Gebäudes ist, wie weit es bis zum nächsten ist.

Ilya hat mich gefragt, ob ich ihn begleiten möchte. Er würde die Kühe zum Fluss führen. Da es in der Gegend warme Quellen gibt, gefriert das Wasser nicht vollständig, und man kann die Tiere tränken. Ilya trägt eine leichte Fleecejacke und keine Handschuhe. Ihm reicht es, die Hände in den Hosentaschen zu haben. Lohnt nicht für die paar Minuten, findet er. Die dampfenden Kuhfladen verwandeln sich in Minuten zu granitharten Brocken. Die Bäume beugen sich unter der Last der Eiszapfen. Minus 41 Grad. Ilya würde es heute nicht mal Winter nennen. Ich spüre meine Nase nicht. Dafür tut der Rest des Gesichts umso mehr weh. Mein Atem hat kleine Eiszapfen in meinem Bart gebildet.

«Die Kälte? Wir denken nicht viel darüber nach. Sie ist einfach da», sagt Ilya. Er ist ein drahtiger, schmaler Mann mit heller Haut, dunklen Haaren und kleinen, dunklen Augen. Er gehört wie die meisten im Dorf zur Volksgruppe der Ewenen, einem nomadischen Turkvolk, das vor sechshundert Jahren die Gegend besiedelte. Lange bevor die ersten Russen kamen und Sibirien für sich beanspruchten.

Den Morgen hat Ilya im Stall verbracht, wo er und seine Schwester mehrere Stunden die Kühe gemolken haben. Nach dem Tränken führt er die Kühe zurück in den Stall und uns in seine Stube. Die Wände sind mit sägerauen Lärchenbrettern verkleidet, der Boden mit braunem Linoleum ausgelegt. Neben dem Ofen steht die Kettensäge, mit der seine Schwester vorhin Holz gesägt hat. Evdokiya ist gerade sechsundfünfzig geworden und backt in der Pfanne ein paar Lepjoschkas, Teigtaschen, aus. Dazu gibt es Tee und selbstgemachtes Joghurteis. Ich erzähle ihr, dass bei uns viele Eisdielen im Winter schließen. Es wäre uns dann zu kalt für Eis. Als sie das erfährt, fragt sie, warum um alles in der Welt man bei lächerlichen minus 15 Grad kein Eis essen sollte.

Die Kälte bestimmt alles in diesem Dorf – und spielt dennoch kaum eine Rolle. Einerseits gehört sie neun Monate im Jahr zum Alltag. So wie der Matsch im April und die apokalyptischen Mückenplagen im Frühsommer, die laut Ilya viel schlimmer sind als jeder Frost. Die Kälte ist Teil des Lebens. Wenn sie überhaupt erwähnt wird, dann um sich zu wundern, dass seit einigen Jahren die Winter milder werden. Anderseits dreht sich das gesamte Leben um den barbarischen Frost. Die wenigen Autos, die im Winter in Oimjakon fahren, müssen stets den Motor laufen lassen. Beim Parken, beim Tanken, immer, rund um die Uhr. Wer keine beheizte Garage hat, und davon gibt es im Dorf nur ein paar, hat keine andere Wahl. Das Motoröl, die Kühlflüssigkeit, die Bremsflüssigkeit: Bei minus 60 Grad fließt und schmiert nichts mehr. Ein Motorschaden im Dezember heißt in der Regel, dass man bis April kein Auto hat. Dasselbe gilt für Traktoren, die hier selten sind, weil Landwirtschaft unmöglich ist. Der Boden ist fruchtbar, aber es gibt Jahre, da beginnt der Frühling Ende Mai und dauert eine Woche. Dann ist Sommer, mit teilweise 30 Grad im Schatten, und im September fällt Schnee. Der Herbst fällt aus. 80, 90 Grad Unterschied zwischen der höchsten und der niedrigsten Temperatur des Jahres sind normal. «Man kann natürlich Kartoffeln ziehen. Nur nicht jedes Jahr», sagt Ilya. «Dafür gibt es viele Beeren», beruhigt Evdokiya.

Im Sommer brauchen die Menschen Kühlschränke, ansonsten lassen sie ihre Lebensmittel im ungeheizten Vorraum stehen, den jedes Haus hat und der wie eine Kältekammer aussieht. Von den schockgefrorenen Wänden hängen Eiszapfen. Hier wird dann beispielsweise Milch gelagert, die Ilya, der Milchbauer, nicht liter-, sondern kiloweise verkauft. In großen, runden Blöcken, die wie weißer Marmor aussehen. Wenn man etwas braucht, schlägt man mit einem Meißel eine Kante ab.

Ilya und seine Schwester sind in Oimjakon geboren. Beide sind schon lange verwitwet. Aus ihren Ehen haben sie neun Kinder, vier leben noch im Haus. Es geht ihnen gut, sagen sie. Sie haben die beiden ehemaligen Höfe zusammengelegt und besitzen jetzt fünfzig Milchkühe und einige Kälber. Es gibt eine Molkerei im Dorf, an die sie die Milch verkaufen.

Nach hiesigen Maßstäben ist Ilya wohlhabend, man sollte aber wissen, was das in Sibirien bedeutet. Ilya hat kein Auto. Das Haus ist klein, und es gibt keinen Strom. Der Hof liegt etwas abseits des Dorfes. Ilyas Generator ist immerzu kaputt, weil diese «Mistdinger schon bei minus 50 Grad kaputtgehen». Eine Spültoilette plant er für kommendes Jahr, vielleicht auch erst das Jahr drauf. Sie wäre wahrer Luxus. Nur einige öffentliche Gebäude haben in Oimjakon fließend Wasser im Winter. Sie sind an ein kleines Heißwassernetz angeschlossen. Das Wasser aus dem Hahn ist immer brühend heiß, kaltes gibt es nicht. Es würde sofort vereisen.

Ilyas aktuelles Klo ist deshalb ein kleiner, etwas windschiefer Holzverschlag. Das große Loch im Boden, in das man sein Geschäft verrichtet, wird im Frühling zugeschüttet. «Der Gestank ist dann unerträglich.»

Ich stelle mir vor, wie es ist, bei minus 60 Grad ein Plumpsklo im Freien benutzen zu müssen. Ilya ahnt nicht, wie schrecklich ich den Gedanken finde. Vor ein paar Minuten stand ich noch vor der Tür. Ich hatte das Gefühl, dass meine Nase einfriert. Ich trug zwei Winterjacken, Schal und Mütze. Der Gedanke, meine Hose herunterlassen zu müssen, um mich zu erleichtern, macht mir Angst.

Ich bin für diese Kälte nicht gemacht. Nicht körperlich, nicht geistig, nicht mal sprachlich. Dasselbe Wort für null Grad und für minus 55 Grad zu benutzen, nämlich kalt, ist absurd. Kälte in Oimjakon ist kein unangenehmes Gefühl, nicht etwas Ärgerliches oder Störendes. Die Kälte hier ist nicht lästig, sie ist tödlich. Reihenweise sind in der Gegend schon Betrunkene im Vollrausch auf den Boden gestürzt, eingeschlafen und nie wieder aufgewacht. Das mit Abstand wichtigste Werkzeug im Auto ist die Axt. Bei einem Motorschaden kann man einen Baum fällen und das Holz abfackeln, während man – vermutlich sehr, sehr lange – auf Hilfe wartet. Wenn sie denn kommt, was wirklich nicht gesagt ist.

Ich bin beispielsweise mit meinem Freund Mirco Taliercio, dem Fotografen, zu dieser Reise aufgebrochen. Unser Fahrer war ein ehemaliger Kriminalbeamter im Ruhestand. Sergej hat uns erzählt, dass er «ganz in der Nähe» von Oimjakon wohne. Für sibirische Verhältnisse eine korrekte Aussage. Seine Kleinstadt liegt siebenhundert Kilometer weiter westlich. Auf einer unserer Fahrten hatten wir mit Sergejs Geländewagen eine Panne. Tausende Schlaglöcher hatten die Stoßdämpfer ruiniert. Das Thermometer zeigte minus 50 Grad. Es wurde dunkel. Sergej ließ den Motor laufen und werkelte ohne Erfolg an den Reifen herum. Nach Stunden erschien ein Auto auf der Landstraße. Der Fahrer hielt kurz an und sagte, dass er leider kein Werkzeug habe. Dann fuhr er weiter. Ich verstand das nicht. Die nächste Ortschaft lag mehrere hundert Kilometer weg, wir hatten eine Autopanne, würden erfrieren – und der Mann fuhr weiter. Aber Sergej beruhigte mich. Er habe eine Axt, wir würden nicht erfrieren.

Irgendwann beschloss Sergej, mit etwa fünfzehn Stundenkilometern weiterzufahren. Wir brauchten ewig für die dreihundert Kilometer. Was wir bei einem richtigen Motorschaden gemacht hätten, weiß ich bis heute nicht. Handys funktionierten nicht. Ich fragte Sergej, der sehr richtig feststellte: «Wir hatten aber keinen Motorschaden.»

Jakutien, die Region, in der Oimjakon liegt, ist so groß wie die Europäische Union und hat so viele Einwohner wie Köln: rund eine Million. Die Natur ist nicht hart. Sie ist feindlich. Wenn man das Haus verlässt, ist die Frage nicht, ob man warm genug angezogen ist. Die Frage ist, wie lange kann man mit dem, was man anhat, draußen bleiben. Kälte findet immer einen Weg, diese Lektion habe ich schnell gelernt. Mit der Zeit frisst sie sich durch sämtliche Zwiebellagen. Kälte ist ausdauernd. Und individuell.

Jeder Neuankömmling in Oimjakon friert. Jeder anders. Bei einigen sind es die Füße. Erst schmerzen die Zehenspitzen, dann wird es fast unerträglich, später lässt das nach, und trügerische Linderung tritt ein. Es ist der Moment, in dem die Gefäße gefrieren und der Fuß nicht mehr richtig mit Sauerstoff versorgt wird. Nach einer Weile sterben die Zehen ab. Schafft man es rechtzeitig zurück in die Wärme, wird das Blut, das langsam wieder ins Gewebe fließt, Schmerzen verursachen, die man seinem Feind nicht wünscht. Andere Leute spüren trotz dicker Fäustlinge ihre Hände nach wenigen Minuten nicht mehr. Wieder andere, ich zum Beispiel, haben empfindliche Nasenspitzen. Die Haut wird hell, fast weiß. Irgendwann ist die Nasenspitze taub. Man glaubt nicht, wie schnell das bei minus 50 Grad geht. Wer den Fehler macht, bei dieser Kälte zu rennen, läuft Gefahr, dass seine Lungenbläschen einfrieren. Das kann tödlich enden.

Als ich nach ein paar Tassen Tee Ilyas Haus verlassen hatte, schaute ich auf die Berge. Sie sind schön. Aber ich war schon lange genug hier, um zu wissen, dass diese Puderzuckerberge den Menschen nur eines sagen möchten: «Geht weg! Ihr gehört hier nicht her!»

Ilya, mein Gastgeber, denkt nicht mal dran. Er ist glücklich hier. Kein Strom, kein Warmwasser, Klo draußen im Holzverschlag, nach unserem Maßstab ist der Mann arm. Aber bekanntermaßen geht es Menschen nicht darum, ob sie wirklich arm oder reich sind, es geht nur darum, ob sie reicher oder ärmer als die Nachbarn sind. Und so gesehen, steht Ilya nicht schlecht da. Unabhängig davon mag Oimjakon zwar der lebensfeindlichste Ort von allen sein, aber das sturste Tier der Welt, den Menschen, hält das nicht ab.

Mischa Ammosov hingegen würde gehen. Am liebsten morgen. Gern in die Großstadt Jakutsk, noch besser aber nach Moskau oder Sankt Petersburg. Das Problem? Mischa ist siebzehn Jahre alt, er ist schlau, und weil es in der Schule von Oimjakon seit zwei Jahren Internet gibt, hat er auch Träume. Mischa will Schauspieler werden.

Zu Sowjetzeiten konnte man sich in Oimjakon vielleicht noch mit dem Gedanken trösten, dass man zwar in einem verlorenen Kaff geboren wurde, aber es anderswo in diesem Land auch nicht besser war. Wer heute jung ist und zwanzig Minuten auf Youtube, Twitter oder Facebook surft, für den gibt es diesen Trost nicht mehr. Für Mischa ist das Internet ein Glücksversprechen. Es sagt ihm jedes Mal: Da ist so viel mehr da draußen. Viel, viel mehr.

«Ich mag es hier», meint Mischa, der letztes Jahr einen Chemie-Schülerwettbewerb in der Region gewann und heute Schulsprecher ist. «Meine Familie lebt hier, aber ich weiß nicht, wie ich es sagen soll: Ich vermisse, was ich nie gesehen habe. Macht das Sinn?», fragt er.

Wenige Dinge machen mehr Sinn. Wer als Jugendlicher nicht wahnsinnig gern jagt oder eisfischt, für den muss Oimjakon wie eine Strafkolonie wirken. Es gibt kein Café, kein Wirtshaus, kein Restaurant, natürlich keine Diskothek. Ab und an wird ein Tanzabend in einem ungeheizten Gemeindesaal organisiert. Es gibt auch keinen öffentlichen Platz oder wenigstens eine Art Park, wo man das tut, was als Jugendlicher zu den wichtigsten Tätigkeiten überhaupt gehört: rumhängen. Selbst das Internet ist ein Problem. Zu Hause hat kaum jemand Zugang. Man kann lediglich über Satellit oder das Mobilfunknetz surfen, aber das ist teuer. Im Winter, in neun von zwölf Monaten also, sind die Straßen von Oimjakon menschenleer. Jeder ist in der Stube und schaut fern.

Der Alkoholverkauf ist im Dorf verboten. Die Männer tranken sich früher um den Verstand. Einige tun es noch immer, denn nichts ist in Russland leichter zu finden als Wodka. Ein Riesenproblem hier. Nicht nur in Oimjakon, sondern überall in Sibirien. Kürzlich wurde Autowerkstätten in der Gegend verboten, vergällten Alkohol zu verkaufen. Die Mechaniker mischten es als Frostschutz in die Bremsflüssigkeit. Als immer mehr Kunden anfingen, den Alkohol zu trinken, wurde der Verkauf untersagt. Die Autos bremsen jetzt deutlich schlechter. Aber wenigstens trinken sich die Leute nicht tot.

Meine Vermieterin, eine ältere Dame, die uns ihre Wohnung für eine Woche überlässt und zu ihrer Tochter zog, hatte bei der Wohnungsübergabe gesagt, dass sie im Lauf der Woche vorbeikommen wolle, um frische Handtücher zu bringen. Die gute Frau, weit über siebzig, tat das auch. Nur leider entdeckte sie bei dem Besuch die zwei Flaschen Wodka, die Mirco und ich in Moskau gekauft hatten. Sie trank, sofort, und weil sie so betrunken war, schaffte sie es nicht auf die Toilette, sondern erleichterte sich direkt in ihrem Hausflur. Und es war nicht nur Urin.

Mischa, der Siebzehnjährige, kennt die Dame. Ihre Rente reicht gerade so fürs Heizen und fürs Essen. Dem guten Wodka konnte sie vermutlich nicht widerstehen. «Viele trinken, nicht nur die Alten», sagt Mischa. Er nicht. Keinen Tropfen. Er kennt die Macht, die Alkohol hat. Jeder in diesem Dorf hat jemanden an den Alkohol verloren. Wodka ist eine Plage. Die Winter sind lang, im Winter ist es nur ein paar Stunden hell, die Nachbarn trifft man nur selten. Manchen scheint nichts anderes übrig zu bleiben, als gegen die Einsamkeit anzutrinken.

Mischa redet nicht so gern über dieses Thema. Er sitzt in einem kleinen Besprechungsraum seiner Schule. Das Gebäude ist neu, wurde kürzlich renoviert und wird von Amts wegen völlig überheizt wie alle öffentlichen Gebäude Russlands. Die stellvertretende Direktorin, Ludmilla Rebina, hatte Mischa gebeten, für alle Schüler über das Leben als junger Mensch in Oimjakon zu sprechen. Keiner hat bessere Noten.

«Er ist mein Lieblingsschüler. Er wird es weit bringen», sagt sie.

Frau Rebina ist kurz hinausgegangen, um die verschiedenen Gäste-, Besucher- und Ehrenbücher der Schule zu holen. Jeder Besucher muss sich darin eintragen – und ja, es gibt offenbar einen Unterschied zwischen einem Gäste- und einem Besucherbuch. Mischa schaut etwas nervös auf den Boden, nutzt aber die Zeit, um über seine Zukunft zu reden. Er scheint ziemlich genau zu wissen, wie sie aussehen soll. Das Entscheidende: Sie soll anders sein als die Gegenwart. Er möchte nicht in Oimjakon leben, sondern in einer Stadt. Er möchte wissen, wie Cappuccino schmeckt, wie sich eine Meeresbrise anfühlt, wie es ist, einen Strafzettel zu bekommen. Er weiß, dass es das alles gibt: Er hat's im Internet gesehen. Und ja, natürlich, er weiß auch, dass die Natur hier wunderschön ist. Die Flüsse sauber, die Luft klar, der Wald majestätisch. Er ahnt, dass er das irgendwann vielleicht vermissen wird. Irgendwann. Nicht jetzt mit siebzehn.

Als Frau Rebina reinkommt, beginnt sie, die Mittvierzigerin, über die Jugend zu sprechen und das zu tun, was Offizielle in Russland immer tun, wenn sie Ausländern begegnen: Sie loben Russland, besonders die Vorgesetzten. Ein alter Reflex aus Sowjetzeiten. Die Regierung in Moskau habe Oimjakon nicht vergessen, sagt Frau Rebina. Überhaupt nicht. Jahr für Jahr werde das Leben hier besser. Man habe nun einen Spielplatz bekommen für die Kinder.

Nutzen die Kinder ihn bei der Kälte?

«Ja, natürlich. Außerdem achten wir darauf. Wenn es zu kalt ist, müssen sie aber im Gebäude bleiben.»

Bei welchen Temperaturen?

«Lassen Sie mich überlegen. Also die ganz Kleinen dürfen bis minus 52 Grad draußen bleiben. Die Kinder bis zur siebten Klasse bis minus 54 Grad und die Großen bis minus 56 Grad. Und was Mischa angeht: Da ist der Weg ja vorgezeichnet. Er wird Beamter in der Dorfverwaltung. Darin bin ich mir mit seinen Eltern einig. Nicht wahr, Mischa?»

Mischa sagt nichts. Es gibt nichts zu sagen. Er kann auf einem Rentier reiten. Er kann ein Pferd schlachten. Er kann mit einem Gewehr aus beträchtlicher Entfernung einem Zobel ins Auge schießen, damit das kostbare Fell nicht ruiniert wird. Außerdem kann er erklären, was eine radikalische Polymerisation ist, und spielt sehr gut Schach. Aber die Leute um ihn herum haben beschlossen, dass er «Beamter in der Dorfverwaltung» wird. Nicht Schauspieler.

Mischa weiß, dass er am Ende der Welt ist, und im Grunde weiß er auch, dass er wohl nie wegkommen wird. Jakutsk, die nächste richtige Stadt, liegt rund tausend Kilometer entfernt. Mit einem sehr guten Geländewagen erreicht man Jakutsk in rund dreißig Stunden. Sonst dauert es zwei, drei Tage. Der Kolyma-Highway, diese Ansammlung von Schlaglöchern und Schotter, führt jedoch teilweise über Flüsse, die sich nur im Winter passieren lassen, wenn sie vereist sind. Im Frühling verwandelt sich die Straße in eine Schlammpiste. Ihr inoffizieller Name lautet «Straße der Knochen». Stalin veranlasste den Bau, um die Goldvorkommen der Region fördern zu können. Da sich für diese Arbeit niemand freiwillig meldete, wurden die Strafgefangenen der Gulags abkommandiert. Angeblich liegt hier alle vier Meter ein Toter unter dem Schotter. Nicht wirklich begraben, denn der Permafrostboden machte es unmöglich, Gräber zu schaufeln.

Simon Firzow sagt, dass er früher auch mal daran gedacht habe zu gehen. Viele Jungen würden davon träumen. Das lasse nach. Simon ist achtunddreißig Jahre alt, hat drei Kinder und ist Pferdebauer, Aufseher einer kleinen Pferdefarm. Es sind die einzigen Tiere, die man das ganze Jahr über draußen lassen kann. Jakutische Kleinpferde sehen für den

Laien wie Ponys aus. Nicht sehr groß, mit kräftigem Körperbau. Es sind die härtesten Pferde der Welt. Gute Exemplare können in sechs, sieben Stunden hundert Kilometer durch den Schnee zurücklegen, ohne Pause.

Seit über zwanzig Jahren arbeitet Simon hier. Es ist nicht seine Farm. Ein großer Gaskonzern hat nach dem Ende der Sowjetunion in der Region die Kolchosen gekauft. Simon ist angestellt. Er hat noch nie seinen Chef gesehen. Einmal im Jahr, im November, kommt ein Lastwagen, der die geschlachteten Pferde abholt. Pferdefleisch wird hier neben Rentier am häufigsten gegessen. Es kommt fast jeden Tag auf den Tisch. Meist in Suppen oder als Buletten. Gelagert werden sie am Stück, bei Bedarf werden sie in passende Stücke gesägt.

Einige würden sich fragen, warum ein milliardenschwerer Konzern, der schon auf den Diamant-, Gold- und Kupfervorkommen der Gegend sitzt, auch noch die Pferdezucht betreiben muss. Aber Simon ist nicht der Typ, der sich beschwert.

Heute ist ein ruhiger Tag. Simon hat einige Pferde vor seiner Hütte zusammengetrieben, weil er etwas Heu zufüttern möchte. Eigentlich macht er das nur im April, wenn der Schnee tagsüber taut und in den Nächten wieder gefriert. In der Zeit können die Weiden über Wochen mit einer festen Eisschicht bedeckt sein. Die Pferde können dann nichts essen. Diese Tiere verhungern nicht, wenn es kalt ist. Sie tun es, wenn es warm wird.

Zehn, zwölf von ihnen stehen vor Simons Hütte. Keines von ihnen hat jemals einen Stall von innen gesehen. Diese Pferde sind immer draußen. Auch bei minus 75 Grad, die hier in einigen Senken nachts durchaus erreicht werden. Sie brauchen nichts zu trinken, sie fressen Schnee. Als Futter reicht ihnen das gefrorene Gras unter der Schneedecke. Mit einem Jahr werden sie geschlachtet. Ein kurzer Schnitt an der

Halsschlagader genügt. Innerhalb einer Minute ist das Tier verblutet.

«Es ist ein harter Job», gibt Simon zu. Gute oder schlechte Jobs in Oimjakon unterscheiden sich nicht durch die Schwere der Arbeit, sondern durch die Zeit, die man im Freien verbringt. Der Mann im kleinen Heizkraftwerk, der den ganzen Tag Kohle schippt und schwarzen Kohlenstaub einatmet, hat einen guten Job. Simon, der im Winter die Pferde zusammentreiben muss, einen schlechten.

«Die Natur entschädigt», sagt Simon.

Seine Männer wohnen in einer Holzhütte, die sie gebaut haben. Simon ist mittlerweile ins Dorf gezogen, um bei seiner Familie zu sein. Freie Tage gibt es für ihn nicht. Aber es gibt Tage, an denen nur wenig zu tun ist. «Dann gehen wir jagen.» Das ist Simons große Leidenschaft, eigentlich die Leidenschaft des ganzen Dorfes. Die Männer schießen auf alles. Schneehasen, Polarfüchse, Schneeschafe. Im Frühling auch auf Bären, die zu der Zeit ihren Winterschlaf beendet haben und hungrig sind. «Hunderte Kilometer um uns herum nur Wald und Tiere. Jeder wird hier zum Jäger», sagt Simon.

Er war einige Male in Jakutsk, der Stadt, und mochte es nicht. Der Verkehr war schrecklich. Die Menschen leben übereinandergestapelt in winzigen Wohnungen. Der Schnee war schwarz vom Ruß. Warum sollte jemand hier leben wollen, fragte sich Simon.

Ganz am Anfang habe ich mich in Oimjakon gefragt, ob so vielleicht die Hölle aussieht. Versprenkelte Häuser ohne fließend Wasser, ein Supermarkt, in dem es etwas Gemüse, kein Obst und ansonsten vor allem Instantsuppen gibt, dazu ein striktes, wenn auch kaum kontrolliertes Alkoholverbot für die ganze Gegend, weil sich sonst alle um den Verstand trinken würden. Minus 71 Grad. Der kälteste Arsch der Welt. Eine Ansiedlung von Menschen war hier ohnehin nur möglich, weil es die besagten «heißen Quellen» gibt. «Heiß» bedeutet, dass das Wasser knapp über dem Gefrierpunkt aus dem Erdboden fließt. Ich war gut eine Woche in dem Dorf, und mit der Zeit hatte ich den Eindruck, dass nicht die Kälte die Menschen stört. Eher die fehlende Wärme. Der Mangel an sozialer Wärme, an menschlicher Wärme. Kälte macht vor allem einsam, das war mir nicht so bewusst, und schwermütig. Einige ertragen das gut. Ilya, der Milchbauer. Der scheint zufrieden zu sein, mit seinen Kühen und dem kleinen Wohlstand, den er sich aufgebaut hat. Simon, der Pferdezüchter, auch. Er mag die Natur. Aber sowohl Simon als auch Ilya sagen, dass es den meisten sehr schwerfällt, hier zu leben. Gerade den Jungen und den Alten. Sie leiden nicht an den Temperaturen in Oimjakon. Sie leiden an der Einsamkeit.

Haus am See (Brandenburg)

Wir saßen im Auto, hörten Radio. Peter Fox lief.

Und der Mond scheint hell auf mein Haus am See.
Orangenbaumblätter liegen auf dem Weg.
Ich hab 20 Kinder, meine Frau ist schön.
Alle kommen vorbei, ich brauch nie rauszugehen.

Ich dachte: Hatte ich nie, diesen Traum. Haus am See. Ich mag Seen nicht. Ich bin Südspanier, wir haben keinen Regen, also keine Seen. Wir haben Meer und eine ziemlich zubetonierte Küste. Was hättest du bei uns getextet, an unserer totpromenadisierten Küste, lieber Peter Fox?

Ein Traum in Teer,
das Haus am Meer?

«Lauter, bitte», tönte es von hinten.

Ich drehte das Radio auf, und meine Frau und meine vier Töchter fingen an zu singen: «Und am Ende der Straße steht ein Haus am See.»

Wir waren auf dem Weg zum Flughafen. Die fünf würden die Woche auf Mallorca verbringen. Und weil ich mal wieder ein halbes Dutzend Artikel nicht fertig bekommen hatte, blieb ich in Berlin, um endlich mein Zeug zu erledigen.

Die Mädchen sangen: «Papa hat vier Kinder, seine Frau ist schön ... Kein Haus am See ... Kein Haus am See.»

Sie fanden das sehr komisch.

Am Flughafen küsste ich die Bande und bekam von meiner Frau einen kleinen Zettel in die Hand gedrückt. Es war meine Aufgabenliste für die Woche. Dinge, um die ich mich kümmern sollte. Badezimmerlampe tauschen. Termin beim Kinderarzt. Fahrrad flicken. Keller entrümpeln. Regal anbringen. Ich wollte den Zettel einstecken, als meine Frau mit einem Lächeln sagte: «Ach ja, diese Kleinigkeit hätte ich doch glatt vergessen.» Sie kritzelte etwas auf das Papier: «Haus am See kaufen. Ich liebe Dich.»

Ich habe mich immer über Freunde lustig gemacht, die sich ein Wochenendhaus gekauft haben. Ihr seid doch kluge Menschen, sagte ich, kluge Menschen mit Vorfahren, die irgendwann die kluge Entscheidung getroffen haben, das Dorf zu verlassen und in eine Stadt zu ziehen. Alles aus der berechtigten Angst heraus, sich in der Provinz zu Tode zu langweilen. Warum übermannt euch jetzt mit dreißig, vierzig das Bedürfnis, ein Haus auf dem Land zu kaufen?

Die Stadt, so diese Freunde, sei anstrengend, der Alltag stressig, das Leben beschleunigt. Schnauze voll, Landflucht. So der Ansatz. Die Lösung ist nicht, einfach das Handy auszuschalten, das eine oder andere abzusagen und nicht alles mit dem unserer Generation eigenen Optimierungswahn anzugehen, sondern: ein Haus. Eine Hütte, eine Datsche, ein Bauernhof. Ein Projekt. Idealerweise renovierungsbedürftig, weil man ja bisher so wenig zu tun hatte, und etwa ein, zwei Autostunden vom Szenekiez entfernt, in dem man überteuert zur Miete lebt.

Auf dem Land schließlich, diesem Sehnsuchtsort, sollen

Lärchen, Auen, Kuhdung und Rohrdommeln ihre magische Wirkung tun und die Überholspur-Großstadtexistenz wieder etwas Sinn finden lassen. Man kauft sich die Schubkarre «Gärtnerglück» und denkt übers Mulchen nach und über die Autoaufkleber in Fraktur.

Die Männer werden mit einer Kettensäge Äste von den Tannen schneiden und sich wie in einem Jack-London-Roman fühlen. Ihre Frauen werden ein Pfund Erdbeeren einmachen, das ihnen der ortsansässige Bauer verkauft hat. Nicht ahnend, dass dieser die Beeren und im Übrigen auch die Eier bei Lidl im Nachbardorf gekauft hat. Das alles natürlich nur am Wochenende, genauer gesagt an den Wochenenden von April bis September. Ich habe diese Eskapismus-Hymnen oft gehört. Entfremdet vom Land und gleichzeitig hingezogen.

Ziemlich genau eine Woche später parkte ich am Flughafen und holte den Zettel heraus. Regal stand, Keller war sauber, das Rad hatte Luft, sämtliche Arzttermine waren vereinbart. Eigentlich hätte ich mich gut fühlen müssen. Meine Texte lagen bei den Redaktionen, meine Frauen würden gut gelaunt nach Hause kommen, und ich hatte eine artig abgearbeitete Liste in der Hand, mit der ich wedeln konnte. Alles war durchgestrichen. Alles bis auf den Unsinn mit dem Haus natürlich. Ich würde kein Haus kaufen. Erstens hatten wir kein Geld, und zweitens wollte ich nicht aufs Land ziehen.

Mein Telefon klingelte.

«Süßer, wir sind gerade gelandet.»

«Freut ihr euch auf Papa?» Meine Mädels brüllten.

«Hast du die Liste fertig?», fragte meine Frau lachend.

«Klar!»

«Nicht dein Ernst? Alles?»

«Also, ich, äh … ja, schon, alles.»

«Du bist verrückt. Total verrückt. Ich liebe dich. Die Mädels haben gesagt, das bringst du nicht. Sag mir bitte, dass ich das Haus wenigstens noch vorher sehen darf, bevor wir es kaufen. Ach, wir reden gleich.»

Was jetzt folgt, ist schwer zu glauben, ich weiß. Aber es ist bei meiner südspanischen Ehre die Wahrheit.

Ich spürte, wie sich Nervosität in mir breitmachte. Also nahm ich mein Handy, gab bei Ebay-Kleinanzeigen die drei Wörter «Haus am See» ein und zog einen Fünfzig-Kilometer-Radius um Berlin im Suchfeld. Genau eine Anzeige. Ein Haus auf einem Wassergrundstück, unfassbar heruntergekommen, ein ehemaliges Gästehaus des Ministeriums für Staatssicherheit. Ich rief an. Der Mann am Telefon sagte, dass er gerade fürs Wochenende zwei Besichtigungstermine vereinbart habe.

«Wir kommen heute», sagte ich.

Ich hatte nicht vor, ein Haus zu kaufen. Natürlich nicht. Ich wollte aber, was alle vernünftigen Männer wollen, jedenfalls die ernstzunehmenden unter uns: Ich wollte meine Frau beeindrucken. Ich wollte, dass sie mich glücklich anstrahlt, weil ich eine komplett abgearbeitete Liste präsentieren konnte. Ja, ich wollte Bewunderung in ihren Augen sehen.

Das musste aber gehen, ohne dafür ein Haus zu kaufen. Der Plan war simpel, ich fasste ihn auf dem Weg vom Flughafenparkplatz zur Ankunftshalle. Wir würden sofort rausfahren, und auf dem Weg dorthin würde ich subtil die erste Begeisterung für das Wochenendhaus sabotieren. Die Bilder, die der Makler ins Netz gestellt hatte, stimmten mich optimistisch. Sie sahen furchtbar aus. Ich musste in den nächsten Stunden meinen Frauen zeigen, dass ihr Mann alles versucht hatte. Das sollte reichen. Auf der Rückfahrt, nach der ersten Ernüchterung, würde die Idee langsam von alleine sterben.

Es ist nicht so, dass ich das Bedürfnis nicht verstehe. Die Sehnsucht nach Ruhe, das Verlangen, etwas mit seinen eigenen Händen zu tun. Ich bin über einer Schreinerei aufgewachsen. Mein erstes Geld habe ich dort verdient. Ich putzte Werkzeuge, räumte das Lager auf, mein Vater packte manchmal mit an, nach dem Ende seiner Schicht in einer Reifenfabrik. Ich liebte den Geruch von Spänen, und für eine kurze Zeit überlegte ich, Schreiner zu werden. Aber meine Eltern, beide in der Landwirtschaft groß geworden, schienen nicht begeistert von der Idee. Mein Vater hat die Qualität der Arbeit immer an dem Zeitpunkt festgemacht, an dem man duscht. Muss ich vor der Arbeit duschen, ist es ein guter Job, dusche ich im Anschluss, nicht. Ich dachte lange, dass meine Herkunft mich immun gegen die Landverklärung gemacht hat. Als ich meiner Mutter erzählte, dass ich in einem Interview mit einem «Gartentherapeuten» gelesen hätte, dass Gartenarbeit blutdrucksenkend wirke, sagte sie, dass dies auch mit Sitzen auf dem Sofa erreichbar sei.

Noch mal, ich weiß, was die Menschen aufs Land treibt: die tiefe Sehnsucht nach einem anderen, nach einem einfachen Leben. Das ist nicht neu: Was tat der verwöhnte, gelangweilte viktorianische Adel? Gärtnern und jagen. Und weil man auch schon wusste, dass entbehrungsreiches Leben nur in winzigen Dosierungen Spaß macht, entstand damals der heute so weitverbreitete Kompromiss der Pendelexistenz. Halb Stadt-, halb Landsitz. Abwechslung ist wichtig, denn irgendwann ist jede Pfette, jeder Träger freigelegt und gebeizt, jede Zinkwanne mit Sonnenblumen bepflanzt, jedes Beet mit Nacktschnecken-Falle versehen. Dann ist man am

Ziel eines Landlebens angekommen, selbst wenn es nur am Wochenende geführt wird, weil es noch ein anderes Leben gibt, ein wirkliches, das für den Unterhalt sorgen muss.

Interessant fand ich immer, dass die Menschen auf dem Land, die es eigentlich besser wissen sollten, schließlich führen sie dieses Leben ja, keineswegs so begeistert schienen. Während die Städter sich über ihre rustikal verfugte Backsteinfassade, das alte Tonziegeldach, den urigen Holzofen und das miserable Handynetz freuten, isolierten die Landmenschen ihre Häuser, pochten auf die Fernwärmeleitung und schimpften über die fehlende DSL-Leitung. So träumte jeder den Traum des anderen. Bauer und Städter vereint im Wunsch, der jeweils andere zu sein. Andere Leben sind Versprechen.

«Ist es das, Papa?», sagte meine Älteste.

Ich versuchte, ihre Stimmlage zu deuten, wusste aber nicht, was sie dachte. Dafür wusste ich, was ich dachte, als ich das Haus sah: Ja, bist du irre! Auf keinen Fall!

Wir waren einen Feldweg entlanggefahren und in ein Waldstück gebogen. Nach einem Metalltor, hinter Fichten, stand ein kleines, dunkles Haus. Könnte ein Gebäude die Schultern hängen lassen, müde davon erzählen, wie geschafft es vom eigenen Sein ist, wie tröstend der Gedanke wirkt, bald in Würde verscheiden zu dürfen, dieses Haus hätte das getan. Es war ein Gnadengesuch aus Holz, allerdings schön gelegen. Direkt am Haus ging ein kleiner Hang ab, der zu einem See führte.

Der Makler sagte, dass schon viele wegen des Hauses angerufen hätten.

«Abrissunternehmen?» fragte ich.

Meine Frau gab mir einen Tritt.

Der Makler war ein Ostmakler. Es gibt da Unterschiede. Wer in München wohnt und Makler hört, wird nicht an so einen Menschen denken. Mein Ostmakler fuhr einen grünen Škoda-Kombi. Älteres Baujahr, im Kofferraum lag Werkzeug. Er war eigentlich Dachdecker und beantwortete konsequent keine meiner Fragen, in der das Wort «Bausubstanz» vorkam. Als ich ihn fragte, worin die Besonderheit des Hauses bestehe, musste er nachdenken. «Verzinkte Dachrinne, nicht selbstverständlich im Osten. Kam nicht jeder ran, an dieses Material.»

Das Beste an diesem Haus war also die Dachrinne.

Meine Frau sah mein Gesicht und fragte nach den Vorbesitzern.

Das Haus hat irgendwann mal dem Urgroßvater des örtlichen Metzgers gehört. Der Herr wollte hier angeblich das erste FKK-Ausflugslokal in Brandenburg eröffnen. Er hat dem Bauer, dem das Land gehörte, einen kleinen Streifen am See abgekauft. Das war Anfang der 1930er Jahre. Er kam noch dazu, einige Betonfundamente am Ufer zu gießen, doch bevor er einen Steg bauen konnte, übernahmen die Nazis die Macht und verboten den Badespaß. Nach dem Krieg schnappte sich die Kommunistische Partei das Grundstück, später dann das Ministerium für Staatssicherheit. Es wurde ein kleines Wachhäuschen gebaut und auf dem Dach ein Schornstein, der keinen Zug bekam, also keinen Sinn ergab. Dafür wurde eine Holzklappe installiert, sodass man rausgucken und den Feind beobachten konnte. Hätte die Bundeswehr sich jemals dazu entschlossen, genau dieses Waldstück im Brandenburger Nichts anzugreifen, die Stasi wäre vorbereitet gewesen.

Nach der Wende ging das Haus zurück an die Enkelinnen des Metzgers, die zwanzig Jahre überlegten, was damit anzufangen sei. Am Ende stand die Idee, das Ganze dem einzigen Makler in der Gegend anzubieten, dem nichts Besseres einfiel, als es über Ebay-Kleinanzeigen zu verkaufen.

Das Holzhaus hatte lange leer gestanden. Es hatte zwei Etagen, war zehn Meter lang und sechs breit. Die Holzplanken der Außenwände waren kotbraun, die Decken auf zwei Meter herabgehängt worden, Teile der Einrichtung stammten aus den frühen Achtzigern. Es roch nach Wasserschaden, was daran lag, dass im Winter eine Leitung geplatzt war. Der Makler sagte nicht, in welchem Winter.

Ich schaute meine Frau an. Sie war in einem Badezimmer, das wie eine Gemeinschaftsdusche gekachelt war.

«Es ist wunderschön», sagte sie.

«Nicht dein Ernst», sagte ich.

«Ein Waldhäuschen.»

«Nicht dein Ernst.»

Am Ende war es der Hang, der den Ausschlag gab. Meine Frau ist in Bayern aufgewachsen, sie und ihr Vater wanderten an den Wochenenden in den Alpen. Direkt vor dem Haus führte ein kleiner Weg etwa zwanzig, dreißig Meter in die Tiefe. Unten lag der See. Am Ufer standen Buchen, die sich gefährlich neigten und ganz offensichtlich nicht mehr gesund waren. Einige mächtige Äste lagen am Ufer. Sie mussten kürzlich heruntergekracht sein. Ich sah Gefahr. Meine Frau Bayern.

Ich werde es kurz machen. Wir haben das Haus gekauft. Es kostete weniger als eine kleine Wohnung in Berlin, und weil ich das Geld selbstverständlich nicht hatte, ging ich auf ein Angebot ein, das mir ein Verlag aus München unterbreitet hatte: eine Biographie über den Bayern-Boss Uli Hoeneß zu schreiben. Er war damals aus Steuergestaltungsgründen

publizistisch interessant. Ich hatte zwar noch nie ein Wort
mit Hoeneß gewechselt und bis dahin nur für den Sportteil
ein paar Texte über Fußballer wie Maradona, Ronaldo oder
Ronaldinho geschrieben, die mir ebenfalls kein Interview
gegeben hatten, aber ich brauchte das Geld. Also las ich den
unfassbaren Hoeneß-Interview-Berg, der sich in den Jahren
angesammelt hatte, sprach mit Leuten, die ihn kannten oder
das wenigstens behaupteten, und schrieb alles auf. Ein Kritiker, der das Buch sehr lobte, nannte es die «Zierde jedes
Eisschranks. Bayern-Fans werden es hassen.» Es erschienen
damals noch vier weitere Biographien, die alle deutlich netter zu Hoeneß waren und sich vermutlich besser verkauften.
Meins jedenfalls war kein Erfolg, aber als Uli Hoeneß Jahre
später das erste Fernsehinterview nach seiner Haftstrafe
gewährte, gab er es mir.

Das alles liegt jetzt schon eine Weile zurück. Meine Frau
und ich haben die Wochenenden der letzten Jahre fast durch-
gängig im Blaumann verbracht. Da seit einigen Jahren die
Preise für deutsche Handwerker explodieren, suchte ich mir
einen Rumänen, der mir beim Renovieren half. Er ist mittlerweile ein guter Freund. Mario ist ein bulliger Typ, der in
seiner Jugend in der Algarve im Straßenbau gearbeitet hat.
Von ihm habe ich viel gelernt. Nicht, wie man Dinge baut
oder repariert, denn das wusste Mario meist auch nicht. Er
hatte noch nie ein Bad gefliest, nie Holzboden verlegt oder
Bäume gefällt. Das sei nicht der Punkt, erklärte mir Mario.
Mario ersetzte Kompetenz durch Mut. Man müsse sich nur
trauen. «Wenn andere es gekonnt haben, können wir es
auch.» Ein Bad zu fliesen, so Mario, sei nicht eine Frage der
Ausbildung, sondern eine Frage des Willens. Mit anderen
Worten: Mario renovierte, wie Oliver Kahn Fußball spielte.
Seine Entschlossenheit übertrug sich auf mich. Als ich ihn

fragte, woher er zum Beispiel wisse, wie man eine Wasserleitung verlegt, schaute er mich entgeistert an: «Youtube natürlich.»

Mario ist ein Fan russischer Youtuber. Es gibt auch in Deutschland Youtuber, die Heimwerkervideos ins Netz stellen, aber von denen hält Mario nichts. Deutsche Youtuber würden die meiste Zeit damit verbringen, einem zu erklären, welches Werkzeug man kaufen muss. Russen hingegen würden in einer alten Kruschkiste aus Metall wühlen, dann einen alten Hammer, ein Stemmeisen und eine sowjetische Bohrmaschine herausziehen, und am Ende steht da ein Carport, in dem man den Lada parken kann. Russische Heimwerker-Youtuber sind Genies, davon ist Mario überzeugt. Ich mittlerweile auch.

Ich habe mit Hilfe dieser Videos gemauert, Wände verspachtelt, Ausgleichsmasse gegossen, Erdlöcher ausgekoffert, eine Sauna gebaut, Wasserpumpen repariert. Selbstverständlich ist alles Pfusch. Und schief. Und entspricht nicht einer Vorgabe der Handwerkskammer. Aber es funktioniert. Ich hatte zwei Wasserwaagen, beide waren kaputt, und ich habe es erst nach Jahren gemerkt. Natürlich würde jeder deutsche Handwerker jemanden mit meinen Fähigkeiten vom Hof jagen, aber ich bin kein deutscher Handwerker, ich bin jemand, der sich deutsche Handwerker nicht leisten kann. Das ist genau das Problem.

Und natürlich hat auch diese Pfuscherei ihren Preis, nicht unbedingt finanziell, denn eine schlecht gespachtelte Wand ist kein Sicherheitsrisiko, das vom Profi behoben werden muss. Der Preis liegt in der Zeit, die das alles kostet. Bis heute, fast ein Jahrzehnt nach dem Kauf, steht in unserem Badezimmer eine große Kappsäge, die ich irgendwann angeschafft habe. Und das Erste, was Leute sehen, die ins Haus kommen, ist eine grüne Rigipswand, die ich schon lange hätte streichen sollen.

Ich bin mittlerweile froh, dass ich das Haus gekauft habe. Natürlich entgeht mir nicht, dass es viele wie mich gibt. In Berliner Szenekiezen eröffnen plötzlich Geschäfte, die Landhausmöbel verkaufen. Beim Vietnamesen liegen Flucht-Zeitschriften wie «Landlust», «Landliebe» oder «Landleben». Es gibt Makler, die sich auf Objekte im Umland spezialisiert haben – und die sicher keinen Škoda fahren. Es ist ein großes Geschäft geworden mit dem einfachen Leben, weil für dieses einfache Leben offensichtlich viel gekauft werden muss. Den Anfang macht ein Haus, am Ende glaubt man, ohne finnische Gummistiefel aus fair gehandeltem Kautschuk nicht leben zu können.

Aber das muss alles nicht sein. Man kommt auch ohne Zinkwanne, ohne Rasenmäher, ohne Eingekochtes klar. Man muss nicht darüber nachdenken, ob man jetzt einem Trend gerecht wird. Wen kümmert es? Das Haus am See ist jetzt eben eine Baustelle am See. Und das wird es noch viele Jahre bleiben. Man könnte auch sagen: Es ist jetzt ein Spielplatz am See, was viel romantischer klingt. Ein Abenteuerspielplatz. Für meine Kinder, vor allem aber für mich und meinen rumänischen Kumpel. Das Wachhäuschen habe ich zu einer Sauna umgebaut. Sie ist fast fertig. Fehlt nur noch ein Fenster, aber das wird schon. So wie der Rest. Vieles ist begonnen, nichts ist fertig. Es ist wie im richtigen Leben.

Meine Kinder haben sich daran gewöhnt, dass unser Garten anders ist. Ich würde gern schreiben, dass er «verwunschen» ist. Aber er ist es nicht. Ich bin einfach noch nicht dazu gekommen, mir einen Anhänger zu mieten und all den Abfall wegzuschaffen. Seit drei Jahren. Auf dem Rasen liegen verschiedene Haufen. Metallschrott, Eisenträger, Altholz, ein Gerüst, das mir jemand geliehen hat. Von der Terrasse, die ich seit vier Jahren bauen will, sind bisher neun Fundamente fertig, also nicht mal die Hälfte. Die Garage sieht aus wie eine Mülldeponie. In ihr liegen schöne alte Fenster, die ich mal gekauft habe und vielleicht einbauen werde. Oder auch nicht.

Die Nachbarn an diesem brandenburgischen See haben schöne Rasen, die zum Teil automatisch gesprengt werden. Ihre Gärten sind Oasen der Symmetrie, Resultat klarer Gedanken und Vorstellungen. Einer von ihnen sagte mir mal, dass wir so eine nette Familie seien, und eigentlich könnte man aus diesem Grundstück doch einen magischen Ort machen.

Ich sah meine damals zweijährige Tochter, die ihre Gummistiefel mit Matsch füllte. Die Ältere baute aus alten Brettern ein Haus für ihre Puppen. Meine Frau schmirgelte gerade Farbe von einem Stuhl ab, den sie an der Straße gefunden hatte und den ich wohl in nächster Zeit nicht reparieren werde, weil schon drei andere Stühle in der Garage liegen, die auch geleimt werden müssen. Die Großen lagen im Zimmer und hörten Musik.

Ich schaute den Nachbarn an und dachte: Glück ist kein Ort.

Nachweis

Die hier abgedruckten Reportagen und Texte wurden zwischen 2005 und 2021 geschrieben und in verschiedenen Zeitungen und Zeitschriften veröffentlicht (Süddeutsche Zeitung, Terra Mater, Der Spiegel). Sie erscheinen hier erstmals versammelt und in vom Autor überarbeiteten und erweiterten Fassungen. Die Geschichten «Fischen wie Hemingway» und «Haus am See» sind bislang unveröffentlicht.

Die Rowohlt Verlage haben sich zu einer nachhaltigen Buchproduktion ver-
pflichtet. Gemeinsam mit unseren Partnern und Lieferanten setzen wir uns für
eine klimaneutrale Buchproduktion ein, die den Erwerb von Klimazertifikaten zur
Kompensation des CO_2-Ausstoßes einschließt.
www.klimaneutralerverlag.de